WATSUJI TETSURO

FŪDO – WIND UND ERDE

WATSUJI TETSURO

FŪDO – WIND UND ERDE

Der Zusammenhang zwischen Klima und Kultur

Übersetzt und eingeleitet
von
DORA FISCHER-BARNICOL
und
OKOCHI RYOGI

WISSENSCHAFTLICHE BUCHGESELLSCHAFT
DARMSTADT

Der Band bietet die Übersetzung von ›Fūdo – ningengakuteki kōsatsu‹ (Tokyo: Iwanami Shoten Publishers [6]1982 [bunko]). Er erscheint mit freundlicher Genehmigung von Iwanami Shoten Publishers, Tokyo.

Die Deutsche Bibliothek – CIP-Einheitsaufnahme

Watsuji, Tetsuro:
Fūdo – Wind und Erde: der Zusammenhang zwischen Klima und Kultur / Watsuji, Tetsuro. Übers. und eingeleitet von Dora Fischer-Barnicol und Okochi, Ryogi. – Darmstadt: Wiss. Buchges., 1992
Einheitssacht.: Fūdo – ningengakuteki kōsatsu ⟨dt.⟩
ISBN 3-534-11618-6

Bestellnummer 11618-6

Gedruckt auf säurefreiem und alterungsbeständigem Offsetpapier
Satz: Fotosatz Janß, Pfungstadt
Druck und Einband: Wissenschaftliche Buchgesellschaft, Darmstadt
Printed in Germany
Schrift: Linotype Sabon, 9.5/11

ISBN 3-534-11618-6

INHALT

EINLEITUNG DER ÜBERSETZER

I

Es ist bedauerlich, daß die Schriften von Watsuji Tetsuro (1889–1960) im deutschsprachigen Raum fast unbekannt sind, obwohl eine englische und eine spanische Übersetzung des Buches ›Fūdo‹ seit einigen Jahrzehnten vorliegen. Neben Suzuki Daisetsu (1870–1966) und Nishida Kitaro (1870–1945) gehört Watsuji zu den großen Denkern des modernen Japan. Die 20 Bände umfassende Gesamtausgabe seines Werkes ist bereits in der zweiten Auflage erschienen. Es gibt kein Kompendium der modernen Philosophie Japans, in dem nicht einige Schriften Watsujis enthalten wären. Einige davon – wie etwa ›Pilgerschaft zu alten Tempeln‹, ›Fūdo‹ oder ›Die Abgeschlossenheit des Landes‹ – sind sogar als Taschenbücher erschienen und haben auch heute noch eine breite Leserschaft. So ist es verwunderlich, daß Watsuji nur im deutschen Sprachraum nahezu unbekannt geblieben ist. Welche Gründe mag es dafür geben? Etwa Passivität und Trägheit von japanischer Seite? Oder Voreingenommenheit und mangelndes philosophisches Interesse der deutschen Japanologen? Oder – was wahrscheinlicher ist – die Denkweise Watsujis?

Watsujis Denken nimmt in der japanischen Gedankenwelt eine besondere, schwer zu definierende Stellung ein. Die der genannten beiden anderen Philosophen ist eindeutig und verhältnismäßig leicht einzuordnen: Suzuki spricht in erster Linie als Buddhist und Zenmeister; durch die Vielzahl seiner englisch verfaßten Schriften hat er den Zen überall auf der Welt bekanntgemacht. Auch Nishida hat, wie sein Freund Suzuki, seine grundlegende Erfahrung im Zen gemacht, sich jedoch intensiv mit der modernen europäischen, vor allem der deutschen Philosophie auseinandergesetzt. Er wurde der erste große systematische Denker Japans. Obwohl sein Denken nicht eben leicht zugänglich ist, hat es in europäischen und amerikanischen Fachkreisen ein Echo gefunden. Der Fall Watsuji hingegen läßt sich schwerlich unter die herkömmlichen Begriffe einordnen, wiewohl Watsuji gerade in bezug auf den Buddhismus vieles mit den beiden anderen Denkern gemeinsam hat.

Diese Sonderstellung scheint ihm selber recht deutlich bewußt gewesen zu sein, und man darf vermuten, daß er sogar stolz auf sie war. Kollegen von ihm berichten, er habe immer wieder von sich gesagt, er schäme sich, daß er kein 'Fachwissenschaftler' sei (Nakamura Hajime). Diese Aussage klingt zwar bescheiden, dürfte aber doch eher ironisch gemeint gewesen sein. Einer seiner Schüler erzählt, Watsuji sei von den Fachphilosophen und den Buddhologen verächtlich als 'Laie' bezeichnet worden. So wurde seine Dissertation über ›Die praktische Philosophie des Urbuddhismus‹ an der Universität Kyoto erst fünf Jahre nach der Einreichung angenommen, da einige Buddhologen diese Arbeit für 'nicht wissenschaftlich genug' hielten. Eine andere Anekdote erzählt: Watsuji erhielt eine Professur für Ethik an der Philosophischen Fakultät der Universität Tokyo. In der Seminarbibliothek des philosophischen Lehrstuhls befanden sich zu jener Zeit einzig und allein europäische Bücher, ein ins Japanische übersetztes oder gar ein von einem Japaner geschriebenes Buch hätte auf diesen Regalen nicht Platz gefunden. Wenn in den Seminarräumen von dem Ethikprofessor Watsuji die Rede war, dann hieß es verächtlich, so wie er dürfe man sich nicht verzetteln, sonst bleibe man ewig ein blutiger 'Laie'.

Watsuji ertrug dies alles geduldig und reagierte eher selbstbewußt auf solche Schmähungen. Unbeirrt versuchte er, 'seinen eigenen Weg zu gehen'. Seinen Schülern gegenüber äußerte er immer wieder, Philosophie dürfe keine Fachwissenschaft werden; als 'allgemeine Bildung' habe sie lediglich das Fundament zu sein, auf dem die einzelnen Fachwissenschaften gründeten. Diese Überzeugung brachte er auch als Mitherausgeber der seinerzeit bedeutenden philosophischen Zeitschrift ›Shisō‹ (›Das Denken‹) zum Ausdruck.

Später beschrieb der Philosoph Shida Shōzō den Charakter des Watsujischen Denkens folgendermaßen: „Watsuji war zweifellos ein Denker, dessen Eigenart in Japan ohne Beispiel gewesen ist. Er hatte viel Verwandtschaft mit Dilthey, von dem er so viel lernte. Obwohl die philosophische Ethik sein eigentliches Arbeitsgebiet war, beherrschte er in vollkommener Weise auch die philologische und positivistische Methode und blieb dabei doch der geistvolle, künstlerische Mensch, der er nun einmal war. Hin und wieder hat man ihm vorgeworfen, er sei ein Dilettant, da seine Interessen so breit gestreut und seine Kenntnisse so ungeheuer vielfältig waren. Und doch ist seine Sicht, sind seine Einsichten im Bereich der Literatur, der Religion und der Geschichte so präzise, tief und klar, daß er buchstäblich der Wissenschaftler der Wissenschaftler genannt werden darf. Allerdings war er nicht trocken und pedantisch, sondern ein ganz und gar lebendiger und künstlerischer Typ. Seine Arbeiten bilden eine in sich geschlossene Einheit, einen Kosmos. Die Dichte seiner Konstruktion, die Plastizität und Subtilität seines Stils sind von hohem künstlerischem Rang. Die geheimnisvolle Anziehungskraft seines Werkes beruht in Watsujis Künstlernatur."

In der Tat, das Ganze seiner Werke ist in seiner Vielfalt einfach prächtig, und bereits die Titel seiner Werke zeigen, wie genial er war:

Nietzsche (1913); Sören Kierkegaard (1915); Renaissance der Götzen (1918); Pilgerschaft zu alten Tempeln (1919); Die Kultur des alten Japan (1920); Geistesgeschichte Japans (1926); Kulturgeschichtliche Bedeutung des Urchristentums (1926); Praktische Philosophie des Urbuddhismus (1927); Ethik als Wissenschaft vom Menschen (1934); Geistesgeschichte Japans II (1935); Fūdo – eine anthropologische Betrachtung (1935); Kants Kritik der praktischen Vernunft (1935); Ethik I (1937); Maske und Persona (1937); Konfuzius (1938); Persönlichkeit und Menschlichkeit (1938); Die Kultur des alten Japan (Neubearbeitung) (1940); Geistesgeschichte Japans (Neubearbeitung) (1940); Ethik II (1942); Der Gedanke der Tennō-Verehrung und seine Tradition (1943); Der Untertanenweg Japans und der Nationalcharakter Amerikas (1944); Kritik an Homer (1946); Die Ethik des Menschen in der Polis (1948); Symbol der nationalen Einheit (1948); Ethik III (1949); Die Abgeschlossenheit des Landes – eine japanische Tragödie (1950); Pilgerschaft zu alten Kathedralen Italiens (1950); Geschichte der japanischen Ethik I und II (1952); Kunstgeschichte Japans I (Kabuki und Jōruri), Die Katsura-Villa (1955).

Diese Liste wäre noch zu ergänzen durch eine Fülle früher literarischer Arbeiten. Bereits während der Schulzeit las er voller Leidenschaft die Werke der großen Dichter und Denker wie Byron, Keats, Dostojewskij, Ibsen, Nietzsche (wahrscheinlich in englischer Übersetzung), und er träumte davon, irgendwann einmal seinen eigenen ›Faust‹ zu schreiben. So entstanden in seiner Schul- und Studentenzeit bis zu seinem 30. Lebensjahr zahlreiche literaturkritische, philosophische Essays, Erzählungen, Romane und Theaterstücke. Eine Zeitlang war er sogar als Regisseur tätig. Leider ist diese literarische Produktion nicht in sein Gesamtwerk aufgenommen worden.

II

Watsuji-Forscher unterteilen sein Leben und sein Werk gewöhnlich in drei Perioden: Die Jugendzeit, in der vor allem literarische Arbeiten entstanden, die 'Zeit der Leidenschaften' also, wie einer seiner Freunde es formulierte. In diese Zeit fallen auch einige Essays aus ›Guzō-saiko‹ (›Renaissance der Götzen‹), ebenso seine Auseinandersetzung mit den sogenannten 'Dichterphilosophen' Nietzsche und Kierkegaard. Watsujis intensive Beschäftigung mit diesen beiden Denkern der 'Existenz' war zwar bahnbrechend für die philosophische Forschung einer japanischen Existenzphilosophie, für ihn selber ging es jedoch einzig um die leidenschaftliche Begegnung mit diesen „philosophischen und theologischen Schriftstellern" (Löwith). Das Problem des Nihilismus, für Nietzsche das Anliegen schlechthin, fand allerdings keinerlei Niederschlag im Denken Watsujis, ja, es erscheint ihm nahezu unverständlich. Mehr noch, vom 'Abgrund des Nihilismus' kehrte er zurück zum 'alten Japan' und vollzog eine Art Umkehr, eine Wende.

Die zweite Periode beginnt mit der Schrift ›Pilgerschaft zu alten Tempeln‹. Nun beschäftigte Watsuji sich ganz und gar mit Problemen des eigenen Landes, vor allem mit der Geistesgeschichte Japans.

Die dritte Periode ist bestimmt durch seine Lehrtätigkeit als Professor für Ethik und den Entwurf eines eigenen Systems der Ethik.

Die erste und die zweite Periode sind gekennzeichnet durch einen Bruch, eben jene 'Umkehr' oder 'Wende', während die zweite und die dritte Periode eng miteinander zusammenhängen, denn die dritte ergibt sich sozusagen aus der zweiten. Watsujis Umkehr – man könnte auch sagen 'Rückkehr' – hatte gute Gründe. Ein Stein des Anstoßes mögen die Verhältnisse gewesen sein, die er innerhalb der Universität in Tokyo antraf. Da er von Jugend an etwas Rebellisches hatte, konnte es nicht ausbleiben, daß er sich jenem akademischen Klima widersetzte. Seine Kollegen verstanden sich sozusagen als Importeure europäischen Geistesgutes. Sie übersetzten englische, französische und deutsche Schriften ins Japanische und verkauften sie zu hohen Preisen an die Studenten – so jedenfalls erschien es Watsuji. Obendrein bildeten sie sich ein, damit etwas Großes geleistet zu haben. Ihn hingegen trieb es mit Macht zu eigenen, japanischen Fragestellungen.

Auch die weltpolitische Situation legte dies nahe: Die Gegensätze zwischen den industrialisierten Ländern Europas und Amerikas und den von ihnen zu Kolonien gemachten anderen Teilen der Welt waren so kraß, daß Watsuji darüber nachdachte, ob es nicht die Aufgabe Japans sei, in geistiger, nicht in politischer Hinsicht, „die Freiheit der hundert Millionen Asiaten zu gewährleisten". Dazu galt es erst einmal, sich des japanischen Wesens zu vergewissern, das spezifisch Japanische einer Ethik herauszuarbeiten, die der ganzen Menschheit als Vorbild dienen sollte. Dies ist die eigentliche Triebkraft, die hinter seinen Entwürfen zu einem neuen System der Ethik steht.

Freilich ist dies nun keine Ethik mehr im herkömmlichen europäischen Sinn, die von einem freien, selbständigen Individuum ausgeht, denn das europäische Verständnis vom Menschen ist ihm bereits fragwürdig geworden, nicht nur in politisch-wirtschaftlicher, sondern vor allem in philosophischer Hinsicht. So sucht er in der altjapanischen Geschichte nach Spuren und Bestätigungen für sein neues ethisches Konzept. Dieses Motiv bewegt ihn bis über das Ende des Zweiten Weltkrieges hinaus. So verteidigt er zum Beispiel das 'Tennō-System' nicht nur aus rein politischen Erwägungen heraus, es sind vielmehr ethische Überlegungen, die ihn zum Verfechter dieser Struktur machen. Dies belegen zwei Aufsätze, die er kurz vor Kriegsende veröffentlichte: ›Der Gedanke der Tennō-Verehrung und seine Tradition‹ (1943) und ›Der Untertanenweg Japans und der Nationalcharakter Amerikas‹ (1944). Von da aus führt ein direkter Weg zu seinem Eintreten für das 'Tennō-System als Symbol' nach dem Kriege. Aber es wäre falsch, Watsuji als Konservativen im politischen Sinn zu charakterisieren. Er war im eigentlichen Sinn des Wortes ein Bewahrer, der sah, daß die hastigen Importe wissenschaftlichen und industriellen Fortschritts für die Importeure selbst zur Zerreißprobe werden, wenn sie ihre eigene Herkunft und Tradition vergessen. „Eine bloße Wiederbelebung des Alten", so sagte er, „ist nicht mein Ziel. Das Alte erblüht neu, wenn es wieder mit Leben erfüllt wird. Und dann durchbricht es alle Verkrustungen."

Die Schrift ›Ethik als Wissenschaft vom Menschen‹ ist die Grundlage für Watsujis späteres Ethiksystem; entstehungsgeschichtlich wie inhaltlich besteht ein enger Zusammenhang mit dem hier vorgelegten Buch ›Fūdo‹. Mit dem sino-japanischen Wort 'nin-gen' (Mensch) meint Watsuji nicht nur das Individuum (anthropos, homo, homme, man), sondern vor allem das, was zwischen den Menschen ist, das 'Zwischensein'. Zwar ist der Mensch Individuum; in Verbindung oder Gemeinschaften von Menschen ist er aber zugleich auch 'Gesellschaft'. Diese doppelte Beschaffenheit ist grundlegend für ihn. Auch mit dem Wort 'Ethik' (jap. 'rin-ri') ist nicht etwa die Moral oder Morallehre gemeint, die sich auf den Menschen als Individuum bezieht. 'Rin' bedeutet 'Freunde', 'Kameraden', also Mitmenschen, und 'ri' heißt 'Linie'. 'Konsequenz', 'Vernunft' im Sinne eines Vernehmens des Natürlich-Richtigen. Somit könnte man 'rin-ri' im Sinne Watsujis mit 'natürlich-richtige Seinsweise der Mitmenschen' übersetzen.

Auch bei der Interpretation des sino-japanischen Wortes 'son-zai', das gemeinhin für das deutsche 'Sein' verwendet wird, folgt Watsuji dem ursprünglichen Wortsinn: „Die ursprüngliche Bedeutung von ‚son' ist ‚Selbsterhaltung eines Subjektes' . . . Die ursprüngliche Bedeutung von ‚zai' ist ‚Existieren eines Subjektes an einem Ort' . . . Wenn also ‚son' die Selbsterhaltung eines Subjektes bedeutet und ‚zai' In-Beziehung-zu-anderen-Menschen-leben, dann meint ‚son-zai' die Selbsterhaltung des Subjektes als Zwischensein." Ethik im Sinne von 'rin-ri' ist für Watsuji also die Wissenschaft vom Menschen als Zwischensein oder, richtiger noch, die Geschichte des Menschen als Geschichte des Zwischenseins. Wie die Titel seiner Veröffentlichungen zeigen, entstand folgerichtig aus der ›Ethik‹ die ›*Geschichte* der japanischen Ethik‹. Von daher gesehen darf Watsuji wohl mit einigem Recht als Kulturhistoriker oder Kulturphilosoph bezeichnet werden.

III

Im Denken des modernen Japan spielt Watsuji jedoch noch eine andere wichtige Rolle: Mit dem Buch ›Fūdo‹ liefert er einen ersten Beitrag zur Verständigung zwischen den Kulturen. Dieses Buch entsteht aus den Erfahrungen eines fast zweijährigen Aufenthaltes in Europa. Auf der Schiffsreise dorthin besucht er Südasien, Indien, Aden und den Sinai. Regelmäßig berichtet er in Briefen an seine Frau von besonders eindrücklichen Erfahrungen. Nach seiner Rückkehr nach Japan macht er diese Reiseberichte zur Grundlage einer Vorlesung im Wintersemester 1928/29 an der Universität Kyoto. Aus eigener Anschauung unterscheidet er also zwischen Wiesenklima (Europa) mit einer anthropozentrischen, intellektuell-beschaulichen, Wüstenklima mit einer extrem willensgelenkten, praxisorientierten und Monsunklima mit einer gefühlsbetonten, kontemplativen Lebensweise. Das Vorlesungsmanuskript veröffentlicht er bald darauf mit einigen Ergänzungen und Korrekturen als Buch. Die Beschreibungen unterschiedlicher, am eigenen Leibe erfahrener klimatischer Phänomene bis hin zur Ausbildung einer 'Klimatheorie' fallen zusammen mit der Ausbildung der systematischen Ethik, die, wie wir oben gesehen haben, sich als ›Ethik der Wissenschaft vom Menschen‹ herauskristallisiert. In seinem Vorwort zu ›Fūdo‹ schreibt Watsuji dazu folgendes:

„Es war in Berlin im Frühsommer 1927, als ich begann, mich mit dem ‚fūdo' (Klima) zu beschäftigen. Damals las ich gerade Heideggers ›Sein und Zeit‹. Sein Versuch, menschliche Existenz in ihrer Zeitlichkeit zu verstehen, fesselte mich, aber ich fragte mich, weshalb er, wenn er der Zeitlichkeit als *subjektiver* (shutaiteki) Daseinsstruktur so viel Gewicht beimißt, nicht zugleich auch die Räumlichkeit als eine ebenso ursprüngliche Daseinsstruktur gelten läßt. Freilich läßt er die Räumlichkeit nicht unerwähnt, ja, im Hinblick auf den konkreten

Raum des menschlichen Daseins scheint die ‚lebendige Natur' der deutschen Romantik bei ihm aufs neue belebt zu werden. Doch dieser Denkansatz verschwindet nahezu unter der starken Beleuchtung, die Heidegger der Zeitlichkeit angedeihen läßt. Hier zeigte sich mir eine Grenze seines Denkens, denn Zeitlichkeit ohne Räumlichkeit ist nicht wirklich Zeitlichkeit. Heidegger hält an diesem Punkt inne, denn *Dasein* ist für ihn lediglich das Dasein des einzelnen, er versteht unter Dasein das Dasein des einzelnen Menschen. Dieses „Dasein" aber bleibt vom Standpunkt seiner Doppelnatur, nämlich der individuellen und gesellschaftlichen Struktur her, abstrakt. Erst wenn es in diesem konkreten Doppelcharakter verstanden wird, können Zeitlichkeit und Räumlichkeit in einen Zusammenhang gebracht werden, erst dann zeigt sich die Geschichtlichkeit menschlichen Daseins, die bei Heidegger noch nicht konkret genug verstanden wird, in ihrer vollen Wirklichkeit. Und von daher wird auch der Zusammenhang zwischen Geschichtlichkeit und Klimatischem deutlich."

Es handelt sich in dem vorliegenden Buch also nicht etwa darum, „in welcher Weise das Leben des Menschen durch seine natürliche Umgebung bestimmt wird. Unter natürlicher Umgebung versteht man gemeinhin das, was aus dem konkreten Grund des klimatisch Bestimmtseins des Menschen zu einem objektiven Sachverhalt geworden ist. Wenn wir jedoch die Beziehung zwischen diesem ‚objektiven Sachverhalt' und dem menschlichen Leben betrachten, dann ist das menschliche Leben bereits vergegenständlicht, so daß wir feststellen müssen, daß wir das Verhältnis zwischen zwei Objekten betrachten – was nichts mehr zu tun hat mit dem *subjektiven* (shutaiteki) Dasein des Menschen. Aber gerade darum geht es uns, denn wir möchten die klimatischen Phänomene als Ausdruck der *subjektiven* (shutaiteki) menschlichen Existenz und nicht als die der natürlichen Umgebung verstanden wissen. Eine derartige Verwechselung möchten wir von vornherein ausschließen."

Watsujis Freunde nannten ihn einen Menschen, der, wie Goethe, zur unmittelbaren Schau einer Idee fähig war und erst in einem zweiten Schritt sich um die Formulierung einer Theorie bemühte. So ist auch das erste Kapitel des Buches ›Fūdo‹ – Grundtheorie über fūdo (Klima) – erst als letztes entstanden. Wenn man die erste Niederschrift des Buches, die sich auf die Briefe an seine Frau stützt, mit diesem Kapitel vergleicht, kann man eine Art Gefälle beobachten, einen gewissen Widerspruch. So wurde auch bereits kurz nach dem ersten Erscheinen des Buches Kritik laut, daß Watsuji die Auswahl seines Materials zu subjektiv getroffen habe und sich stärker von seinem künstlerischen Temperament als von der Beweisführung des Verstandes habe leiten lassen (Abe Yoshinori). Augustin Berque bemerkt dazu in dem Buch ›Le Sauvage et l'Artifice – Les Japonais devant la Nature‹ (1986):

„Aufgrund dessen" – d. h. aufgrund der engen, unzertrennlichen Beziehung zwischen Klima und Geschichte (d. Übers.) – „teilt Watsuji Japan, China, Indien, Arabien, den Mittelmeerraum und Europa in verschiedene Klimatypen ein und beschreibt sie ausführlich. Außer im Falle Japans hält er sich bei seinen Diskursen jedoch nicht sehr streng an die Bedingungen, die er selber aufgestellt hat, so daß er leicht einem oberflächlichen Determinismus verfällt. So schreibt er zum Beispiel über Europa, die Natur dort sei ‚gehorsam und rational'. Es gibt noch mehr solcher Beispiele. Der Mangel an geschichtlichen und soziologischen Kenntnissen verleitet ihn dazu, die jeweiligen Klimata, die er zum Gegenstand seiner Beobachtung macht, vor dem Hintergrund eines extrem einfachen, naiven Kausalzusammenhangs zu sehen, so daß er den ‚Charakter' dem Klima zugrunde legt ... Trotzdem finde ich, daß man sich hier nicht nur bei den Mängeln aufhalten sollte. An anderen Stellen des Buches gelingt ihm aufgrund seiner Kenntnisse und seines tiefreichenden Verständnisses eine ausgezeichnete Herausarbeitung des Begriffs des Klimatischen. Besonders im Vorwort zeigt sich die erstaunliche Fähigkeit des Autors, die wesentliche Bedingung zu formulieren, die darin besteht, die Beziehung zwischen dem Menschen und seiner natürlichen Umgebung vom Standpunkt des subjektiven menschlichen Daseins her zu betrachten. Aus gutem Grund erfüllt er selbst diese Bedingung jedoch lediglich in bezug auf Japan ..."

Wie Watsuji selbst geht Berque davon aus, daß es sich bei ›Fūdo‹ um eine 'wissenschaftliche' Veröffentlichung handelt. Man läßt dem Autor aber vielleicht eher Gerechtigkeit widerfahren, wenn man die Aufmerksamkeit stärker auf den 'literarisch-künstlerischen' Charakter des Buches lenkt. Dies kommt auch in einer später veröffentlichten Publikumsdiskussion über Watsujis Leben und Werk zum Ausdruck:

„... Mit einem Wort: Das Buch (›Fūdo‹) dokumentiert lediglich Watsujis Intuition, seinem Wesen nach ist es weder eine soziologische noch eine anthropologische Untersuchung. Es handelt sich hier eben um ein Kunstwerk!" „Wenn Sie behaupten, das Buch sei ein Kunstwerk, wollen Sie damit sagen, es sei keine wissenschaftliche Ausführung?" „Ja, genau das meine ich." „Der Untertitel von ›Fūdo‹ lautet aber: ›Eine anthropologische Betrachtung‹. Sollte es sich tatsächlich um eine Anthropologie handeln, dann haben wir es nicht leicht. Watsujis ‚Grundtheorie' zu verstehen, fällt mir wirklich sehr schwer; ich finde sie nicht nur schwierig, sondern auch nicht klar genug ..."

(aus: Watsuji Tetsuro – Mensch und Gedanke, Sanichi-Shobō, Tokyo 1973).

Daß ›Fūdo‹ trotz mancher theoretischer Schwächen und irreführender Verallgemeinerungen (Europäer, zum Beispiel, werden Watsujis Behauptung, daß es in Europa kein Unkraut oder im Mittelmeer keine Fische gebe, verwundert oder gar entrüstet zurückweisen) ein literarisches Kunstwerk sei, diese Auffassung vertritt in Japan keine Minderheit. Wir möchten uns weder dem einen noch dem anderen Standpunkt anschließen und meinen lediglich, daß dieses Buch ein ungewöhnlich lebendiger, von feiner Empfindsamkeit geprägter Reisebericht ist. Verglichen mit anderen Berichten der Zeit besteht die Stärke des Watsujischen unter anderem darin, daß der Autor sich bereits vor seiner Europareise intensiv und kritisch mit der europäischen Kultur auseinandergesetzt hatte. So erscheint dieses Buch dem europäischen Leser zuweilen wie ein Spiegel, in dem er sich erstaunt, ja 'verfremdet' mit japanischen Augen sehen lernt. Keiner dürfte wohl nach der Lektüre des Kapitels über die Verschiedenheiten westlicher und östlicher Kunst eine griechische Skulptur mehr so betrachten können wie zuvor. Watsujis künstlerisches Einfühlungsvermögen glättet die zuweilen aufscheinenden Härten seines Urteils und führt unmerklich in die andere Erfahrungs- und Empfindungswelt Japans, in den Raum des 'Zwischen', in dem „das Selbst und der andere sich überhaupt erst finden lassen“.

Im 3. Band seiner ›Ethik‹ versuchte Watsuji später seine Klimatheorie durch neue Erkenntnisse der Franzosen Vidal de la Blanche und Lucien Fèbvre sowie durch Exkurse über die noch fehlenden Klimatypen (Amerika, Steppe) zu ergänzen. Diese Hinzufügungen mußten notwendigerweise leblos bleiben, da ihnen keine eigene Anschauung zugrunde lag, denn „was das Klima betrifft“, so sagte er selbst, „spielt die Intuition eine außerordentlich wichtige Rolle“. Was bleibt, ist also ›Fūdo‹, als ein in sich geschlossener literarisch-philosophischer Reisebericht, der auch heute noch eine Art Meilenstein im Verständnis der Kulturen untereinander ist, ja, zweifellos zu klassischen Reiseberichten wie der ›Historia do Japão‹ von Louis Frois SJ im 16. Jahrhundert, den ›Observations critiques et philosophiques sur le Japon et les Japonais‹ von Pierre Claude le Jaune im 18. Jahrhundert oder Ernest Mason Satows ›A Diplomat in Japan‹ zu Beginn unseres Jahrhunderts zu zählen ist, die allerdings aus der entgegengesetzten Richtung, aus europäischer Sicht, über Japan berichten.

IV

Watsujis schriftstellerische Tätigkeit dauerte von 1913 bis 1960, erstreckte sich also über ein halbes Jahrhundert. Jene fünf Jahrzehnte dürfen wohl mit Recht zu den turbulentesten Zeiten gezählt werden, welche die Menschheit kennt. Da war die russische Revolution; da waren die beiden Weltkriege; die militärisch-wirtschaftliche Hegemonie Europas ging auf Amerika und die Sowjetunion über; einige Hellsichtige, wie Nietzsche oder Baudelaire, erkannten, daß das Wertsystem der europäischen Kultur frag-würdig geworden war. Auch in Japan, das voller Eifer die europäische Kultur und Zivilisation „naiv und kritiklos" (K. Löwith) rezipierte, gab es eine Zeitlang Volks- und Arbeiterbewegungen sozialistischer, zum Teil auch kommunistischer Färbung, die sich für eine Demokratie stark machten. Diese Bewegungen aber wurden von der Staatsmacht, die in die Hände der Militärs übergegangen war, gewaltsam unterdrückt. In der Folge kam es zu den imperialistischen Invasionen Koreas, Chinas, Südasiens und schließlich zum Krieg gegen England und die Vereinigten Staaten. Am Ende stand die Niederlage mit der bedingungslosen Kapitulation. Japan war ein Trümmerhaufen und mußte zum erstenmal in seiner zweitausendjährigen Geschichte ein Besatzungsregime erdulden. Ratlosigkeit und Verwirrung machten sich breit, nicht nur äußerlich, sondern vor allem in geistiger Hinsicht, und man fragte sich nach dem 'Wohin?' und 'Wozu?'.

Auch Watsujis Leben war bestimmt durch jene Ereignisse; die sozialpolitischen Zustände in Japan haben sein Denken mitgeprägt. Mit der Umkehr bzw. Rückkehr zum 'alten Japan' in der Schrift ›Guzō-saiko‹ (Renaissance der Götzen) – der Titel bezieht sich offenkundig auf Nietzsches ›Götzendämmerung‹, freilich in umgekehrtem Sinne – wies Watsuji auf die Gefahren einer oberflächlichen Modernisierung Japans hin, die das Bewahrenswerte zu zerstören drohte. Er versuchte aufzuzeigen, wie wichtig es sei, die Tradition des alten, des 'echten' Japan hochzuhalten, um einem drohenden Identitätsverlust zu begegnen. Dieses Problem ist in der Tat so akut geworden, wie Watsuji befürchtete – und nicht weil er je einem chauvinistischen Nationalismus das Wort geredet hätte, auch wenn er die japanische Kultur für etwas Einzigartiges und Besonderes hielt. Dies hat ihm allerdings immer wieder den Vorwurf eingetragen, daß er den 'Nationalisten' nahegestanden habe. So wurde vor allem von seiten der Marxisten scharfe Kritik an seinem Gedanken der 'Tennō-Verehrung' laut, während er wiederum vom Standpunkt der japanischen 'Gemeinschaftsethik' aus den Marxismus strikt ablehnte.

Robert N. Bellah, ein amerikanischer Watsuji-Kenner (Japan's Cultural Identity: Some Reflections on the Work of Watsuji Tetsuro, in: Tenbō, Tokyo 1966), bemerkt, daß die japanischen Gelehrten im allgemeinen stets den eigentümlichen, besonderen Charakter ihrer Kultur betonten, obwohl sie zugäben, daß die japanische Kultur aufs engste mit der chinesischen zusammenhänge. Sie seien der Ansicht, sie lasse sich unter keinem der herkömmlichen Begriffe oder Kategorien fassen. Überhaupt nehme in Japan das Gefühl zu, seine Kultur sei 'einzigartig', 'speziell' und 'von allen anderen verschieden'. Und Watsuji sei der Denker, der kraft seines hervorragenden Intellekts diesem allgemein verbreiteten und tief im Volk verwurzelten Gefühl die philosophische Begrifflichkeit zur Verfügung stelle. In diesem Zusammenhang verweist Bellah auf die bereits erwähnten zwei Aufsätze ›Der Untertanenweg Japans‹ und ›Der Nationalcharakter Amerikas‹, die Watsuji 1944, also noch während des Krieges, veröffentlicht hatte und in denen er die kulturelle Überlegenheit des japanischen 'Tennō-Systems' über die minderwertige 'Zivilisation' Amerikas unter Beweis stellen wollte. Wenn man allerdings darauf gefaßt sei, in diesen Aufsätzen die damals übliche nationalistisch-hysterische, von Größenwahn verzerrte Sprache zu finden, so täusche man sich, vielmehr stoße man auf klare Analysen europäischer Art und sehe diese auf die japanische Situation angewandt. Es sei in der Tat bemerkenswert, daß in diesen Kampfschriften über den universalen ethischen Wert der japanischen Tradition und die Besonderheit der japanischen Kultur allgemeingültige Fragen gestellt würden. Watsuji sehe die kulturelle Eigentümlichkeit des Weges der Kaiserverehrung im alten Japan in Form einer 'ethischen Gemeinschaft' und diese Gemeinschaftsethik als 'Staat' verwirklicht. Ihm zufolge sei der Staat die höchste ethische Gemeinschaftsform. Nach dem verlorenen Krieg habe er seine Ansichten über den Staat zwar weitgehend geändert, aber auch in den nach Kriegsende veröffentlichten Schriften tauche kein neuer Wertmaßstab auf, der über das Kriterium 'Kaiser' hinausgehe. Die Einheit von Tennō, Gesellschaft und Individuum – diese typisch japanische Fusion mache letzten Endes den Kern seines Denkens aus. Dies sei keineswegs ein Mangel, sondern bestätige lediglich die Tatsache, daß Watsuji einer in Japan tief verwurzelten und weit verbreiteten Denkweise Ausdruck gegeben habe, einer Denkweise, die in der Geschichte des modernen Japan immer problematischer werde. Wie immer man die gedankliche Leistung Watsujis auch einschätze, es lasse sich nicht bestreiten, daß er einen unauslöschlichen Beitrag zur Kulturgeschichte Japans geleistet habe.

Zu einem ähnlichen Ergebnis kommt auch Jens Heise (Japanologe und Philosoph, eine glückliche Kombination, die in Deutschland wohl so selten zu finden ist wie die des 'Germanisten und Philosophen' in Japan) schreibt in einer der wenigen auf deutsch erschienenen Wertungen Watsujis:

„Watsujis kulturtheoretische Arbeiten sind nicht ohne Probleme. Offenkundig ist die Tendenz, die japanische Kultur für einzigartig zu halten und sie so der wissenschaftlichen Analyse zu entziehen. Dennoch hat Watsuji am Programm einer theoriegeleiteten Hermeneutik der japanischen Kultur im Prinzip festgehalten und zur Überwindung einer national eingefärbten Philologie der Kultur beigetragen."

Heise versucht, die Position des Watsujischen Denkens aus der geschichtlichen Konstellation des japanischen Denkens in der Auseinandersetzung mit den abendländischen Denktraditionen zu erklären. Ihm zufolge kommt der Philosophie im modernen Japan eine doppelte Aufgabe zu: Einerseits kläre sie die Voraussetzungen, unter denen sich die europäischen Gesellschaften und Kulturen entwickelt haben – man erinnere sich an die oben beschriebene Atmosphäre im Philosophischen Seminar der Tokyoter Universität zu Beginn der zwanziger Jahre! –, andererseits werde sie durch die Konfrontation mit abendländischen Wissensstrukturen dazu genötigt, nach den Grundlagen der eigenen Kultur zu fragen und Modelle der Selbstinterpretation zu entwickeln. Soweit die Philosophie in Japan sich dieser hermeneutischen Dimension stelle, sei sie nicht zu trennen von dem Projekt der Modernisierung, seiner atemlosen Dynamik und seinen Widersprüchen.

„Wenn die Philosophie in der zweiten Hälfte des 19. Jahrhunderts in Japan rezipiert wird, stellt sie kein einheitliches Bild europäischer Kultur dar, sondern vor allem die Krise dieser Kultur, wie sie sich philosophisch in der Krise der Subjektivität oder der Reflexion Ausdruck gegeben hat. Daß die Philosophie nach dem Ende der metaphysischen Systeme eine ‚Krise des Ichs' konstatierte, dem mußte in Japan eine besondere Bedeutung zukommen. Gerade in der Instanz des Ichs glaubte man, die entscheidende Struktur abendländischer Kultur und Gesellschaft gefunden zu haben, den Schlüssel zum *animal rationale* ... Die Krise des Ichs und die Erfahrung, daß die Figur des *animal rationale* ein Modus der Selbstinterpretation ist, in dem sich weder das beginnende 20. Jahrhundert des Abendlandes noch die japanische Vormoderne wiederfinden können, ermöglichte es, den philosophisch orientierten Japandiskurs (Nihon-ron), die Suche nach Strukturen jenseits des Logozentrismus mit der Analyse spezifischer Formen japanischer Subjektivität zu verbinden. Hier liegen die Einsatzpunkte für eine Hermeneutik der japanischen Kultur“ (Im Schatten des Siegers. Japan – Kultur und Gesellschaft, Bd. I, Frankfurt a. M. 1989).

Dies ist eine zutreffende Beschreibung der Denksituation des modernen Japan, einer Denksituation, die aus europäischer Sicht voller Widersprüche ist. Sie mag chaotisch anmuten, aber sie ist schöpferisch, denn sie läßt Spannungen und Widersprüche nebeneinander bestehen und versucht, sie auszuhalten, ohne sofort nach Lösungen im Sinne eines ‘Entweder-Oder’ zu suchen. Dem logisch folgernden Denken des Abendlandes, für das der ‘Schwebezustand’ nur schwer erträglich ist, mag diese Denkhaltung – die auch eine Lebenshaltung ist – fremd erscheinen: Als prototypisch für diese neue Denkhaltung stehen Suzuki Daisetsu mit seiner Prajña-Logik des ‘Trotzdem-Zugleich’, Nishida Kitaro mit seiner Logik der ‘Selbstidentität des absolut Widersprüchlichen’ und Watsuji Tetsuro mit seiner Logik des ‘Zwischenseins’ bzw. ‘Zwischen’ (aidagara), wie sie uns in ›Fūdo‹ begegnet. Von Europa aus gesehen, wo vor mehr als hundert Jahren der ‘Tod Gottes’ und der Nihilismus proklamiert wurden, wo seit Jahrzehnten das Ende der Metaphysik verkündet wird und wo nun ‘die große Fabel der Aufklärung’ durch den Zerfall der sogenannten ‘sozialistischen Länder’ in beinahe grotesker Weise bestätigt zu werden scheint, könnte dieses Denken Ostasiens vielleicht neue Wege weisen. Für uns alle gilt es, einseitige Betrachtungsweisen aufzugeben und das andere kennenzulernen. Denn nur so lernen wir uns selber besser kennen und entfalten, nur so können wir dem Ziel einer gemeinsamen Welt näherkommen. Es gibt Anzeichen dafür, daß das abendländische Denken heute bereit ist, sich mit jenem großen Denken der ostasiatischen Moderne auseinanderzusetzen.

Zuletzt noch eine Bemerkung zum Titel des Buches: Das sino-japanische Wort ‘fūdo’ bedeutet wörtlich ‘Wind–Erde’ und wird meist als ‘Klima’ übersetzt. Das Wort ‘Klima’ ist selbstverständlich nicht dekkungsgleich mit den Konnotationen des Wortes ‘fūdo’. Deshalb haben wir auf den Rat einiger Sinologen hin einen beschreibenden Titel gewählt: ›Fūdo – Wind und Erde. Der Zusammenhang zwischen Klima und Kultur‹. Als Übersetzer haben wir unsere Aufgabe weniger darin gesehen, Watsujis Philosophie zu vermitteln, als vielmehr dem deutschsprachigen Leser einen bemerkenswerten Reisebericht, Ausdruck menschlicher Erfahrung und Weisheit, zugänglich zu machen. Ob es uns gelungen ist, den unvergleichlichen Stil Watsujis einigermaßen adäquat ins Deutsche zu übertragen, bleibt dem Urteil unserer Leser überlassen.

Heidelberg, Sommer 1990 Die Übersetzer

FŪDO

VORWORTE

In der vorliegenden Studie möchten wir zeigen, daß *fūdo-sei,* das Klimatische, zur Struktur des menschlichen Daseins gehört. Es handelt sich hier also nicht darum, in welcher Weise das Leben des Menschen durch seine natürliche Umgebung bestimmt wird. Unter natürlicher Umgebung versteht man gemeinhin das, was aus dem konkreten Grund des klimatisch Bestimmtseins des Menschen zu einem objektiven Sachverhalt geworden ist. Wenn wir jedoch die Beziehung zwischen diesem „objektiven Sachverhalt" und dem menschlichen Leben betrachten, dann ist auch das menschliche Leben bereits vergegenständlicht, so daß wir feststellen müssen, daß wir das Verhältnis zwischen zwei Objekten betrachten – was nichts mehr zu tun hat mit dem *subjektiven* (shutaiteki)* Dasein des Menschen. Aber gerade darum

* [Die deutschen Wörter „Subjekt", „Subjektivität" und „subjektiv" wurden unter dem Einfluß der neukantianischen Philosophie zunächst mit *shukan, shukansei* und *shukantei* ins Japanische übersetzt und im erkenntnistheoretischen Sinn als Gegenbegriffe zu „Objekt", „Objektivität", „objektiv" verstanden. Im Kreis der sogenannten „Kyoto-Schule", unter der Führung von Nishida Kitaro, wurden diese Begriffe dann aber anders ausgelegt und auch anders übersetzt, nämlich als *shutai, shutaisei* und *shutaiteki.* Diese Übertragung setzte sich allmählich in der japanischen Philosophie durch, und zwar aus folgendem Grund:

„Subjekt" als *shukan* im erkenntnistheoretischen Sinn meint etwas Überindividuell-Persönliches, Formales und wird als rein bewußtseinsbezogen verstanden, „Subjekt" als *shutai* hingegen als das mit Bewußtsein und Leib versehene Dasein des einzelnen Menschen im ontologischen oder ethisch-praktischen Sinn, also als das einzelne, unersetzliche, praktisch handelnde persönliche Dasein als Ganzes.

Dieses neue Verständnis des Begriffes „Subjekt" entsprach dem der europäischen Philosophie nach dem Ersten Weltkrieg, als der Neukantianismus allmählich an Einfluß verlor und seine stark formalistischen Tendenzen als Mangel empfunden und in Frage gestellt wurden. Ein Wandel fand statt, der von der Erkenntnistheorie zur Lebensphilosophie und weiter zur Ontologie und zur Existenzphilosophie führte. Und von daher erfuhr der Subjektbegriff in der Philosophie Kants und Hegels eine neue Auslegung. So könnte man sagen, daß „Subjekt" als *shukan* etwas rein auf das Bewußtsein Bezogenes und, so gesehen, etwas Abstraktes, Ideelles meint, „Subjekt" als *shutai* hingegen etwas geht es uns, denn wir möchten die klimatischen Phänomene als Ausdruck der *subjektiven* menschlichen Existenz und nicht als die der natürlichen Umgebung verstanden wissen. Eine derartige Verwechslung möchten wir von vornherein ausschließen.

Es war in Berlin im Frühsommer 1927, als ich begann, mich mit dem Problem des *fūdo*, Klima, zu beschäftigen. Damals las ich gerade Heideggers ›Sein und Zeit‹. Sein Versuch, menschliche Existenz in ihrer Zeitlichkeit zu verstehen, fesselte mich, aber ich fragte mich, weshalb er, wenn er der Zeitlichkeit als *subjektiver* Daseinsstruktur so viel Gewicht beimißt, nicht zugleich auch die Räumlichkeit als eine ebenso ursprüngliche Daseinsstruktur gelten läßt. Freilich läßt er die Räumlichkeit nicht unerwähnt, ja, im Hinblick auf den konkreten Raum des menschlichen Daseins scheint die „lebendige Natur" der deutschen Romantik bei ihm aufs neue belebt zu werden. Doch dieser Denkansatz verschwindet nahezu unter der starken Beleuchtung, die Heidegger der Zeitlichkeit angedeihen läßt. Hier zeigte sich mir eine Grenze seines Denkens, denn Zeitlichkeit ohne Räumlichkeit ist nicht wirklich Zeitlichkeit. Heidegger hält an diesem Punkt inne, denn *Dasein* ist für ihn lediglich das Dasein des einzelnen; er versteht unter Dasein das Dasein des einzelnen Menschen. Dieses „Dasein" aber bleibt vom Standpunkt seiner Doppelstruktur, nämlich der individuellen und gesellschaftlichen Struktur her, abstrakt. Erst wenn es in diesem konkreten Doppelcharakter verstanden wird, können Zeitlichkeit und Räum-

praktisch Handelndes, Tätigkeitsbezogenes. Von der Existenzphilosophie her wäre *shukan* dann als *essentia* und *shutai* als *existentia* aufzufassen. Kierkegaard z. B. hat dieses Verständnis von „Subjekt" als *shutai* dem abgeschlossenen System des objektiven und absoluten Idealismus Hegels entgegengestellt, das die gesamte Wirklichkeit als dialektische Selbstentfaltung des absoluten Geistes erklärt. Auch Marx kritisiert mit seinem dialektischen Materialismus jenen mechanischen Materialismus dahingehend, daß dieser das Objekt, die Wirklichkeit und die Sinnlichkeit „bloß objektiv", das heißt, als getrennt vom subjektiven Handeln des Menschen betrachte. Das sinnliche Tun, die menschliche Praxis blieben außer acht.

Auch Watsuji verwendet den Begriff *shutai* im Sinne der Kyoto-Schule. Der englische Übersetzer hat anstelle der Wörter „Subjektivität" und „subjektiv" das Wort "self-active" gebraucht. Auch wir haben uns gefragt, ob *shutai* ohne weiteres mit „Subjekt" übersetzt werden kann und darf. Um aber den philosophiegeschichtlichen Sinnzusammenhang zwischen *shukan* – *shutai* nicht zu verlieren, haben wir uns entschlossen, die Wörter „Subjekt", „Subjektivität" weiter zu verwenden. Sie sind im Text kursiv gedruckt, um auf den oben genannten Bedeutungswandel aufmerksam zu machen. (Anm. der Übers.)]

lichkeit in einen Zusammenhang gebracht werden, erst dann zeigt sich die Geschichtlichkeit menschlichen Daseins, die bei Heidegger noch nicht konkret genug verstanden wird, in ihrer vollen Wirklichkeit. Und von daher wird auch der Zusammenhang zwischen Geschichtlichkeit und Klimatischem deutlich.

Nun mag es wohl sein, daß dieses Problem sich mir gerade damals stellte, weil zu dem Zeitpunkt, als ich mich mit der genaueren Analyse der Zeit befaßte, mich viele verschiedene klimatische Eindrücke stark beschäftigten. Oder ich könnte auch umgekehrt sagen, daß meine Aufmerksamkeit sich auf die unterschiedlichen klimatischen Eindrücke richtete, weil ich mich mit diesem Problem beschäftigte. So gesehen war es wohl das Problem der Zeitlichkeit und der Geschichtlichkeit, das mich das Problem des Klimatischen hat erkennen lassen. Ohne diese Vermittlung wären mir wohl lediglich die klimatischen Eindrücke als solche geblieben. Und die vermittelnde Funktion solcher Überlegungen zeigt einmal mehr die enge, unzertrennliche Beziehung, die zwischen Klimatischem und Geschichtlichem besteht.

Die erste Fassung dieses Buches stützt sich hauptsächlich auf Manuskripte zu Vorlesungen, die ich kurz nach meiner Rückkehr aus Europa in der Zeit zwischen dem September 1928 und dem Februar 1929 hielt. In diesen Vorlesungen beschäftigte ich mich ausschließlich mit klimatischen Betrachtungen, ohne ausführlicher auf die Problematik von Zeitlichkeit und Räumlichkeit des menschlichen Daseins einzugehen. Diese Vorlesungsmanuskripte sind mit gelegentlichen Überarbeitungen einzeln erschienen, nur das letzte Kapitel hat seine ursprüngliche Form behalten. Wiewohl mir klar ist, daß meine Überlegungen immer noch nicht vollständig sind, möchte ich sie nun doch als Ganzes veröffentlichen, da sie von vornherein im Zusammenhang gedacht worden sind. Und so stelle ich mich gerne der Kritik von allen Seiten.

August 1935

Diese Neuauflage hat mir die Gelegenheit gegeben, den Abschnitt über China im 3. Kapitel zu überarbeiten. In die erste, 1929 geschriebene Fassung sind kritische Bemerkungen gegen das damals vorherrschende linksgerichtete Denken eingeflossen, die ich nun wieder ausgemerzt habe. So lege ich dieses Kapitel als reine Klimastudie vor.

November 1943

I. GRUNDTHEORIE ÜBER *FŪDO* (KLIMA)

1. Klimatische Phänomene

Mit dem japanischen Wort *fūdo* (wörtlich „Wind und Erde") ist die natürliche Umwelt eines bestimmten Landes gemeint, nämlich sein Klima, sein Wetter, die geologische und produktive Beschaffenheit seines Bodens, seine topographischen und landschaftlichen Charakteristika. Früher verwendete man dafür auch den Begriff *suido* (wörtlich „Wasser und Erde"). Hinter diesen Ausdrücken steht die alte Anschauung von der Natur als Um-Welt *chisuikafu* (wörtlich „Erde–Wasser–Feuer–Wind"), die sich aus den vier Elementen zusammensetzt. Ich möchte hier nun diese natürliche Umgebung des Menschen nicht als „Natur", sondern als „Klima" *(fūdo)* in dem oben genannten Sinn verstehen. Dies hat selbstverständlich seine Gründe. Dazu müssen wir uns zunächst einmal dem Phänomen „Klima" *(fūdo)* zuwenden.

Wir alle leben in einem bestimmten Land, dessen natürliche Umgebung uns „umgibt", ob wir wollen oder nicht. Dies ist eine für den gewöhnlichen Menschenverstand unumstößliche Tatsache. So betrachten wir in der Regel diese natürliche Umgebung als unterschiedliche Naturphänomene und versuchen herauszufinden, welchen Einfluß sie auf „uns" ausüben, zum einen auf „uns" als biologische und physiologische Objekte, zum anderen auf „uns" als praktisch Handelnde, die wir uns z. B. mit der Bildung eines Gemeinwesens, eines Staates etwa, befassen. Jeder dieser Einflüsse ist so komplex, daß er einer gesonderten fachlichen Untersuchung bedürfte. Uns beschäftigt hier jedoch die Frage, ob das Klima *(fūdo)* als unmittelbare, alltägliche Gegebenheit *ohne weiteres* mit einem Naturphänomen gleichgesetzt werden darf. Es ist freilich nichts dagegen einzuwenden, wenn die Naturwissenschaft das Klima als ein Naturphänomen behandelt, aber es ist eine andere Frage, ob die klimatischen Phänomene ihrem Wesen nach Gegenstand naturwissenschaftlicher Betrachtung sein können.

Um dieser Frage nachzugehen, wollen wir uns einem, wie es scheint, ganz und gar eindeutigen Phänomen, dem der Kälte, zuwenden, das lediglich ein Moment innerhalb eines Klimas ist. Daß wir Kälte verspüren, ist eine unbestreitbare Tatsache. Was aber ist diese Kälte, die wir empfinden? Bedeutet „Kälte" etwa, daß Luft einer bestimmten Temperatur, d. h. Kälte als physikalisches Objekt, die Sinnesorgane unseres Körpers so reizt, daß wir, als psychologische Subjekte, sie als einen bestimmten psychologischen Zustand erfahren? Wenn dem so wäre, dann folgte daraus, daß die „Kälte" und „wir" getrennt und unabhängig voneinander bestünden, und zwar so, daß nur dann, wenn Kälte von außen auf uns einwirkte, eine „intentionale" Beziehung entstünde, die „uns frieren machte". So gesehen wäre es richtig, von einem Einfluß der Kälte auf uns zu sprechen.

Aber verhält es sich wirklich so? Wie können wir von einem unabhängigen Vorhandensein der Kälte wissen, *ehe uns kalt ist?* Wir können es nicht. Erst indem wir Kälte verspüren, entdecken wir, daß es so etwas wie Kälte gibt. Die Vorstellung, die Kälte trete von außen an uns heran, mißversteht die intentionale Beziehung, die eigentlich nicht erst dadurch entsteht, daß ein Objekt von außen herandrängt. Soweit es sich um das individuelle Bewußtsein handelt, hat das Subjekt als solches bereits diese intentionale Struktur und als solches ist es bereits „auf etwas gerichtet". Das Gefühl, „Kälte zu empfinden" ist kein „Punkt", von dem aus das Subjekt eine auf die Kälte gerichtete Beziehung herstellt, sondern ist als Empfindung von etwas bereits eine Beziehung, und genau in dieser Beziehung nehmen wir die Kälte erst wahr. Die Intentionalität als Beziehungsstruktur ist demzufolge die Struktur eines Subjektes, das in Beziehung steht zu „Kälte". Daß „wir Kälte empfinden", ist zunächst und in erster Linie eine solche „intentionale" Erfahrung.

Nun könnte man einwenden, in diesem Falle sei Kälte lediglich ein Moment der subjektiven Erfahrung; die so entdeckte Kälte sei dann nur Kälte in „uns". Und doch sei, was wir Kälte nennen, nicht bloß die Kälte in „uns", sondern ein das „Wir" transzendierendes Objekt und keine bloße Empfindung von uns. Wie aber kann eine subjektive Erfahrung in Beziehung zu einem transzendenten Objekt treten? Anders gesagt: Wie verhält sich das Empfinden von Kälte (in uns) zur Kälte der Luft draußen etc.?

Diese Frage enthält ein Mißverständnis in bezug auf das in der intentionalen Beziehung Intendierte. Das intendierte Objekt ist kein psychologischer Inhalt, deshalb ist Kälte als eine von der objektiven Kälte unabhängige Erfahrung kein Gegenstand der Intention. Wenn wir Kälte verspüren, dann nicht als ein „Empfinden" von Kälte, sondern als „Kälte der Außenluft" eben unmittelbar als Kälte. Anders ausgedrückt, die in der intentionalen Erfahrung empfundene Kälte ist nichts „Subjektives", sondern etwas „Objektives". So kann gesagt werden, daß eine intentionale Beziehung, wie in der Erfahrung von Kälte, sich bereits auf die Kälte der Außenluft bezieht. Kälte als etwas transzendent Existierendes wird erst in dieser Intentionalität möglich. Deshalb läßt sich die Frage, wie die Empfindung von Kälte (in uns) sich zur Kälte der Außenluft verhält, eigentlich gar nicht stellen.

So gesehen enthält die übliche Unterscheidung zwischen „Subjekt" und „Objekt", folglich auch die zwischen „der Kälte" und „uns", als zwei unabhängig voneinander existierenden Größen, ein Mißverständnis. In dem Augenblick, in dem wir Kälte verspüren, sind wir ja schon der kalten Luft ausgesetzt. In Beziehung zur Kälte geraten heißt nichts anderes, als daß wir selber schon *in die Kälte hinausgetreten sind.* In diesem Sinne ist unsere Daseinsweise, wie Heidegger betont, durch das „Ex-sistere", oder wie wir sagen würden, durch die Intention charakterisiert.

Wir sagen also, daß wir als *diejenigen, die hinausgetreten sind,* uns selbst gegenüberstehen. Auch wenn wir uns nicht reflektiv oder introspektiv selbst begegnen, ist unser Selbst durch unser Selbst aufgedeckt. Reflexion ist lediglich eine Weise des Sich-selbst-Begreifens und überdies kein primärer Modus der Selbstaufdeckung. (Wenn „Reflektieren" jedoch im visuellen Sinn verstanden wird, nämlich als Anstoßen und Zurückgeworfenwerden und als etwas in diesem Zurückgeworfenwerden sich Zeigendes, dann könnte man wohl sagen, daß sich hier die Weise ausdrückt, in der unser Selbst sich uns ent-deckt.) Wir verspüren Kälte, d. h. wir sind in die Kälte hinausgetreten. Indem wir Kälte empfinden, entdecken wir uns selbst in der Kälte selbst. Dies besagt aber nicht, daß wir uns in die Kälte versetzen, um uns dann als solchermaßen Hinausversetzte zu entdecken. Denn in dem Augenblick, in dem Kälte zum erstenmal wahrgenommen wird, sind wir ja schon in die Kälte hinausgetreten. Deshalb ist das „draußen Seiende" seinem Wesen nach kein Ding oder Objekt, genannt „Kälte", sondern wir selbst sind dieses „draußen Seiende". „Ex-sistere", das Hinaustreten, ist das Grundprinzip unseres Daseins, das Prinzip, auf dem auch die Intentionalität beruht. Kälte empfinden ist eine intentionale Erfahrung, in der wir uns selbst als bereits in die Kälte Hinausgetretene erkennen.

Oben haben wir die Erfahrung von Kälte unter dem Gesichtspunkt des individuellen Bewußtseins betrachtet. Da wir aber unwidersprochen die Aussage: „Uns ist kalt" haben verwenden können, besagt dies, daß nicht nur „ich" allein, sondern daß „wir" gemeinsam Kälte empfinden. Deswegen können wir auch bei der täglichen Begrüßung Ausdrücke verwenden, die sich auf die Beschreibung von Kälte beziehen. Daß jeder einzelne Kälte unterschiedlich empfindet, ist erst aufgrund eines gemeinsamen Empfindens möglich. Ohne diesen gemeinsamen Grund wäre die Erkenntnis, daß auch die anderen Kälte erfahren, gar nicht möglich. Insofern ist derjenige, der in die Kälte hinausgetreten ist, nicht nur „ich" allein, sondern auch „wir", genauer noch, „ich" als „wir" und „wir" als „ich" befinden uns draußen im Kalten. Dieses „Wir" ist es, nicht das bloße „Ich", für das das „Hinaustreten" die grundlegende Daseinsstruktur ist. Das „Hinaustreten" besteht nicht in erster Linie darin, in etwas wie Kälte, sondern in das andere „Ich" hinauszutreten. Dies ist nun keine intentionale Beziehung mehr, sondern eine wechselseitige Beziehung, die ich mit dem Begriff „Zwischen" bezeichne. Und diese ursprüngliche Beziehung des „Zwischen" ist es, die wir als uns selbst in der Kälte entdecken.

Mit diesen Ausführungen haben wir das Phänomen „Kälte" wohl hinlänglich klären können. Allerdings erleben wir dieses atmosphärische Phänomen nicht isoliert, sondern im Zusammenhang mit Wärme, Hitze und auch mit Wind, Regen, Schnee, Sonnenschein etc. Das heißt, die Kälte ist lediglich eines aus einer Reihe von Phänomenen, die wir in ihrer Gesamtheit als „Wetter" bezeichnen. Wenn wir nach einem Spaziergang im kalten Wind ein warmes Zimmer betreten, wenn wir nach dem Ende des Winters durch die milde Frühlingsluft schlendern oder wenn wir an einem glühend heißen Sommertag von einem abendlichen Regenguß überrascht werden, dann verstehen wir in diesen atmosphärischen Erscheinungen, die nicht wir sind, uns selbst. Und so verstehen wir in den Wandlungen des Wetters auch unsere eigenen Wandlungen. Aber auch das „Wetter" wird nicht isoliert erlebt, sondern nur im Zusammenhang mit der Fruchtbarkeit des Bodens, mit der Topographie und der Landschaft einer bestimmten Gegend. Der kalte Wind wird als *yamaoroshi,* als der von den Bergen Herabblasende, oder als *karakkaze,* als trockener Wind, erlebt. Der Frühlingswind kann der Wind sein, der die Kirschblüten verweht oder die Meereswellen liebkost. Die Sommerhitze ist eine Hitze, die das üppige Grün verdorren läßt, aber auch die Kinder zum Spielen ins Meer lockt. So wie wir unser fröhliches oder trauriges Selbst in einem Wind, der die Kirschblüten zerstreut, finden, so verstehen wir unser Welken in jener lähmenden sommerlichen Hitze, die Pflanzen und Bäume versengt. Mit anderen Worten: Wir finden uns selbst – uns selbst, als ein Element im „Zwischen" – im Klima.

Ein solches Sich-selbst-Verstehen meint nicht das Verstehen des „Ich" als des „Subjektes", welches Kälte und Hitze empfindet oder sich an den Kirschblüten freut. In diesen Erfahrungen richten wir den Blick nicht auf das sog. „Subjekt". Wenn uns kalt ist, erstarren unsere Glieder, wir ziehen warme Kleider an oder holen das Kohlebecken näher heran, vor allem tragen wir Sorge, daß die Kinder warm angezogen sind oder daß die Alten in der Nähe des Kohlebeckens sitzen, oder wir arbeiten mehr, um Kleider und Holzkohle kaufen zu können. Dafür arbeiten Köhler in den Bergen und stellen Textilfabriken Kleiderstoffe her. In unserem Verhältnis zur Kälte ergreifen wir also auf individueller und auf gesellschaftlicher Ebene Maßnahmen zum Schutz gegen die Kälte. Auch wenn wir uns an der Kirschblüte erfreuen, kommt uns nicht das „Subjekt“ in den Sinn, sondern unsere Aufmerksamkeit gilt den Kirschblüten; wir laden unsere Freunde zum Kirschblütenfest und trinken und tanzen mit ihnen unter den Blüten. Das heißt, indem wir uns in Beziehung zur Frühlingslandschaft setzen, treffen wir, einzeln oder als Gesellschaft, Vorkehrungen, um uns an ihr zu freuen. Dasselbe gilt hinsichtlich der Sommerhitze oder Naturkatastrophen wie Taifunen oder Überschwemmungen. Vor allem im Zusammenhang mit diesen sog. „Naturgewalten“ treffen wir rasch gemeinsame Vorkehrungen, die uns Schutz gewähren. Das Sich-selbst-Verstehen, wie es durch das Klima zustande kommt, zeigt sich gerade in der Erfindung solcher Maßnahmen und nicht im Verständnis des „Subjektes“.

Vorkehrungen und Erfindungen wie Kleider, Kohlebecken, die Herstellung von Holzkohle, Häuser, das festliche Begehen der Kirschblüte, Deiche, Kanalisationen, taifunbeständige Baustrukturen und dergleichen sind selbstverständlich aus unserem freien Willen hervorgegangen, jedoch nicht ohne einen Zusammenhang mit klimatischen Phänomenen wie Kälte, Hitze oder Feuchtigkeit zustande gekommen. Indem wir im Klima *(fūdo)* zu einem Verständnis unserer selbst gelangt sind, haben wir mit diesem Selbstverständnis zu einer Weise der freien Selbstgestaltung gefunden. Mehr noch, nicht nur wir heute machen gemeinsame Anstrengungen, um uns gegen Hitze und Kälte, gegen Taifune und Überschwemmungen zu wehren, wir haben auch teil an dem ererbten Selbstverständnis, das von unseren Vorfahren angesammelt und überliefert worden ist. Im Stil eines Hauses z. B. zeigt sich eine festgelegte Weise des Bauens, die aber nicht ohne Beziehung zum Klima entstehen konnte. Das Haus ist ein Mittel, kraft dessen wir uns sowohl vor Kälte wie vor Hitze schützen, und seine Bauweise wird jeweils dadurch bestimmt, ob man sich stärker gegen Hitze oder gegen Kälte zur Wehr setzen muß. Ein Haus muß ferner so gebaut sein, daß es Stürmen, Überschwemmungen, Erdbeben, Feuer und dergleichen standhält. Um Schutz vor Stürmen und Überschwemmungen zu gewähren, bedarf es eines schweren Daches, das jedoch im Falle eines Erdbebens von Nachteil sein kann. Die Bauweise eines Hauses sollte also unterschiedlichen Bedingungen gerecht werden. Aber es kommt noch etwas anderes hinzu: Feuchtigkeit z. B. erlegt der Wohnweise starke Beschränkungen auf. Wo eine hohe Luftfeuchtigkeit herrscht, muß für Durchlüftungsmöglichkeiten gesorgt werden. Holz, Papier und Lehm sind die Baumaterialien, die den besten Schutz vor Feuchtigkeit gewähren; sie bieten aber überhaupt keinen Schutz vor Feuer. Ehe also ein Haus gebaut wird, gilt es, den jeweiligen regionalen Beschränkungen ihrer Priorität entsprechend Rechnung zu tragen. Somit kommt im Stil eines Hauses das menschliche Selbstverständnis in bezug auf ein gegebenes Klima *(fūdo)* zum Ausdruck. Dasselbe gilt auch für den Stil der Kleidung, der sich über lange Zeiträume hinweg schließlich gesellschaftlich etabliert; auch der Stil der Kleidung wird vom Klima einer Gegend bestimmt. Der für eine Gegend typische Stil der Kleidung wird jedoch zuweilen aufgrund der kulturellen Überlegenheit dieser Region in eine andere übertragen, was bei der Kleidung leichter möglich ist als bei der Architektur. Aber ganz gleich, wohin dieser Kleidungsstil auch verpflanzt wird, die Tatsache, daß er vom Klima bestimmt wurde, das ihn hervorbrachte, läßt sich nie leugnen. Die europäische Kleidung bleibt eine europäische, auch wenn sie schon seit mehr als einem halben Jahrhundert in Japan getragen wird. Noch stärker kommt die Abhängigkeit vom Klima bei der Nahrung zum Ausdruck, da die Lebensmittelproduktion aufs engste mit den klimatischen Bedingungen zusammenhängt. Es ist nicht so, daß der Mensch seiner Vorliebe für Fisch entsprechend hätte wählen können, ob er Viehzucht oder Fischfang betreiben wolle. Im Gegenteil, er entwickelte solche Vorlieben, weil das Klima ihm vorschrieb, daß er Viehzüchter oder Fischer werde. Auch für die Wahl zwischen Pflanzen- und Fleischkost ist weit stärker das Klima verantwortlich als eine vegetarische Ideologie. Auch unser Appetit wird nicht durch irgendwelche Nahrung geweckt, sondern durch eine bestimmte Speise, die in einer besonderen, herkömmlichen Weise zubereitet wird. Wenn wir hungrig sind, essen wir also entweder Brot oder Reis, Beefsteak oder *sashimi* (rohes, in Stücke geschnittenes Fischfleisch). Die Art der Zubereitung wiederum drückt das in langer Tradition gewachsene, klimatisch bestimmte Selbstverständnis eines Volkes aus. So aßen unsere Vorfahren schon lange, ehe sie die Kunst des Ackerbaus erlernten, Fisch, Muscheln und Seetang.

Auch in der Art und Weise, wie menschliche Aktivität zum Ausdruck kommt, in Literatur, Kunst, Religion, in den Sitten und Bräuchen etwa, begegnen wir klimatischen Phänomenen. Dies ist nur natürlich, weil der Mensch im Klima zum Verständnis seiner selbst gelangt. Von daher leuchtet es auch ein, daß die in diesem Lichte betrachteten klimatischen Phänomene sich von denen unterscheiden, welche die Naturwissenschaft beobachtet. Der Standpunkt, in der Zubereitungsart von Seetang ein klimatisches Phänomen zu sehen, ist wesensverschieden von demjenigen, für den das Klima lediglich die natürliche Umgebung darstellt. Einen Kunststil in bezug auf das Klima interpretieren heißt, den nicht aufhebbaren Zusammenhang zwischen Klima und Geschichte aufzuzeigen. Das häufigste Mißverständnis begegnet uns in der landläufigen Überzeugung, Mensch und Natur beeinflußten einander wechselseitig. Damit würden jedoch von vornherein die Faktoren menschlichen Daseins und der Geschichte aus den konkreten klimatischen Phänomenen ausgeklammert und diese bloß als natürliche Umgebung verstanden werden. Diese Auffassung behauptet, nicht nur der Mensch werde durch das Klima bestimmt, auch das Klima sei Beeinflussungen und Veränderungen durch den Menschen ausgesetzt. Dies aber heißt die wahre Natur des Klimas *(fūdo)* verkennen. Dagegen haben wir zu erkennen gesucht, in welch starkem Ausmaß das Klima die Weise menschlichen Selbstverständnisses bestimmt. Das Sich-selbst-Verstehen des Menschen, des Menschen in seiner doppelten Beschaffenheit als individuelles und als gesellschaftliches Wesen, ist immer auch schon geschichtlich. Deshalb gibt es kein von der Geschichte losgelöstes Klima und auch keine vom Klima losgelöste Geschichte. Dies läßt sich nur von der Grundstruktur menschlichen Daseins her verstehen.

2. *Die Bestimmtheit menschlichen Daseins durch das Klima*

Oben haben wir die klimatischen Phänomene definiert als Mittel zur Selbstfindung des Menschen. Was aber ist das, „der Mensch"? Auf eine eingehende Erörterung dieser Frage muß ich hier verzichten, da ich mich an anderer Stelle bereits mit ihr auseinandergesetzt habe. (Einen Überblick über diese Problematik habe ich in meinem Buch ›Ethik als Wissenschaft vom Menschen‹ zu geben versucht. Ausführlicher habe ich mich mit dieser Frage in meinem demnächst erscheinenden Buch ›Ethik‹ befaßt.) Um nun das Klima als ein Moment zu interpretieren, durch welches das menschliche Dasein bestimmt ist, müssen wir herausfinden, welchen Stellenwert eine solche Bestimmung für die Struktur des menschlichen Daseins hat.

a) Mit „Mensch" (nin-gen) ist hier nicht nur das Individuum *(anthropos, homo, homme, man, Mensch)* gemeint. Zwar ist der Mensch Individuum, in Verbindung oder Gemeinschaften von Menschen ist er aber zugleich auch „Gesellschaft“. Diese doppelte Beschaffenheit ist grundlegend für den Menschen. Weder die Anthropologie, die sich nur mit der einen Seite des Menschen, mit seiner Individualität, befaßt, noch die Soziologie, die ausschließlich seine andere Seite, seine Verfassung als gesellschaftliches Wesen, betrachtet, können daher sein Wesen begreifen. Um ihn aber von Grund auf zu verstehen, gilt es, die Grundstruktur des Menschen, die ihn als einzelnen und als gesellschaftliches Wesen zeigt, zu erkennen. Nur von daher wird evident, daß dieses Dasein eine negative Aktivität der absoluten Negation ist. Menschliches Dasein ist nichts anderes als die Realisation dieser negativen Aktivität.

b) Menschliches Dasein im oben genannten Sinne ist eine Aktivität, die durch Aufspaltung in unzählige Individuen verschiedene Verbindungen und Gemeinschaften hervorbringt. Diese Aktivität des Sich-Aufspaltens und Sich-Vereinigens ist wesenhaft *subjektiv,* kommt jedoch ohne den *subjektiven* Leib nicht zustande. So bilden *subjektive* Zeitlichkeit und Räumlichkeit die Grundstruktur dieser Aktivität. Hierin werden Raum und Zeit in ihrer ursprünglichen Gestalt begriffen, und damit wird auch klar, daß beide nicht voneinander zu trennen sind. Der Versuch, menschliches Dasein als bloß zeitlich strukturiert zu begreifen, verfällt einer Einseitigkeit, welche darauf aus ist, das Wesen des menschlichen Daseins einzig im Grunde des individuellen Bewußtseins zu suchen. Wenn man aber von vornherein den Menschen in seiner wesenhaft doppelten Beschaffenheit erkennt, wird sofort deutlich, daß Räumlichkeit und Zeitlichkeit nur zusammen angetroffen werden.

c) Sobald klar ist, daß die Struktur des menschlichen Daseins eine räumlich-zeitliche ist, wird auch die Struktur des menschlichen Miteinanders in ihrer wahren Gestalt deutlich. Die verschiedenen vom Menschen gebildeten Vereins- und Gemeinschaftskörper bilden ein System, das sich von innen her in einer bestimmten Ordnung entwickelt. Diese Ordnung darf nicht als eine statische Struktur der Gesellschaft gesehen werden, sondern als ein System dynamischer Aktivität, das heißt als ein System negativer Aktivität. Diese Aktivität gestaltet, was man als „Geschichte“ bezeichnet.

d) Hier nun zeigt sich die räumlich-zeitliche Struktur menschlichen Daseins als klimatisch bedingte Geschichtlichkeit. Der Untrennbarkeit von Geschichte und Klima liegt die Untrennbarkeit von Raum und Zeit zugrunde. Ohne das Räumlich-Strukturiertsein des *subjektiven* Menschen gäbe es keine gesellschaftliche Struktur, und Zeit könnte nicht Geschichte werden, gründete sie nicht in diesem gesellschaftlichen Dasein, *denn die Struktur des gesellschaftlichen Daseins des*

Menschen ist die Geschichtlichkeit. An dieser Stelle wird auch der endlich-unendliche Doppelcharakter menschlichen Daseins evident. Menschen sterben, und damit ändert sich ihr „Zwischen". Und doch lebt der Mensch weiter, auch wenn er ständig stirbt und sich ständig verändert; sein „Zwischen" ist von Dauer. Indem es *ständig endet, dauert es fort.* Vom Standpunkt des Individuums aus ist dies ein „Sein zum Tode", vom Standpunkt der Gesellschaft aus jedoch ein „Sein zum Leben". Menschliches Dasein ist also individuell-gesellschaftlich. Das gesellschaftliche Dasein ist indes nicht nur geschichtlich, sondern auch klimatisch strukturiert; seine Geschichtlichkeit und seine Klimahaftigkeit sind nicht voneinander zu trennen, ja, zusammen aus Geschichtlichkeit und Klimahaftigkeit erst entsteht sozusagen der „Leib" der Geschichte. Geht man von einem Gegensatz zwischen „Geist" und „Materie" aus, dann kann Geschichte nie die Selbstentfaltung des reinen Geistes sein. Nur wenn Geist das sich selbst objektivierende *Subjekt* ist, will sagen, nur wenn er diese *subjektive* Leibhaftigkeit enthält, kann er sich selbst entfalten und Geschichte werden. Diese *subjektive* Leibhaftigkeit ist eben das Klima. In seiner geschichtlich-klimatischen Struktur zeigt sich der endlich-unendliche Doppelcharakter des menschlichen Daseins am deutlichsten.

Hier ist der Ort, wo die Klimahaftigkeit sich zeigt: Hier wird der Mensch zu einem, der nicht nur „Vergangenheit" in einem allgemeinen Sinn, sondern auch eine spezifisch „klimatische Vergangenheit" mit sich trägt, und dadurch wird die Struktur der allgemein-formalen Geschichtlichkeit erfüllt mit einer besonderen Substanz. Dies erst ermöglicht, daß das geschichtliche Dasein des Menschen zu einem Dasein in einem bestimmten Land und in einer bestimmten Zeit wird. Das besagt jedoch nicht, daß das „Klima" als diese spezifische Substanz zunächst einmal als bloßes Klima vorhanden sei und erst später in die Geschichte eintrete, nein, es ist immer schon „geschichtliches Klima". Der klimatisch-geschichtliche Doppelcharakter des Menschen zeigt, daß die Geschichte klimatische Geschichte und das Klima geschichtliches Klima ist. Die Behauptung, Geschichte und Klima existierten getrennt voneinander, ist ein aus diesem konkreten Grund herausgezogenes Abstraktum. Das Klima, nach dem wir hier fragen, ist das vor dieser Abstraktion existierende eigentliche Klima.

Dies ist der Ort, den das Klimatisch-Bestimmtsein in der Struktur des menschlichen Daseins einnimmt. Daraus wird ersichtlich, daß das Problem des Klimas Ähnlichkeit hat mit dem des „Leibes" in der bisherigen Anthropologie, wobei diese aus dem individuell-gesellschaftlichen Doppelcharakter des Menschen lediglich den individuellen

Aspekt herausschälte und versuchte, das von seinem „Zwischen" abstrahierte Individuum im Hinblick auf seinen leiblich-seelischen Doppelcharakter zu begreifen. Alle Versuche, zu einer klaren Unterscheidung zwischen Leib und Seele zu gelangen, führten jedoch dazu, daß die jener Unterscheidung zugrundeliegende Einheit außer acht gelassen wurde, da man dem „Leib" seine konkrete *Subjektivität* nahm und ihn lediglich als „Körper" verstand. In der Folge spaltete diese Wissenschaft sich in ein spiritualistisches und ein materialistisches Lager, wobei das eine sich zur Psychologie und Epistemologie, das andere sich zu einer Anthropologie entwickelte, die sich als Zweig der Zoologie oder der Physiologie und Anatomie verstand. Heute versucht eine philosophische Anthropologie, diesen leib-seelischen Doppelcharakter zu begreifen. Wir begegnen hier der grundlegenden Einsicht, daß der Leib mehr als nur „Körper", nämlich auch *Subjektivität* ist. Solange die Anthropologie allerdings ihrer bisherigen Tradition folgt, wird der Mensch auch weiterhin als Individuum und nicht als „Mensch im Zwischen" Gegenstand ihrer Untersuchung bleiben. Auch wir wollen hier diesem Problem nachgehen, jedoch von einem Standpunkt aus, für den der individuell-gesellschaftliche Doppelcharakter des Menschen das Grundproblem des menschlichen Daseins ist. Die *Subjektivität des Leibes* beruht auf der räumlich-zeitlichen Struktur des menschlichen Daseins. Der *subjektive* Leib existiert nicht isoliert, sondern hat eine dynamische Struktur, die sich darin zeigt, daß er in der Isolation nach Vereinigung und in der Vereinigung nach Isolation strebt. Die verschiedenen Formen des Miteinanderseins, die sich in dieser dynamischen Struktur ausbilden, nehmen geschichtlich-klimatische Gestalt an. Auch das Klima gehört zum Leib des Menschen; wie der „Körper" wurde es jedoch als etwas rein Stoffliches erachtet und als lediglich natürliche Umgebung objektiviert. Es gilt also, die *Subjektivität* des Klimas in demselben Sinne wiederzugewinnen wie die des Leibes. Und so könnte man sagen, daß der ursprüngliche Sinn der Leib-Seele-Beziehung in der Leib-Seele-Beziehung des „Menschen im Zwischen", nämlich in der individuell-gesellschaftlichen Beziehung liegt, die in sich immer schon die Beziehung zu Geschichte und Klima enthält.

Bei dem Versuch, die Struktur des menschlichen Daseins zu analysieren, liefert das Problem des Klimas entscheidende Hinweise, denn es zeigt, daß ein ontologisches Daseinsverständnis durch das Transzendieren der zeitlichen Struktur allein nicht mehr zu erreichen ist. Dazu bedarf es einer anderen Transzendenz, deren Struktur darin besteht, im Anderen sich selbst zu finden und durch die Vereinigung von Selbst und Anderem zur ursprünglichen absoluten Negativität zurückzugelangen. Der Ort dieser Transzendenz ist dann das „Zwischen“ zwischen Selbst und Anderem. Eben dieses „Zwischen“, in dem das Selbst und der Andere sich überhaupt erst finden lassen, ist immer schon Grund und Ort des „Hinausgestelltseins“ *(ex-sistere).* Als zeitliche Struktur des „Zwischen“ muß Transzendenz ferner immer schon geschichtliche Bedeutung haben. Das, was sich ständig auf Zukunft hin verläßt, ist nicht nur das einzelne, individuelle Bewußtsein, sondern das „Zwischen“ selbst. Die Zeitlichkeit des individuellen Bewußtseins ist bereits etwas vom Grund der Geschichtlichkeit des „Zwischen“ Abstrahiertes. Und schließlich meint diese Transzendenz ein Sich-Hinausstellen ins Klima, was besagt, daß der Mensch im Klima sich selbst findet. Vom Standpunkt des Individuums aus führt dies zu einer Erkenntnis des Leibes; von dem noch konkreteren Standpunkt des menschlichen Daseins aus jedoch zeigt sich dieses Erkennen des Leibes in der Art und Weise der Gemeinschaftsbildung und damit in den Sprachstrukturen, den Produktionsmethoden, dem Hausbau und dergleichen. Als Struktur des menschlichen Daseins muß Transzendenz diese Momente in sich enthalten.

So gesehen ist das Moment, wodurch das *subjektive* Dasein des Menschen sich selbst objektiviert, nur im Klima zu finden. Wie wir bereits festgestellt haben, zeigen die klimatischen Phänomene, daß wir uns als immer schon „Hinausgestellte“ entdecken. Als Menschen, die sich selbst in der Kälte gefunden haben, stehen wir uns durch die Instrumente wie Kleidung und Wohnung, die wir zum Schutz vor der Kälte ersonnen haben, selbst gegenüber. Mehr noch, das Klima selbst, in das wir hinausgestellt sind, wird etwas zu Benutzendes. Die Kälte z. B. läßt uns nicht nur zu warmen Kleidern greifen, sie läßt sich auch dazu verwenden, *tōfu* (Sojakäse) einzufrieren. Die Hitze läßt uns einerseits zum Fächer greifen, zugleich aber wird sie nutzbar gemacht für den Reisanbau. Der Wind bewirkt, daß wir in den Tempel eilen und um Schutz in der Taifunzeit beten, aber er füllt auch die Segel und verhilft den Schiffen zur Fahrt. Auch hier sind wir ins Klima „hinausgestellt“ und lernen dadurch, uns als Benutzer zu verstehen, das heißt, dieses durch das Klima zustande kommende Selbstverständnis läßt uns das Instrument, das Werkzeug, als das uns Gegenüberstehende erkennen.

Es ist in der Tat sehr lehrreich, daß derartige Instrumente so leicht greifbar sind. Seinem Wesen nach ist ein Werkzeug dazu da, benutzt zu werden; ein Hammer z. B. ist zum Schlagen (Klopfen) da, Schuhe sind dazu da, getragen zu werden. Der dienende Gegenstand hat einen immanenten Zusammenhang mit dem Zweck, dem er dient. Der Hammer z. B. dient der Herstellung von Schuhen, das Schuhwerk wiederum dient dem Gehen. Das Wesen des Werkzeuges ist sein hinweisender Charakter, d. h. es ist Mittel zu einem Zweck, stellt also einen Zusammenhang zu etwas anderem her. Dieser zweckgerichtete Zusammenhang entsteht aus dem Dasein des Menschen, und wir müssen feststellen, daß der Grund, aus dem dieser Zusammenhang, das „Dasein-für", erwächst, das Bestimmtsein des menschlichen Daseins durch das Klima ist. Schuhe mögen zwar Werkzeuge sein, die dem Gehen dienen; viele Menschen konnten jedoch ohne Schuhe auskommen. Erst Kälte oder Hitze machen Schuhe unentbehrlich. Kleider sind dazu da, getragen zu werden, in erster Linie dienen sie jedoch zum Schutz vor Kälte. Das heißt also, daß der zweckgerichtete Zusammenhang sich letzten Endes aus dem klimatisch bedingten Selbstverständnis des Menschen ergibt. In dem Maße, in dem wir in der Kälte und in der Hitze uns selbst verstehen, ist es unser freier Wille, uns vor ihnen zu schützen. Ohne Kälte oder Hitze würden wir nicht auf den Gedanken verfallen, Kleider herzustellen. Das klimatisch bedingte Selbstverständnis kommt zum Ausdruck, wenn wir aus einer abwehrenden Haltung heraus fragen, „wodurch" wir uns schützen können. Deshalb stellen wir dann Kleider her, dicke oder dünne, aus allerlei verschiedenen Stoffen und in unterschiedlicher Ausführung, je nachdem, ob es heiß ist oder kalt. Daß Materialien wie Wolle, Baumwolle und Seide sich zur Herstellung von Kleiderstoffen eignen, ist also eine gesellschaftliche Entdeckung. Daraus wird ersichtlich, daß das Werkzeug und das Klimatisch-Bestimmtsein menschlichen Daseins in einem engen Zusammenhang stehen. Die Tatsache, daß das Werkzeug dem Menschen so nah ist, besagt folglich nichts anderes, als daß die klimatische Bestimmtheit der wichtigste Faktor bei der Hervorbringung eines Gegenstandes ist.

Das Klima ist also das Moment der Selbstobjektivierung menschlichen Daseins, und in dieser Objektivierung gelangt der Mensch zum Verständnis seiner selbst. Deshalb sprechen wir von einer Selbstfindung des Menschen durch das Klima. Tag für Tag entdecken wir uns in irgendeinem Sinne selbst – zuweilen in einer heiteren, zuweilen in einer traurigen Stimmung. Doch darf diese Gemütsverfassung, diese Gestimmtheit, nicht nur psychologisch verstanden werden; sie ist eine Daseinsweise, allerdings keine frei gewählte, sondern eine auferlegte und „vorherbestimmte". Das Vorherbestimmtsein einer Stimmung oder eines Gemütszustandes ergibt sich freilich nicht allein aus dem Klima. Auch unsere individuell-gesellschaftliche Existenz bestimmt die Daseinsweise des einzelnen durch bereits existierende Zwischenbeziehungen, die gewisse Stimmungen mit sich bringen, oder eine gegebene geschichtliche Situation teilt sich einer Gesellschaft als Stimmung mit. Zusammen mit diesen Faktoren spielt das Klima eine ebenso große Rolle. Am Morgen z. B. finden wir uns in einer „erfrischten" Stimmung vor. Dieses Phänomen wird in der Regel so erklärt, daß besondere Temperatur- und Luftfeuchtigkeitsbedingungen uns von außen beeinflussen und uns innerlich erfrischen. Dem widerspricht aber unsere Erfahrung, denn wir erfahren nicht unsere seelische Verfassung, sondern die frische Morgenluft. Das Objekt, das als eine bestimmte Temperatur oder Luftfeuchtigkeit erkannt wird, hat nicht die geringste Ähnlichkeit mit der Frische. Die Frische als solche ist eine Daseinsweise des Menschen, weder ist sie „Ding" noch „Eigenschaft eines Dings". Zwar gehört sie zu dem „Ding", genannt „Luft", ist aber weder die Luft selbst noch eine Eigenschaft der Luft. Eine bestimmte Daseinsweise wird uns nicht durch ein Ding namens „Luft" auferlegt. Daß die Luft sich in einem Zustand der Frische befindet, heißt nichts anderes, als daß wir selbst uns in einem Zustand der Frische befinden, daß wir uns selbst in der Luft finden. Die Frische der Luft ist jedoch nicht gleichzusetzen mit der Frische unserer seelischen Verfassung, was sich am deutlichsten in der Weise zeigt, wie das morgendliche Gefühl der Frische in der Begrüßung zum Ausdruck kommt. Wir verstehen uns selbst in dieser Frische der Luft, wobei nicht unsere psychische Verfassung frisch ist, sondern die Luft. Deshalb können wir einander auch ganz unkompliziert begrüßen, ohne erst herausfinden zu müssen, in welcher seelischen Verfassung der andere sich befindet, etwa mit: „Welch schönes Wetter heute!" oder: „Was für eine schöne Jahreszeit!", denn wir treten ja beide in die frische Luft des Morgens hinaus und sind beide getragen durch diese frische Daseinsweise.

Immer wieder begegnen wir diesem Getragensein durch das Klima: An einem klaren, schönen Tag sind wir heiter gestimmt; niedergeschlagen, wenn der Pflaumenregen fällt; voller Lebenslust, wenn das junge Grün hervorbricht; sanft und ruhig, wenn der Frühlingsregen niedergeht; voller Frische an einem Sommermorgen; aufgewühlt und wild, wenn der Taifun bläst – all die *ki*-Wörter, die im *haiku* zur Beschreibung der Jahreszeit verwendet werden, reichen nicht aus, um jenes Vom-Klima-Getragensein hinlänglich zum Ausdruck zu bringen. Unser Dasein ist in unendlich mannigfaltiger Weise durch das Klima bestimmt, und so tragen wir nicht nur an der Vergangenheit, sondern auch am Klima.

Nun hat unser Dasein freilich nicht nur den Charakter des Getragenseins, sondern auch den der Freiheit. Dies macht ja seine Geschichtlichkeit aus, daß es bereits gewesen und zugleich zukünftig, getragen und frei ist. Die Geschichtlichkeit ist jedoch nicht zu trennen von der Klimahaftigkeit. Wenn also das Getragensein des menschlichen Daseins nicht nur aus einem solchen Von-Vergangenheit-Getragensein, sondern auch aus einem Getragensein durch das Klima besteht, dann wirkt dieses Klimatisch-Bestimmtsein des Menschen sich in einem gewissen Maße auch auf die Freiheit seines Handelns aus. Man braucht nicht eigens zu erwähnen, daß in ihrem Werkzeugcharakter Kleidung, Nahrung und Wohnung vom Klima bestimmt sind. Noch wesentlicher aber ist, daß die Art des Selbstverständnisses des Menschen, der ja immer schon der Bestimmung durch das Klima unterliegt, wenn er zu sich selbst kommt, durch die Art des Klimas geprägt ist. Es ist uns im ontischen Sinne von vornherein evident, daß entsprechend den Verschiedenheiten des Klimas die Ausdrucksformen menschlichen Daseins jeweils verschieden sind. Also gelangt die ontologische Untersuchung zu der Einsicht, daß *der Typus des Klimas der Typus des Selbstverständnisses des Menschen ist.* Wenn demnach der Charakter eines Klimas prägend ist für das Selbstverständnis des Menschen, dann müssen wir die Beschaffenheit des jeweiligen Klimatypus untersuchen.

In welcher Weise kann dies gelingen?

Das Klimatisch-Bestimmtsein menschlichen Daseins, wie wir es oben zu beschreiben versucht haben, ist ein Problem der geschichtlich-klimatischen Struktur des Menschen im allgemeinen und nicht das der Daseinsweise eines einzelnen Menschen. Im letztgenannten Fall handelt es sich lediglich darum festzustellen, daß ein konkreter Mensch jeweils in einer besonderen Art und Weise in einer bestimmten Zeit da ist; diese Besonderheit zu untersuchen, ist hier nicht unsere Aufgabe. Ontologisch gesehen läßt die menschliche Daseinsweise nicht unmittelbar den besonderen Charakter menschlichen Daseins erkennen. Ein ontisches Verständnis kann sie nur methodisch vermitteln.

Um also das konkrete Dasein des Menschen in seiner Besonderheit zu verstehen, müssen wir auf dem Wege ontischen Erkennens vorgehen, das heißt, wir müssen uns um ein unmittelbares Verständnis der geschichtlich-klimatischen Phänomene bemühen. Wenn aber das geschichtlich-klimatische Phänomen nur als ein objektiver Gegenstand angesehen wird, kann es als Klima in dem obengenannten Sinn überhaupt nicht begriffen werden. Um zu einem wirklichen Verständnis des Klimas zu gelangen, müssen wir daher genauestens der ontologischen Bestimmung folgen, der zufolge Klima das Moment der Selbstobjektivierung, der Selbstfindung menschlichen Daseins ist und nur durch die Interpretation der klimatisch-geschichtlichen Phänomene sich der

Charakter des Klimas als Charakter des *subjektiven* Daseins des Menschen herausstellt. Sofern unsere Betrachtung sich der Besonderheit des jeweiligen Daseins zuwendet, ist sie ontische Erkenntnis; sofern sie aber diese Besonderheit als Modus des sich selbst erkennenden Daseins versteht, ist sie zugleich ontologische Erkenntnis. Das Verständnis der besonderen klimatisch-geschichtlichen Struktur kann folglich nur durch ontisch-ontologische Erkenntnis zustande kommen. Wenn es um den Charakter des Klimas geht, gibt es keine andere Möglichkeit.

Wir gehen also aus von der Betrachtung der jeweils besonderen klimatischen Phänomene und wollen uns dann den Besonderheiten des menschlichen Daseins zuwenden. Da Klima wesenhaft geschichtlich ist, entspricht der Typus eines Klimas dem der Geschichte. Wir wollen und können nicht vermeiden, innerhalb der besonderen klimatisch-geschichtlichen Struktur des Menschen den klimatischen Aspekt hervorzuheben, da er, im Vergleich zum geschichtlichen, weitgehend außer acht gelassen wurde, wohl weil er wissenschaftlich schwerer zu erfassen ist. Herder z. B. wollte durch die „Auslegung der lebendigen Natur" zu einer „Klimatologie des menschlichen Geistes" gelangen, was ihm die Kritik Kants eintrug. Kant bemerkte dazu, dieser Versuch sei nicht wissenschaftlich, sondern eher das Produkt dichterischer Phantasie. Vor diese Gefahr sieht sich jeder gestellt, der es unternimmt, sich gründlich mit dem Problem des Klimas zu befassen. Ich meine aber, daß man sich dieser Gefahr aussetzen muß, denn auch die Betrachtung der Geschichte wird erst dann wirklich konkret, wenn das Problem des Klimas von Grund auf untersucht wird.

Verfaßt 1929, bearbeitet 1931, ergänzt 1935.

II. DIE DREI KLIMATYPEN

1. Das Monsunklima

Das Wort „Monsun“ leitet sich angeblich vom arabischen *mausim*, Jahreszeit, her. Das besondere Verhältnis zwischen asiatischer Landmasse und Indischem Ozean hat zur Folge, daß im Sommerhalbjahr, wenn die Sonne nördlich des Äquators steht, der Monsun von Südwesten her zum Festland, im Winterhalbjahr jedoch aus nordöstlicher Richtung zum Meer hin weht. Während des Sommermonsuns fließt aus dem tropischen Meer eine starke Luftströmung mit sehr hohem Feuchtigkeitsgehalt landwärts und läßt ein in der Welt einzigartiges Klima entstehen. Allgemein gesprochen kann der ganze ostasiatische Küstenbereich, einschließlich Japans und Chinas, der Monsunzone zugerechnet werden.

Der Monsun ist ein jahreszeitlich bedingter Wind, in erster Linie ein Sommerwind, der von dem tropischen Meeresgürtel zum Land hin weht. Charakteristisch für das Monsunklima ist, daß es Hitze und Feuchtigkeit in sich vereint. Ich möchte hier den Monsun einmal unter dem Aspekt der Lebensweise der in dieser Klimazone angesiedelten Menschen betrachten – also etwas tun, was ein Feuchtigkeitsmesser nicht tun kann.

Jeder Schiffsreisende, der den Indischen Ozean während der Monsunzeit befahren hat, weiß, daß er in den der Windseite zugewandten Kabinen die Fenster nicht öffnen darf, auch wenn die Hitze im Raum schier unerträglich ist, denn die Bullaugen öffnen und den Wind einlassen heißt, die Kabinen unbewohnbar machen. Feuchtigkeit ist schwerer zu ertragen als Hitze, und zugleich fällt es schwerer, ihr zu widerstehen. Gegen eine Luft, die so feucht ist, daß sie ein Eisenstück und das vergoldete Schild in einem Handkoffer bereits bei geschlossenem Kabinenfenster rosten läßt, ist kein Mittel gewachsen. Nur eins hilft, nämlich kühle Luft, die in der Hitze getrocknet und dann mit Eis gekühlt wurde, über Stahlröhren in die Kabine zu leiten. Will man der Feuchtigkeit widerstehen, bedarf es eines doppelten Aufwandes an Energie: Man muß zu Mitteln greifen, die sowohl vor Hitze wie vor Kälte schützen. Verglichen mit den Bewohnern kalter Gegenden oder den Wüstenregionen setzen die Bewohner der Monsunzone ihrem Klima nur wenig Widerstand entgegen. Wo die doppelte Widerstandskraft nötig wäre, bringen sie kaum die einfache Energie auf, die anderenorts zu beobachten ist.

Der Grund dafür liegt in der Natur der Feuchtigkeit selbst. Wiewohl es schwer fällt, sie zu ertragen und sich vor ihr zu schützen, weckt sie beim Menschen nicht das Bedürfnis, sich gegen die Natur zu stellen. Ein Grund dafür mag sein, daß Feuchtigkeit oder Nässe für die Menschen der Monsunregion Wohltaten und Segnungen der Natur sind. Tatsächlich ist der Monsun, der auf dem Meer unerträglich ist, nichts anderes als das Vehikel, durch das die Sonne Wasser vom Meer zum Land befördert. Und so kommt es, daß die heißen Zonen unter der Sommersonne dank dieser Feuchtigkeit mit üppigem Pflanzenwuchs versehen sind. In der feuchtheißen Jahreszeit keimen, wachsen und reifen Pflanzen und Bäume aller Art, und damit gedeiht auch das tierische Leben. Die Welt wird zu einem Ort, der überquillt von Leben. Hier bedeutet Natur nicht Tod, sondern Leben schlechthin; der Tod gehört auf die Seite des Menschen. Das Verhältnis des Menschen zu seiner Welt ist hier folglich nicht durch Widerstand, sondern durch ein passives Sich-Fügen gekennzeichnet. Die Trockenheit der Wüste ruft das genau entgegengesetzte Verhalten hervor.

Diese Feuchtigkeit steht jedoch auch für die Gewaltsamkeit der Natur. Wenn Feuchtigkeit und Hitze sich verbinden, überfallen sie den Menschen immer wieder mit sintflutartigen Regenfällen, mit Taifunen, Überschwemmungen und Dürre. Diese geballten Angriffe sind von solcher Gewalt, daß der Mensch jede Hoffnung aufgeben muß, sich ihnen widersetzen zu können, und nichts weiter tun kann, als sie über sich ergehen zu lassen. In der Trockenheit der Wüste lebt der Mensch zwar ständig im Angesicht des drohenden Todes, bei der Trokkenheit handelt es sich jedoch nicht um eine Kraft, die ihm zugleich neues Leben schenkt. In der Wüste vermag der Mensch aus eigener Kraft der Todesdrohung zu begegnen; Resignation hieße hier Einwilligung in den Tod. Die Gewaltsamkeit der Natur in Form von Feuchtigkeit hingegen ist die Bedrohung durch eine lebenspendende Macht. Nicht die Natur bedroht mit dem Tod, dieser gehört vielmehr auf die Seite des Menschen. Ja, die überquellende Lebenskraft der Natur will den Tod vertreiben, der im Menschen lauert. So vermag der Mensch jener Macht, die der eigentliche Ursprung des Lebens ist, aus eigener Kraft keinen Widerstand entgegenzusetzen. Sich-Fügen heißt in diesem Fall, sich ins Leben fügen. Auch in dieser Hinsicht ist die Monsunzone das krasse Gegenteil der Wüstenregion.

Der Mensch der Monsunzone ist also charakterisiert durch *Passivi-*

tät und Resignation. Die Feuchtigkeit ist es, die diese Charakterzüge hervorruft.

Die Feuchtigkeit hat jedoch verschiedene Gesichter. Japan mit seiner Regenzeit (Pflaumenregen) und seinen Taifunen ist ein ausgesprochen feuchtes Land; unsere Vorfahren nannten es deshalb auch das „Land der reichen Schilffelder und frischen Reisähren". Feuchtigkeit tritt in Japan aber auch in Form heftiger Schneefälle auf. Es ist das Schicksal Japans, daß es unter jähen und drastischen jahreszeitlichen Wechseln zu leiden hat. Im Falle Japans müssen die monsuntypischen Charakteristika „Passivität" und „Resignation" also noch differenziert werden. Auch Südchina mit seinen großen Flüssen – wie z. B. dem Yang-tse, einem der größten der Welt – gehört zur feuchten Region. Und doch unterscheidet sich das Klima dieses großen Kontinents völlig von dem Japans: Im Norden befinden sich Wüsten, der feuchte Süden ist geprägt durch den langen Flußlauf des Yang-tse. Diese Feuchtigkeit enthält also ein beträchtliches Maß an Trockenheit. Die echte und typische Feuchtigkeit ist demnach in dem eigentlichen Monsungebiet, in der Südsee und in Indien zu finden.

Die Hitze der Südsee ist dem Japaner nicht fremd. Wer den japanischen Hochsommer kennt, dem wird dort nichts begegnen, was er in Japan nicht auch schon erfahren hätte. Selbstverständlich finden sich andere, fremdartige Gewächse; aber aus der Ferne scheint der Wald aus Kokospalmen in Form und Farbe den japanischen Kiefernwäldern ähnlich. Auch die Gummibaumwälder unterscheiden sich nicht allzu sehr von den vertrauten Laubwäldern. Im großen und ganzen ist das Bild, das die Natur bietet, dem des japanischen Hochsommers nicht unähnlich.

Dies gilt vor allem dann, wenn man „Sommer" als eine Lebensweise des Menschen versteht. Diese unterscheidet sich im Monsungebiet kaum von der in Japan.

„Sommer" ist eine Jahreszeit; jede Jahreszeit steht jedoch für eine bestimmte Lebensweise. „Sommer" läßt sich nicht allein dadurch definieren, daß hohe Temperaturen und starke Sonneneinstrahlung zu verzeichnen sind. Zwar hört man an einem ungewöhnlich milden Wintertag die Leute sagen: „Man könnte meinen, es sei Sommer", dennoch stellt sich bei ihnen nicht das Gefühl ein, als befänden sie sich tatsächlich mitten im Sommer. So ergeht es auch dem Reisenden, der im Winter von Japan aus mit dem Schiff in die Südsee fährt. Etwa einen Tag, nachdem man Hongkong verlassen hat, erscheinen Passagiere und Schiffsbesatzung plötzlich in weißer Tropenkleidung. Die Sonne gleißt und funkelt auf dem dunkelblauen Wasser, das Thermometer steigt, und man beginnt zu schwitzen. Und jeder denkt, hier endlich sei das Land des ewigen Sommers. Aber erst wenn man in Singapur an Land geht und abends bei der Fahrt in die Stadt die üppig wachsenden Gräser und Bäume sieht und das Gesumme und Gezirpe der Insekten vernimmt; oder wenn man den Sommerabend in den Straßen beobachtet, Menschen in hellen Kleidern, die zwischen Eisbuden und Obstständen hin und her schlendern und die abendliche Kühle genießen, erst dann stellt sich das Gefühl von „Sommer" ein, und um so erstaunlicher erscheint der Kontrast zum „Winter" in Japan, den man doch eben erst hinter sich gelassen hat. Das üppige Pflanzenwachstum, Insektengesumme, die Abendkühle – sie sind für den Reisenden beredtere Zeichen des „Sommers" als die Höhe der Temperatur oder die Stärke der Sonneneinstrahlung, denn ohne diese „Sommerstimmung" gibt es den Sommer nicht. Sommer verbindet sich mit einer bestimmten Lebensweise. Was dem Reisenden in der Südsee begegnet, ist also nichts anderes als die Lebensweise, die für ihn „Sommer" signalisiert.

Und doch ist, was der Fremde aus nördlicheren Breiten in der Südsee für „Sommer" hält, für die dortigen Bewohner kein „Sommer". Für den Japaner beschwört der Sommer mit dem Gezirpe der Insekten bereits den nahenden Herbst herauf; und selbst die weggeräumten Papierschiebetüren erinnern ihn noch an den Winterwind. Der Sommer ist gleichsam eingerahmt von der Zeit des ersten frischen Grüns, der Zeit des sprießenden Bambus, dem Ruf des Würgervogels und schließlich von der Zeit der Kakifrüchte. In der Südsee hingegen gibt es nur den stets gleichbleibenden Sommer, der keinerlei Zeichen des Übergangs zu Herbst, Winter und Frühling kennt. Mit anderen Worten: Dort gibt es nur eine einzige Jahreszeit, die nicht eigentlich „Sommer" genannt werden kann. Es gibt keine bestimmte Zeit für den Laubwechsel bei den Pflanzen. Anfang März fallen die rotbraunen Blätter des Gummibaums, gleichzeitig wachsen ihm frische, grüne Blätter und seine Knospen sprießen; auch Ende Juni verschmelzen die vier Jahreszeiten zu einer. Von wenigen Ausnahmen abgesehen, reifen auch die Früchte das ganze Jahr über. Dieses beständige und eintönige Klima läßt sich nicht vergleichen mit dem jahreszeitlich bedingten, in ständigem Wandel begriffenen Sommer mit seinen Übergängen vom Frühling und zum Herbst. Wenn es heißt, der Mensch existiere „als Sommer", so besagt dies, daß er in *diese sich wandelnden Stimmungen* eingeht, die dem Südseebewohner unbekannt sind.

Dies erklärt wohl, weshalb bei den Menschen der Südsee keine nennenswerte kulturelle Entwicklung zu verzeichnen ist. Dank des Klimas ist der Mensch, in der großzügigen Umarmung der Natur, stets reichlich mit Nahrung versorgt. Das Verhältnis Mensch – Natur erfährt jedoch keinerlei Abwechselung, und so kommt es, daß die Bewohner nach einem passiv-resignatorischen Muster geprägt sind. Nicht einmal der Kampf gegen wilde Tiere oder Giftschlangen vermag daran etwas zu ändern. Ein Stimulans, die Produktivität zu steigern, gibt es nicht. So haben die Völker der Südsee außer den wenigen Riesenpagoden, die in Java unter indischem Einfluß erbaut wurden, auch keine Kulturdenkmäler hervorgebracht. Damit wurden sie nach dem Zeitalter der Renaissance leichte Beute und willfährige Lakaien der europäischen Kolonisatoren.

Aber nicht die Europäer waren es, sondern die Chinesen, die imstande waren, die Eintönigkeit des Südseeklimas zu ertragen. Europäische Intelligenz erschloß zwar die Rohstoffquellen des Südseeraums, aber es waren chinesische Kaufleute, in deren Händen der Reichtum der Gegend zusammenfloß und noch zusammenfließt. Wenn man den spezifisch chinesischen Charakter versteht, dann versteht man auch, wie es dazu kommen konnte.

Die Eintönigkeit der Südsee ist jedoch nicht inhaltslos. Noch einmal: Es handelt sich hier nicht um eine Monotonie, die auf Oberflächlichkeit und Interesselosigkeit beruht, die vielmehr gehalt- und kraftvoll ist. Die Menschen dort befinden sich in einem Zustand dauernden Erregtseins und brennender Leidenschaftlichkeit. Man darf also annehmen, daß eine beträchtliche Entwicklung möglich wäre, wenn das lähmende Muster überwunden und die Überfülle der Kräfte in Bewegung gesetzt werden könnte.

Ich möchte dies an einem konkreten Beispiel erklären: Der Botanische Garten in Penang liegt, anders als der in Singapur, zwischen Hügel eingebettet in einem Tal. Der Eindruck, den diese Hügel mit ihren üppig wachsenden Laubbäumen vermitteln, gleicht dem des hochsommerlichen Japan. Dasselbe Gefühl von Kraft und Stärke stellt sich ein wie beim Anblick der japanischen Eichen, die allerdings nur zwei bis drei Wochen in der Zeit der größten Sommerhitze diese Üppigkeit entfalten. In Penang jedoch währt dieser gewaltige Eindruck das ganze Jahr über. Wenn man dann die Gärten hinter sich läßt und durch dickstämmigen Palmenwald hindurch den Weg zu den Hügeln einschlägt, stößt man auf Gräser mit weißen Ähren und kleine purpurne Blumen, die Ähnlichkeit mit den japanischen Stielblütengräsern und Herbstgräsern haben; dazwischen das frische Grün oder Rot der anmutigen Gummibäume. Oben auf dem Hügel ist die Luft kühler, und man findet Bäume, die den Zypressen und Magnolien gleichen und in Geäst und Stamm einen ähnlich schwermütigen Eindruck erwecken wie in jedem japanischen Garten. Gewiß, auch dieses Bild verändert sich im Laufe des Jahres kaum. Im Gegensatz zu dem üppigen „hochsommerlichen" Pflanzenwuchs am Fuß der Berge mutet es jedoch „frühlingshaft" bzw. „herbstlich" an. Wiewohl es hier also keinen Jahreszeitenwechsel gibt, weist das Klima Veränderungen auf, die einem solchen Wechsel genau entsprechen. In anderen Worten: Es gibt zwar keinen „zeitlichen", dafür aber einen „räumlichen" Wechsel bzw. Übergang. Für den, der empfänglich ist für diese Veränderung, besteht die Monotonie der Südsee lediglich in dem fehlenden Jahreszeitenwechsel.

Die Inder sind wahre Meister in dieser Kunst des empfänglichen Sich-Hinhaltens. So findet man in Indien, neben einem extremen Mangel an historischem Bewußtsein, einen erstaunlichen Reichtum an Einsichten in die Vielschichtigkeit des menschlichen Lebens.

Indien ist das Land, wo das Monsunklima am typischsten ausgeprägt ist. Es gibt drei Jahreszeiten: Eine vergleichsweise kühle und trockene, eine heiße und trockene und eine Regenzeit. In Kalkutta beträgt die durchschnittliche Temperatur im Januar, d. h. während der kühleren Jahreszeit, 18,1 °C; im März, dem heißesten Monat, liegt die Durchschnittstemperatur bei 28,4 °C, also ungefähr gleich hoch wie während der Sommermonate in Kyushu, der südlichsten Insel Japans. Selbst in Lahore, wo große Temperaturschwankungen auftreten, beträgt die Durchschnittstemperatur das ganze Jahr hindurch 23,9 °C. Für den Bewohner nördlicherer Breiten ist Indien fürwahr das Land des ewigen Sommers. Auch in Indien sind die Jahreszeiten monoton; verglichen mit der Südsee ist der Wechsel von Hitze und Kälte jedoch viel ausgeprägter. So finden wir in Indien einerseits die Überfülle des Lebens wie in der Südsee, andererseits aber auch immer wieder Möglichkeiten, der starren Monotonie des dortigen Lebens zu entkommen.

Es ist jedoch die Regenzeit, die der Monsun mit sich bringt, welche am stärksten für die passive Empfänglichkeit bei indischen Menschen verantwortlich ist. Mehr als zwei Drittel der indischen Bevölkerung (ein Fünftel der Weltbevölkerung) sind Bauern und verdanken ihre Ernten ausschließlich dem Monsun. Mit Ausnahme einiger wasserreicher Gegenden hängt die Ernährung von Mensch und Tier vom Monsun ab. Es ist von äußerster Tragweite, ob er sich verspätet, ob er lange anhält und genügend Regen bringt. Jede Unregelmäßigkeit führt zu Mißernten und stürzt Mensch und Tier ins Elend. Früher waren häufige Hungersnöte die Folge. Durch eine bessere Erschließung der Verkehrswege vermag man heute solchen Hungersnöten einigermaßen zu steuern, die wirtschaftliche Not der Bauern ist jedoch immer noch groß. Dauernde Unterernährung zehrt an der körperlichen Widerstandskraft und fördert die Ausbreitung von Seuchen. 1918–1919 sollen 115 Millionen Menschen an der Spanischen Grippe erkrankt gewesen und 7,5 Millionen Menschen ihr zum Opfer gefallen sein. Auch heute gibt es noch keine wirksamen Mittel, um Naturkatastrophen abzuwenden und das indische Volk von seiner Lebensangst zu befreien.

Die Bedingung, welche die Naturkräfte in Indien zu einer solchen Überfülle bringt, ist jenes Zugleich von Hitze und Feuchtigkeit, jener Doppelcharakter, der einerseits Leben spendet und andererseits das Leben bedroht. In der Inselwelt der Südsee existierte keine derartige Bedrohung, dort konnte der Mensch einfach passiv-empfänglich sein. Auf dem indischen Kontinent hingegen war diese passiv-empfängliche Haltung der Natur gegenüber bis zu einem gewissen Grade stets von Angst und Unrast durchsetzt. Die Resignation ist zwar da, doch wird sie durch etwas aufgewühlt und erregt und schlägt damit in *lebhafte Empfindsamkeit und Beeindruckbarkeit* um. Die Überfülle der Naturgewalt äußert sich beim Menschen als *Überfülle des Gefühls*.

Der Gefühlsreichtum des indischen Menschen erwächst aus einer passiv-empfänglichen Einstellung zur Natur, diese wiederum aus der Grundhaltung des ihr Ausgeliefertseins. Dieselbe Natur, die Leben schenkt, beeindruckt und überwältigt den Menschen so sehr, daß jeder Widerstand vergeblich wird. Allein die Hitze stellt die Widerstandskraft bis zum äußersten auf die Probe. Verbindet sie sich dazu noch mit der Feuchtigkeit, dann kann der Mensch sich nur noch geschlagen geben und *resignieren*. So höhlt der Monsun die Energie des Menschen aus und läßt seine Willenskraft erschlaffen. Der indische Gefühlsreichtum ist also nicht begleitet von der einenden Kraft des Willens.

Die Struktur des passiv-empfänglichen und resignierenden Typs ist im Falle des indischen Menschen charakterisiert durch einen Mangel an Geschichtsbewußtsein, durch großen Gefühlsreichtum und ein Erlahmen der Willenskraft. Im folgenden wollen wir herauszufinden versuchen, in welchem Maße für die indische Geschichte und Gesellschaft diese Eigenschaften als kulturspezifisch gelten dürfen.

Der Inder, wie er sich in dieser zweifachen Hinsicht zu erkennen gibt, ist seiner Sprache und Rasse nach angeblich dem Griechen verwandt; und doch sind beider Charaktere grundverschieden. „Es ist das indische Land, das der indischen Kultur seinen Stempel aufgedrückt, ihr Streben ausgerichtet und ihre Ideale beseelt hat. Der Nordwesten des Himalayas und die Täler der dort entspringenden großen Flüsse waren es, die dem indo-arischen Denken seinen besonderen Charakter verliehen und die indische Lebenshaltung zutiefst geprägt und gefärbt haben. Dieser Raum war und ist noch immer das Heilige Land Indiens" (Havel, The History of the Aryan Rule in India, S. 7). Als der „Grieche" in der Inselwelt der Ägäis auftrat, war er bereits ein Mensch der *polis*. In den Epen Homers werden Götter und Menschen als der *polis* verpflichtet dargestellt, während dem Inder, von dem Zeitpunkt an, wo er in die Geschichte eintritt, die Fesseln eines Lebens in der *polis* zuwider sind; er liebt die Selbständigkeit, die ihm der Ackerbau und die dörfliche Struktur gewähren. Die Handwerkskunst, die der Grieche zu seinen großen Errungenschaften zählte, war hier verachtet. Als Eindringling und Eroberer war der Inder durchaus kämpferisch. Doch war es weniger der körperliche Einsatz als seine überlegene geistige Kraft, die ihm zum Sieg verhalfen. Mag er mit der einen Hand auch das Schwert geführt haben, in der anderen hielt er den Spaten. Die Überlegenheit, die er innerhalb der Dorfgemeinschaft zeigte, bekundete sich durch die Weisheit *(Veda)* des Dichterphilosophen. Der ›Veda‹ verkörpert die Kultur des kriegerischen Dichters und des kriegerischen Philosophen (Havel, ibid., S. 5). Der Krieger war zugleich auch der Priester, der über die geheimen Kräfte der Natur gebot und sie verehrte. Erst allmählich wurden die Funktionen des Priesters und des Kriegers voneinander unabhängig. Es bildeten sich eine Priester- und eine Kriegerkaste heraus, wobei der Priester über den größeren Einfluß verfügt. Der Brahmane, der einst beim Opferfest des Stammes den Lobgesang angestimmt hatte, wurde nun zum Bewahrer der esoterischen Weisheit, zum Lehrer und geistigen Führer des Menschen.

Diese Eigenschaften des indischen Stammesangehörigen ergeben sich aus der bäuerlichen Gemeinschaftsstruktur und sind völlig verschieden von denen der Wüstenstämme. Der wesentliche Unterschied beruht darin, daß dem Inder das Kriegerische und Willentliche fehlen. Seine Götter sind nie nur die eines einzelnen Stammes oder einer einzelnen Gemeinschaft, spendet die Natur doch ihren Segen allen gleichermaßen und ruft deshalb keine Feindschaft unter den Menschen hervor. So kann die segenspendende Naturkraft in keinem Falle zum Kriegsgott nur eines einzigen Stammes werden. Damit ist nicht gesagt, daß wir in den frühen ›Veden‹ nicht auch dem Typus des aktiven und kämpferischen Menschen begegneten; des öfteren bittet der Sänger des ›Rig Veda‹ die Götter um den Sieg in einer Schlacht. Diese Götter sind jedoch nicht Ausformungen des menschlichen Willens, der mit aller Macht den Nöten des Lebens zu entfliehen trachtet, sondern mythische Gestalten, Verkörperungen der allen Menschen Segen spendenden Naturkräfte. Die meisten Lobgesänge richten sich nicht an eine „Gottheit", sondern an die „Natur" selbst, also nicht an den Sonnengott, sondern an die Sonne selbst; nicht an den Gott des Wassers, sondern an das dahinströmende oder aus den Wolken sich ergießende Wasser selbst. Der ›Rig Veda‹ selbst bezeugt, daß diese mythischen Gestalten durch eine Personifizierung der Naturkräfte entstanden sind (Winternitz, Geschichte der Indischen Literatur I, S. 66–67). Das Verhältnis des Menschen zur segenspendenden Gottheit ist das der Hingabe und nicht, wie beim Wüstenbewohner, das der absoluten Unterwerfung. Wir begegnen hier weder der erschauernden Ehrfurcht noch dem felsenfesten Glauben, wie sie bei dem Psalmisten des Alten Testaments laut werden. Anders als in der Wüste entspringt die Anbetung hier nicht aus den tiefsten Tiefen des Herzens. Die Sänger des ›Rig Veda‹ gehen viel vertraulicher mit ihren Göttern um. Sie erflehen sich nicht etwa Erlösung damit, daß sie der Gottheit absoluten Gehorsam und unbedingte Gefolgschaft versprechen. Durch die bloße „Bewunderung" der Werke ihres Gottes versprechen sie sich vielmehr seinen Segen auf Erden: „Gott, wenn wir Herr sind allen Reichtums, dann werden wir ihn mit Freude denen allen verteilen, die uns lobpreisen. Segnender Gott!" (ibid., S. 70). Wer solchen Lobpreis singt, der lebt nicht in Furcht vor seinem Gott; sein Glaube besteht in dem Bewußtsein des Geborgenseins. Auch wenn die Gottheiten, die Gegenstand dieses Glaubens sind, personifiziert werden, so werden sie doch nie zu der Person „Gott", der sich ständig mit der Person „Mensch" befaßt, wie dies in der Wüste der Fall ist. Bereits in den ersten philosophischen Gesängen des ›Rig Veda‹ zeigt sich, daß die alles Leben spendenden Gottheiten als das „All-Eine" verstanden werden. Dieser pantheistische Gedanke wird in den ›Brahmanas‹ und ›Upanishads‹ zu *Brahman* und *Atman.* Sie sind im tiefsten Sinne des Wortes „a-personale" schöpferische Prinzipien, philosophisch gesprochen „Nicht-Sein" bzw. „Sein". Die Lehre vom Sein bei Uddālaka, Höhepunkt der Upanishadenliteratur, beruht auf der Widerlegung des „Nicht-Seins" als des ersten Prinzips.

Im Vergleich mit anderen klassischen Texten hat der ›Veda‹ als Lobgesang nahezu keinerlei historischen Inhalt. Es braucht nicht eigens betont zu werden, daß das Alte Testament besonders stark historisch geprägt ist; auch die Epen Homers lassen bereits Spuren einer historischen Erzählweise erkennen. Dem ›Veda‹ hingegen fehlt jeder erzählerisch-historische Charakter. Zwar berichtet er vom Wirken der Götter und von Taten des Menschen, beschreibt sie jedoch nicht objektiv-historisch, sondern besingt sie lediglich voller Bewunderung. Diese Texte sind, wie der Name ›Veda‹ besagt, Gesänge über die „Weisheit" bei Göttern und Menschen, und zwar nicht in begrifflicher, sondern in lyrischer Form. Die vier ›Veden‹ – ›Rig‹, ›Atharva‹, ›Soma‹ und ›Yajur‹

(Loblied, Zauberspruch, Melodie und Opfergesang) – sind bestimmt für den Vollzug des Ritus, sind von innigem religiösem Gefühl durchdrungene Weisheitsgesänge. Anders als das Alte Testament mit seiner geschichtlichen Erzählweise, anders auch als die plastischen Homerischen Epen, zeigt der vedische Stil eine eigentümliche Gefühlsüberfülle.

Diese „Weisheit des staunenden Bewunderns" macht uns mit zwei charakteristischen Eigenschaften des indischen Menschen bekannt: Zum einen mit seiner *Vorstellungskraft,* zum anderen mit seinem *reflexiven Denken.* Wie bereits im ›Veda‹ so auch später zeigen sich diese beiden Eigenschaften als innig miteinander verbunden. Wir können ein Werk sowohl aus künstlerischer wie aus philosophischer Sicht betrachten, und eine solche Unterscheidung würde dann auch zu einem besseren Verständnis dafür führen, daß diese beiden Eigenschaften sich so leicht miteinander verbunden haben und so schwer voneinander zu trennen sind.

Die Vorstellungskraft, die in den ›Veden‹ zum Ausdruck kommt, zeigt, in welch hohem Maße das empfängliche Sensorium des Inders ausgebildet war. Alle Naturkräfte wurden aufgrund ihres Geheimnischarakters vergöttlicht. Sonne, Mond, Himmel, Erde, Sturm, Wind, Feuer, Wasser, Morgendämmerung, alles Augenfällige und Aufmerksamkeit Heischende, auch Wälder, Felder und Tiere, kurzum alles, was den empfänglichen Menschen irgendeine Kraft verspüren ließ, wurde zu einer Gottheit oder einem Dämon. So ist die mythische Welt der Brahmanen wohl stärker „bevölkert" als die irgendeiner anderen Kultur. Die große Anzahl der Gottheiten wird hier jedoch weder durch eine Verwandtschaftszuordnung in einen Zusammenhang noch nach dem Modell von Naturzusammenhängen zu einer Einheit gebracht. Zwar hat man später die verschiedenen Gottheiten vor dem Hintergrund eines überformenden „All-Einen", eines „Seins" bzw. „Nicht-Seins" gesehen, aber dieses philosophische Einungsprinzip vermag nichts über die mannigfaltigen Erscheinungen der Götter auszusagen. So nimmt die verwirrende Götterfülle im Laufe der Zeit immer weiter zu und dringt sogar in die Vorstellungswelt des Buddhismus ein.

Den lebendigsten Eindruck von der indischen Vorstellungskraft vermittelt uns das ›Jātaka‹ (Erzählung aus einer früheren Existenz des Buddha Sakyamuni). Alle Lebewesen, alle *sattvas,* einschließlich des Menschen, haben teil an ein und demselben Leben. Sie alle, handele es sich nun um mythische Gestalten im Himmel oder in der Hölle, um Haustiere, wilde Tiere oder Insekten, werden als Phasen des menschlichen Lebens angesehen: Jetzt Mensch, kann ich in einem anderen Leben als Kuh wiedergeboren werden oder in einem früheren Leben eine Schlange gewesen sein. Folglich kann, was jetzt Kuh oder Schlange ist, einst ein Mensch gewesen sein oder bei anderer Gelegenheit als Mensch wiedergeboren werden. Demnach müssen alle diese Lebewesen, auch wenn sie unter verschiedenen Gestalten erscheinen, dieselbe Grundbeschaffenheit haben. Die Verschiedenheit der Erscheinung drückt lediglich die wechselnden Schicksale ein und desselben „Lebens" aus. Eine Vorstellung, wie sie dem ›Jātaka‹ zugrunde liegt, hebt die menschliche Geschichte als den zeitlichen Verlauf des allein auf den Menschen bezogenen Lebens auf, indem sie den räumlichen Verlauf des Lebens, d. h. die Veränderlichkeit der Lebensphasen als das wesentliche Problem ansieht. Die Schlange, die da kriecht, war einst ein Mensch, eine Kuh oder ein Vogel. Damit hat sie Liebe und Haß in unterschiedlicher Weise erfahren. Diese zurückliegenden Erfahrungen haben ihre jetzige Gestalt als Schlange bestimmt. Die jeweilige Erscheinungsform eines Lebewesens ist also durch seine Vergangenheit bedingt. Damit gestaltet und prägt ein Lebewesen, das eine Zeit in der Vergangenheit gestaltet und geprägt hat, auch die gegenwärtige Zeit. Der einzige Unterschied besteht darin, daß die einzelnen Lebewesen die Form ihrer Erscheinung geändert haben. In der gegenwärtigen Gestalt ist die Gesamtheit alles vergangenen Lebens enthalten. Um das Wesen eines *sattva* zu ergründen, braucht man also lediglich seinen Gestaltwandel in der Gegenwart zu beobachten und nicht mehr dessen geschichtliche Entwicklung. Die Art und Weise, in der eine Schlange über den Boden kriecht, der Augenausdruck einer Kuh lassen auf ihr vergangenes Leben als Mensch schließen. So erkennt man intuitiv, daß das alltägliche Leben des Menschen von der Fülle verschiedener Leben umgeben ist. Wenn einer einen Schritt vorwärts tut und dabei eine Ameise zertritt, verstrickt er sich in das Schicksal eines Lebens, das vielleicht einmal ein Mensch war.

Diese lebendige Auffassungsgabe, dieser Empfindungsreichtum der Inder hat mit dem ›Jātaka‹ eine Welt geschaffen, die traumhafter ist als jeder Traum. Dies gilt auch für den Bereich der Literatur. Als bedeutendstes Beispiel sind hier die Māhāyana-Sutras zu nennen. Sie stellen in schier endloser Folge sinnliche Bilder vor Augen; bis in die kleinsten Einzelheiten werden die Taten von Myriaden Bodhisattvas beschrieben. Wie ein Sturzbach ergießt sich die Fülle der Bilder über den Hörer bzw. Leser und ertränkt geradezu sein Vorstellungsvermögen. Wiewohl diese Bilder sprachlich vermittelt werden, begegnen sie doch in einer solchen Überfülle, daß sie eher mit einer gewaltigen Symphonie zu vergleichen sind. Wie trunken versinken wir in eine Traumwelt.

Diese Wirkung stellt sich ein, weil weder die Einheitlichkeit der Komposition noch die plastische Darstellung einzelner Gestalten angestrebt wird. Mit anderen Worten: Dieser Stil ist Ausdruck einer Gefühlsüberfülle, der jegliche Begrenzung und Einordnung fremd sind. Angesichts dieser unbegrenzten Fülle bleibt weiter nichts, als den Begriff einer raum-zeitlichen Einheit zu transzendieren.

Die bildende Kunst Indiens ist ein noch beredteres Beispiel für diesen Stil. Ob Bildhauerei, Malerei oder Architektur, nirgends wird der ungeheure Detailreichtum kompositorisch geordnet. Die Reliefs von Amaravati und Sanch z. B. zeigen eine Fülle menschlicher Figuren in den unterschiedlichsten Posen, so daß der Betrachter wie betäubt ist. Insgesamt fehlt eine klare Struktur, sind die Darstellungen nicht von solcher Prägnanz, daß sie den Betrachter auf den ersten Blick faszinierten. Zwar gibt es immer wieder Gelehrte, die diesen Mangel an Strukturiertheit rechtfertigen und argumentieren, der indische Künstler wolle durch eine derartige Gestaltenfülle die Einheit aller Lebewesen symbolisieren, und deshalb häufe der Bildhauer Gestalten über Gestalten, der Architekt Turm auf Turm, um auch noch die Seitenflächen zu unterteilen und aufzulösen. Damit wolle er das universale Gesetz vom „Einen in der Vielfalt“ symbolisieren. Zwar unterscheide sich dieses Konzept der „Einheit“ von dem der anthropozentrischen Kunst des Westens, doch werde das Prinzip der „Einheit“ durchaus deutlich. Man könne die indische Kunst nicht deswegen eines Mangels an Einheitlichkeit zeihen, weil ihr der klassisch reine Stil im abendländischen Sinne fehle. Vom indischen Einheitsverständnis her gesehen befinde sich jedes Teilstück am rechten Platz und in Harmonie mit allen anderen (Havel, The Ideal of Indian Art, S. 111 ff.). Tatsächlich weiß der Inder sich nicht nur mit dem Leben aller Menschen, sondern auch mit dem aller anderen Lebewesen in eins gesetzt. In seiner lebhaften Empfänglichkeit ist er bestrebt, jedes „Gegenüber“ auszuschließen. Gerade darin zeigt sich der Unterschied zwischen einem empfänglich-passiven Verständnis von Einheit und einem aktiv-erobernden, willentlichen. Einheitlichkeit in der Kunst kommt nur durch letzteres zustande. Zu sagen, es gebe in der indischen Kunst eine Einheitlichkeit, die aus jener Empfänglichkeit geboren sei, ist etwas anderes als zu behaupten, die indische Kunst besitze eine formale Einheitlichkeit. Um die Einheit alles Lebendigen zu symbolisieren, bedarf es nicht unbedingt jenes Gestaltenüberflusses. Ein Künstler, der um die Funktion des Symbols weiß, vermag sie auch in der Zuordnung von nur zwei Figuren zum Ausdruck zu bringen. Auch wenn er die Figuren in Gruppen ordnet, kommt die Einheit des Kunstwerks durch die vollkommene Beherrschung jedes Details und die Prägnanz der Einzelgestalt zustande. Das Ideal jedoch, das den Inder dazu zwingt, der Einheit alles Lebendigen nachzuspüren, verlangt keine derartige Beherrschung des Details. In dem Maße, in dem indische Bildhauer und Architekten wenig Wert auf die Komposition der Details legen, erweist das Kunstwerk sich lediglich als eine verwirrende Anhäufung von Einzelheiten, ist es kein aus der Einheit geborenes Ganzes. Man mag es drehen und wenden, wie man will: Der indischen Kunst mangelt es sowohl an Perspektive wie an Klarheit. Ihr Reiz besteht vielmehr darin, daß sie den Betrachter durch die Überflutung mit Einzelheiten in eine Art Rausch und mystische Gestimmtheit versetzt. Wenn einer von dieser Kunst vor allem die Klarheit der Form verlangt, bleibt ihm lediglich der Eindruck der Dekadenz, ein Gefühl des Verfalls. Auch in dieser Hinsicht wird die Überfülle des Gefühls ohne einheitlichen Zusammenhang deutlich.

Entsprechendes gilt auch für das indische Denken: Das „gefühlsmäßige Denken", wie es uns in den ›Veden‹ begegnet, bleibt selbst in der Blütezeit indischer Philosophie erhalten.

Die philosophische Eigentümlichkeit dieses gefühlsmäßigen Denkens besteht darin, daß es sich nicht auf logisches Folgern, sondern auf Intuition und unmittelbare Einsicht verläßt, nicht durch den allgemeinen, sondern durch den gestaltbezogenen Begriff und die Metapher unmittelbar zur Erkenntnis gelangen will. Besonders bemerkenswert ist, daß es nicht als geschichtliche Erkenntnis, sondern stets als metaphysische oder phänomenologische Erkenntnis des Lebens vollzogen wird.

Die Naturphilosophie der frühen Griechen weist viele Ähnlichkeiten mit der der ›Upanishads‹ auf. Beide setzen die Einheit der Welt voraus; beide fragen danach, was am „Anfang" war und wie dieses Anfängliche beschaffen war. Die Antwort lautet: „Wasser" bzw. „Feuer", „Sein" bzw. „Nicht-Sein". So verwundert es wohl auch nicht, daß Paul Deussen meinte, das parmenidisch-platonische und das Upanishadendenken seien wesenhaft identisch. Eines darf man dabei jedoch nicht übersehen: Die griechischen Philosophen fragten nach dem Anfang *einer ihnen gegenüberstehenden Welt* und versuchten, diesem Anfang durch eine schlüssige Beweisführung auf die Spur zu kommen. Auf diesem Wege entdeckten sie das Atom als Urstoff der Welt, auf demselben Weg das Prinzip des „Seins". Von Anfang an war dieses Sich-der-Welt-gegenüber-Finden etwas objektiv Gegebenes, nicht eine praktische oder gar feindliche, antagonistische Beziehung, sondern eine durch und durch kontemplative. Den indischen Philosophen war ein solches Konfrontiertsein mit der Welt fremd. Zwar suchten auch sie den

Anfang der Welt zu ergründen, aber nicht den Anfang einer ihnen entgegenstehenden, sondern einer sie umschließenden Welt. Deshalb ist für sie, ehe sie noch festgestellt hatten, daß dieser Anfang „Sein“ ist und daß dieses „Sein“ Feuer, Wasser und Erde wird, der Anfang immer schon *Atman* und *Brahman*, d. h. das „Wissende“ und das „Selbst“. Wenn das „Selbst“ Grund und Ursprung der Welt ist, entfällt der Gegenüberstand von „Selbst“ und „Welt“. Diese Einsicht stellt den Ausgangspunkt des eigentlich indischen Philosophierens dar, das diese Einsicht lediglich beschreibt, sich aber weder der Argumentation noch des Begriffes bedient, um sie zu erklären.

Uddālaka (6. oder 7. Jh. vor Chr.) soll es gewesen sein, der den Schöpfungsmythos vom *Atman* theoretisiert hat. Ihm zufolge war im Anfang nur „Sein“ *(sat)*. Da dies aber nichts anderes ist als *Atman*, das „Selbst“, ist es wiederum nichts anderes als das Aus-sich-selbst-Wissende. Die Frage, *wie* man zu diesem Sein oder Selbst gelangt, ist müßig, handelt es sich hier doch um eine Wahrheit, die geschaut und erfahren wird. Aufgabe des Philosophen ist, die Vielfalt der Erscheinungen aus der Erfahrung dieser Wahrheit zu erklären und zu interpretieren. So stellt sich die Frage, wie dieses Sein, als das Eine, die Vielfalt aus sich heraus entwickelt.

Der erste Schritt besteht in der Bewußtwerdung, im Erblicken und Erspüren, daß das Eine auch das Viele sein kann; daraus entsteht „Feuer“. „Feuer“ ist hier nicht das „Prinzip der Verwandlung“, auch nicht das „Element“, welches weder entsteht noch vergeht, es ist „Sein in Gestalt von Feuer“. Alles, was brennt oder leuchtet, alles Rote, alles, was kocht, kurz, alles, was sich unter der Metapher „Feuer“ verstehen läßt, ist damit gemeint. In diesem Sinne wird „Sein“ bei diesem ersten Schritt in die Vielfalt als Feuer bestimmt. Wiederum können wir nicht nach der Notwendigkeit einer solchen Bestimmung fragen. Sie ergibt sich aus der Intuition des Philosophen, der in einer langen Tradition der Sonnenverehrung lebt.

In einem zweiten Schritt wird „Sein in Gestalt von Feuer“ sich seiner Möglichkeit zu weiterer Entfaltung bewußt, und so entsteht „Wasser“. Dieses „Wasser“ wiederum ist nichts anderes als „Sein in Gestalt von Wasser“. Alles Fließende, Helle wird mit diesem Ausdruck bezeichnet. Dieser zweite Schritt bezieht sich auf ein vertrautes alltägliches Beispiel: Schweiß – Wasser nämlich – wird durch Hitze, d. h. Feuer, erzeugt; Wolken und Regen entstehen durch Sonnenwärme.

Der dritte Schritt: Wenn „Sein in Gestalt von Wasser“ sich der ihm innewohnenden Möglichkeit zu weiterer Ausformung bewußt wird, dann entsteht Nahrung (Erde). Auch hier liegt ein Beispiel nahe: Nahrung entsteht erst durch Regen. So gesehen ist Uddālakas Theorie von der Ausformung des „Seins“ der metaphorisch-begriffliche Ausdruck der eigenen Erfahrung im Umgang mit den lebenspendenden Kräften der Natur.

Nicht nur in den Anfängen indischen Philosophierens, auch in seiner Blütezeit begegnen wir dieser Denkweise. Die buddhistische Philosophie hebt die auf dem Prinzip des *Atman* (Selbst) beruhende Metaphysik auf und sucht die Einsicht in die wirkliche Verfassung des Daseins, versucht die Dinge so zu sehen, wie sie wirklich sind. Die hier zugrundeliegende Intuition ist, indem sie die Metaphysik des „Selbst“ verwirft, eine selbstlose, und soweit sie alles Wirkliche ständigem Wandel und Vergehen unterworfen sieht, trägt sie der Vergänglichkeit Rechnung. Auch die Auffassung vom Leiden, indem nämlich alles als Leiden betrachtet wird, zeigt jenes „fühlende Denken“, von dem oben die Rede war. Unter Leiden wird hier nicht nur das jeweilige Leid verstanden, das einem Menschen widerfährt, sondern Leiden als solches, Leiden als *dharma,* als das Gesetz, unter dem alles Wirkliche steht. Eine derartige Betrachtungsweise zeigt abermals die Fülle des Gefühls, und darüber hinaus wird darin das typisch Indische dieses Denkens deutlich, in dem die Begrifflichkeit durch das konkrete Beispiel ersetzt wird. Wir dürfen nicht außer acht lassen, daß in der indischen Philosophie die verschiedenen *dharmas* (Gesetze), die das „System der Gesetze“ ausmachen, sich aus dieser Betrachtungsweise herleiten. Mit dem Gesetz vom „Altern und Sterben“ z. B. ist nicht nur das Altern und Sterben irgendeines Lebewesens gemeint, sondern die Vergänglichkeit des konkret in Erscheinung Tretenden überhaupt. So ist das „Auge“ nicht nur das Sehorgan eines Lebewesens, sondern das Sehen schlechthin, das am konkreten Fall erkennbar wird. Dieser für das indische Denken charakteristische Zug geht jedoch einher mit einem Mangel an logischem, diskursivem Denken. So wird z. B. nicht der Versuch gemacht, mehrere Einzelbegriffe unter einen allgemeinen Begriff zu stellen und so die Vielfältigkeit zu vereinfachen. Das Nebeneinander verschiedener Gesetze führt häufig dazu, daß jegliche Systematik abhanden kommt. Schließlich wird ein Punkt erreicht, wo nur noch die „Anzahl“ der Gesetze vereinheitlichend wirken kann.

Ein bezeichnendes Beispiel dafür ist die „Abhidharma-Philosophie“. Diese Schule versuchte, die Vielzahl der Gesetze in fünf Hauptstücke mit 75 Untergliederungen hierarchisch zu ordnen, was nicht leichtfiel. Selbst bei Nāgārjuna, dem hervorragendsten logischen Denker Indiens, stellt man fest, daß er in seiner Beweisführung von der „Substanzlosigkeit“ *(nihsvabhava)* aller Gesetze unter Zuhilfenahme des Abhidharma-Einordnungsmusters, wie der fünf Gruppen *(pañca-skandhāh)*, der sechs Sphären *(saḍ-āyantana)* und der sechs Elemente *(saḍ-dhātavah)* dieselbe Beweisführung bei jedem einzelnen Gesetz ständig wiederholt. Dies gilt in verstärktem Maße für die Sutras; hier wird der philosophische Gedanke ohne jegliche logische Beweisführung einfach intuitiv und bildhaft vorgeführt.

Selbst die indische Logik stellt keine Ausnahme dar; auch hier bildet die Evidenz der Anschauung den Kern: Folgerung *(anumāna)* gründet sich auf Anschauung *(pratyakṣam)*, d. h. was durch letztere erfaßt wird, wird durch erstere geklärt und erklärt. Die Beweismethode der indischen Logik *(hetu vidyā)* besteht nicht darin, von bekannten Voraussetzungen induktiv auf etwas noch Unbekanntes zu schließen. Sie verfährt vielmehr so, daß sie zuerst den Schluß aufstellt, um ihn dann zu begründen und durch Analogie zu beweisen. Somit ist das „dreifach gegliederte Verfahren" *(tri-vakyāmsa)* der „Neuen Logik" *(hetu vidyā)* genau das Gegenteil der schlußfolgernden formalen Logik. So wurde der Analogie nicht nur in den Anfängen der indischen Logik, sondern auch auf ihrem Höhepunkt großes Gewicht beigemessen; sie galt als unentbehrlich. So mag es wohl nicht übertrieben sein zu behaupten, die indische Logik sei eine intuitive Logik.

Nach vielerlei glänzenden Entwicklungen verfiel die indische Philosophie schließlich, nämlich durch ihre Hinwendung zur Esoterik des Buddhismus und zum Symbolismus des Hinduismus. Für ein „gefühlsmäßiges Denken" scheint dieser Weg unausweichlich. Ungeachtet seiner ausgeprägten denkerischen Kraft wandte sich der indische Mensch doch wieder der Zauberei und dem Aberglauben zu. So wurde der stark philosophisch geprägte Buddhismus vertrieben, und an die Stelle der Vedanta-Philosophie trat wieder der Ritus. Man könnte also sagen, daß die Wissenschaft von der Überfülle des Gefühls und der Trägheit des Willens erstickt wurde.

Wir haben gesehen, wie tief Phantasie und Denken die spezifisch indische Struktur in gesellschaftlicher und geschichtlicher Hinsicht geprägt haben. Diese Struktur ist gekennzeichnet durch die empfänglich-passive Haltung, einer nichtgeschichtlichen und unkontrollierten Überfülle des Gefühls. Zwar drangen die Inder über die Himalayas bis nach China und Japan vor, die Art und Weise ihres Vordringens jedoch war wiederum empfänglich-passiv und nicht kämpferisch-erobernd. Eine solche Art der „Invasion" entsprach ihrem Typus. China und Japan nämlich zogen sie durch den Buddhismus zu sich heran und brachten so das in China und Japan verborgene Indische zutage. Im Gegensatz dazu mußte Indien die Invasion der Wüste in Gestalt des kämpferisch-erobernden Kriegers über sich ergehen lassen. Dabei wurde nicht, wie etwa bei der Eroberung Nordindiens, das latent Wüstenhafte im Inder freigelegt, die Inder wurden vielmehr einfach von der Wüste überrollt und überwältigt. Das Ergebnis war noch größere Passivität und Resignation.

Unter muslimischer Herrschaft wurde die indische Gefühlsüberfülle durch die einende Kraft des Wüstenbewohners eingedämmt. Die muslimische Architektur Indiens legt dafür Zeugnis ab. Zwar ist umstritten, ob diese Architektur sich aus der byzantinischen Moschee entwikkelt oder den indischen Spitzbogen und das „rübenförmige" Kuppeldach übernommen hat (Havel, Indian Architecture, S. 4f. und 16ff.). Eines ist jedoch festzuhalten: Charakteristisch für diesen Stil ist, daß die Fülle der kleinen Einzelfiguren nun nach einem einheitlichen Prinzip geordnet wird, das der indischen Architektur bis dahin fremd war.

Der Eroberung durch die Muslime folgte die durch die Europäer. Bis in jüngste Zeit waren die Inder jedoch unfähig, sich die kriegerische und aggressive Haltung ihrer Besatzer zu eigen zu machen. Die lange Unterjochung hat aus der Gefühlsüberfülle eher eine schwächliche Empfindsamkeit werden lassen. Selbst jene abenteuerlichen Inder, die bis in die Südsee vorstießen, vermitteln meist den Eindruck personifizierter Sanftmut und Unterwürfigkeit; ihre Stimme und ihre Gesichtszüge zeigen eine Art Sentimentalität, deren Weichheit uns rührt. Nehmen wir die indischen Passagiere auf der Reise von der Südsee nach Sri Lanka: Die meisten Familien kochen, essen, spielen und schlafen an Deck. Da liebkost eine Mutter ihr Kind, kleine Kinder wiegen ihr noch kleineres Geschwisterchen, bei den Mahlzeiten geht es fröhlich und lebhaft zu. In all dem zeigt sich so viel inniges Gefühl, daß es den Betrachter zuweilen zu Tränen rührt. Der kurze Aufenthalt in Sri Lanka bestätigt diesen Eindruck: Einfache ländliche Szenen – Mütter, die vor der mit Palmen umstandenen Hütte ihre Babies liebkosen; ein alter, weißhaariger Mann; Kinder mit ihren Schultaschen auf dem Weg nach Hause; Familien, die abendliche Kühle suchend, auf Bänken an den mit breitblättrigen Palmen gesäumten Alleen; all dies hat, strenggenommen, nichts besonders Rührendes und bewegt doch das Gemüt des Reisenden. Selbst die nächtlichen Dorffeste mit ihrem fröhlichen Menschengewimmel oder die Laternenprozessionen strahlen eine unwiderstehliche Schwermut aus. Anders als im Falle des alten Indien weckt diese Innigkeit des Gefühls jedoch nicht unsere Bewunderung, eher schmerzt der Mangel an Willenskraft, die Unterwürfigkeit und das Unterdrücktsein, die uns da begegnen. Auch wenn wir kein konkretes Zeichen der Unterdrückung beobachten können, der Inder erscheint uns geradezu als Personifizierung des Unterdrückten. In Shanghai oder Hongkong etwa stellen die Europäer ihre Macht offen zur Schau, und doch wirkt der Chinese vital und energisch, so als sei er nicht der Besiegte, sondern der Sieger. Ganz anders der Inder: Aufgrund seiner Empfänglichkeit und Passivität, oder anders gesagt, weil ihm das Aggressive und das Herrische fehlen, fordert er bei uns die aggressiven und herrischen Züge heraus. So wird auch verständlich, daß bei dem Indienreisenden häufig der Wunsch aufkommt, für die indische Unabhängigkeit und Selbständigkeit mitzukämpfen.

Selbst heute, wo die indische Baumwolle sich den Weltmarkt zu erobern beginnt, verharrt der indische Mensch in seiner passiv-resignierenden Haltung, was sich nicht zuletzt in der Politik des gewaltlosen Widerstandes erweist. Es heißt, der indische Arbeiter sei körperlich noch schwächer als der chinesische, seine physische Kraft betrage nur ein Viertel oder ein Drittel der eines europäischen Arbeiters. Nun lassen sich weder Körperkraft noch Mentalität über Nacht verändern, denn beide sind klimatisch bedingt. Veränderungen lassen sich hier erst durch Veränderung der klimatischen Bedingungen herbeiführen. Eine Bezwingung des Klimas wiederum läßt sich nur auf klimatisch bedingtem Wege erreichen, indem man sich der klimatischen Bedingungen geschichtlich bewußt wird.

Verfaßt 1928, überarbeitet 1929.

2. *Das Wüstenklima*

Gewöhnlich verwendet man das japanische Wort *sa-baku* im Sinne von „Wüste“ (engl. *desert*). Auch ich werde es in dieser allgemein üblichen Bedeutung gebrauchen, wenn von einem ganz spezifischen Klima, wie es in Arabien, Afrika oder der Mongolei vorkommt, die Rede ist. Jedoch jeder, der sich Gedanken über die Bedeutung dieser beiden Wörter macht, stellt sogleich fest, daß sie etwas wesenhaft Verschiedenes meinen. Dasselbe Klima einmal *sa-baku* oder einmal *Wüste/desert* zu nennen, ist so, als würde man eine Figur einmal als gleichseitiges und einmal als gleichwinkliges Dreieck bezeichnen. In beiden Fällen sind die Standpunkte des Verstehens unterschiedlich, und die einfache Tatsache, daß verschiedene Betrachtungsweisen möglich sind, weist bereits auf ein in dem Phänomen *sa-baku* enthaltenes menschliches Moment hin.

Die Japaner haben das Wort *sa-baku* dem Chinesischen entliehen, denn die japanische Sprache hat kein eigenes Wort für „Wüste“. Das japanische *suna-hara* (Sand–Fläche) ist nicht gleichbedeutend mit *sa-baku*, denn in Japan war so etwas wie „Wüste" unbekannt. Was aber besagt das chinesische *sa-baku*, auch wenn die Chinesen von heute sich inzwischen den japanischen Wortgebrauch zu eigen gemacht haben und unter *sa-baku* „Wüste" schlechthin verstehen? Im alten China vermittelte dieses Wort einfach eine anschauliche Beschreibung der Wüste Gobi. *Sa* wurde häufig im Sinne von „fließender Sand" gebraucht, und auch *baku* war eine Beschreibung für den fließenden Sand im Norden. *Sa-baku* bezeichnet also ein unermeßliches Sandmeer, das durch starken Wind aufgewühlt und in Fluß gebracht wird. Da die Chinesen außerhalb dieser Klimazone lebten, sahen sie – als bloße Beobachter – in der Wüste Gobi ein schier endloses Meer aus Sand.

Die *eremia* der Griechen, die *deserta* der Römer oder jüngere Wörter wie „Wüste", "waste", "wilderness" hingegen bezeichnen mehr als nur ein Sandmeer. Sie bezeichnen einen unbewohnten Ort, bar jeglichen Lebens, eine widrig-rauhe, furchterregende Gegend. Sie beschreiben nicht so sehr die äußere Erscheinungsform, sondern eher die Leblosigkeit dieses Ortes. Wüste wird hier nicht nur als Sandmeer verstanden, sondern auch als kahles Gebirge mit drohenden Felsschroffen oder als riesiges Flußbett, das Geröll statt Wasser führt. Man stößt hier auf eine Welt, in der es weder pflanzliches noch tierisches Leben gibt. Angesichts dieses Klimas stellt sich derselbe leblose und wüste Eindruck ein, den ein unbewohntes Haus vermittelt. Wenn aber ein Klima in diesem Sinne „wüst" genannt wird, so ist damit nicht nur der äußere Aspekt gemeint. Das Wort bezeichnet das Mensch und Welt einende Verhältnis, d. h. eben dieses Verhältnis ist „wüst". Wie ein Haus oder eine Stadt wüst sein kann, so auch ein Klima. Wüste ist also eine Seinsweise des Menschen, des Menschen als Individuum sowie als individuelles *und* soziales Wesen. Bei dem Phänomen Wüste handelt es sich folglich nicht um einen Aspekt der Natur, der sich gesondert vom Menschen betrachten ließe.

So wollen wir die Wüste als eine „Seinsweise des Menschen" verstehen. Dabei gehen wir davon aus, daß der Mensch erst als ein einzeln *und* gesellig lebender Mensch ist und daß er in dieser zwiefältigen Seinsweise nur geschichtlich existieren kann. In ihrer Konkretheit tritt „Wüste" also nur im sozialen und geschichtlichen Zusammenhang hervor und läßt sich nicht isoliert von gesellschaftlichen und geschichtlichen Faktoren betrachten. Die Wüste tritt demzufolge in ihrer Konkretheit nur als geschichtliche Gesellschaft des Menschen auf. Will man den Begriff „Wüste" im naturwissenschaftlichen Sinn verwenden, muß man einen abstrakten Standpunkt einnehmen und von der konkreten Wüste, d. h. von der als Wüste verfaßten menschlichen Gesellschaft, alles Menschliche abstrahieren. Wüste als bloßes Naturphänomen ist also nichts weiter als eine Abstraktion. Freilich gehört die Abstraktionsfähigkeit zu den größten Gaben des Menschen und ermöglicht ihm, die Beschaffenheit eines konkret Gegebenen besser zu verstehen. Doch muß man sich hüten, Abstraktes und Konkretes miteinander zu verwechseln. Deshalb sollen hier auch nicht die sogenannten „Einflüsse", welche diese abstrakt verstandene Wüste auf den Menschen als gesellschaftlich-geschichtlich existierendes Wesen hat, untersucht werden, sondern die konkrete Wüste in ihrer gesellschaftlich-geschichtlichen Wirklichkeit, aufgrund derer eine solche Abstraktion erst möglich wird.

Wie aber können wir das Wesen dieser konkreten Wüste erfassen? Für den Bewohner der Wüste wäre dies eine Frage seines Selbstverständnisses. Nun ist der Mensch nicht so beschaffen, daß er sich ohne weiteres selbst am besten versteht. In der Regel erwacht sein Selbstverständnis erst durch die Vermittlung anderer. So würde der Wüstenbewohner sein Selbstverständnis wohl erst dann richtig entdecken, wenn er in eine regnerische Gegend versetzt würde. Daher ist vielleicht einer, der kein Wüstenbewohner ist, der sie nur bereist, eher in der Lage, die konkrete Wüste wahrzunehmen. Ihm wird in der Wüste bewußt, wie fern und fremd seine jeweilige geschichtlich-gesellschaftliche Wirklichkeit dem Wüstenhaften ist. Auch wenn dieses Verständnis sich nur auf eine kurze Erfahrung stützen kann, mag es dem Reisenden gelingen – sofern sein Verständnis ein wesenhaftes ist – sich gesellschaftlich-geschichtlich in die Wüste „einzuleben".

Ein Reisender in der Wüste lebt also nur kurze Zeit „wüstenhaft" und wird nie zu einem richtigen Wüstenbewohner. Seine Geschichte in der Wüste bleibt die eines Nichtwüstenbewohners. Gerade deswegen kann sich ihm aber das Wesen der Wüste erschließen, kann er verstehen, was Wüste eigentlich ist.

Die Redewendung: „Überall gibt es grüne Berge für den Menschen" („Der Mensch kann überall zu Hause sein") bringt die menschliche Weisheit zum Ausdruck, daß der Mensch sich frei in der weiten Welt bewegen kann, sagt jedoch nichts über ein Klima aus. Eine solche Aussage ist aber nur möglich, weil es in einem bestimmten Klima überall grüne Berge gibt und weil „Berge", wie sie jenes Klima hervorbringt, ein Bestandteil seiner selbst sind. „Grüne Berge" bedeuten für ihn Heimat, Zuhause, Geborgenheit. So gesehen ist das „Überall grüne Berge" auch im klimatischen Sinn Ausdruck einer Lebensweise. Nehmen wir einmal an, ein solcher „Grüne-Berge-Mensch" durchquere den Indischen Ozean und lande in der Stadt Aden an der Südspitze der arabischen Halbinsel. Plötzlich erheben sich vor ihm kahle, schroffe, schwarzrote Felsenberge, die in nichts dem gleichen, was er von einem „Berg“ erwartet, nämlich Lebendigkeit, Saftigkeit, Milde, Reinheit, Frische, Erhabenheit, Vertrautheit usw. Er steht vor etwas Unheimlichem, Finster-Bedrohlichem. In einem Klima, in dem die Berge stets grün sind, gibt es keinen einzigen, der einen so abweisenden und düsteren Eindruck machte. Der „Grüne-Berge-Mensch“ begegnet hier etwas ganz und gar anderem, nicht nur der anderen Beschaffenheit eines anderen Berges, sondern zugleich der Andersartigkeit des dortigen Menschen und seines anderen Verhältnisses zur Welt.

Wenn von einem „nichtgrünen Berg“ die Rede ist, handelt es sich – abstrakt gesprochen – um einen Berg ohne allen Pflanzenwuchs. Ein mit Gräsern und Bäumen bestandener Berg ist eingehüllt in pflanzliches Leben, was sich bereits durch Farbe und Form zu erkennen gibt. Wind und Regen kommen zuerst mit den Pflanzen in Berührung. Ein kahler Berg zeigt keinerlei Leben. Wind und Regen treffen unmittelbar auf das leblose Felsgestein. Eigentlich handelt es sich hier gar nicht um einen Berg, eher um das Skelett eines Berges, um einen toten Berg. Seine harten Konturen, die schroffen Felsen, ihre schwärzliche Färbung sind Ausdruck des Todes, Zeichen dafür, daß es kein Leben gibt.

Konkret gesagt ist solch ein gras- und baumloser Felsenberg düster und abweisend. Dieser bedrückende und düstere Eindruck wird jedoch weniger als Eigenschaft der physischen Natur, sondern vielmehr als die Seinsweise der dort lebenden Menschen verstanden. Der Mensch lebt in Beziehung zur Natur und erkennt sich selbst in ihr. Wie wohlschmeckende Früchte seinen Appetit anregen, ein grüner Berg ihn beruhigt, so begegnet ihm in der Unheimlichkeit der kahlen Berge das ihm selber innewohnende Unheimliche und Düstere, entdeckt er den „Nicht-grüne-Berge-Menschen“.

Die Seinsweise dieses Menschen läßt sich wohl besser verstehen, wenn wir die klimatisch bedingte „Trockenheit“ näher betrachten. Trotz sengender Sonne regnet es in Aden nur vier- oder fünfmal im Jahr. Selbst während der Monsunzeit über dem Indischen Ozean zeigen sich am Himmel über Aden nur vereinzelt kleine, weiße Wolken, die nicht einmal ausreichen, um gelegentlich die stechende Sonne zu mildern. In den übrigen Jahreszeiten ist der Himmel stets vollkommen klar. Auch beim Sonnenuntergang, wo normalerweise leichte Bewölkung aufzieht, ist am ganzen Horizont von Wolken keine Spur. Dies also ist das normale Wetter in Aden. Jener klare Himmel ist aber nicht etwa erfrischend hellblau, sondern von einem tiefen Dunkelblau, das auch zum

Horizont hin nicht schwächer wird. Das Land unter diesem Himmel ist restlos ausgedörrt, nirgends findet sich auch nur eine Spur von Feuchtigkeit. In den Straßen der Stadt stößt man hier und da auf ein paar kümmerliche Bäume, die von Menschen gepflanzt wurden. Im übrigen ist da wirklich nur Trockenheit, eine ausgetrocknete, leblose Welt. Diese Trockenheit ist verantwortlich für das düstere, verkarstete Gebirge und das öde, weite Sandmeer. Sie zwang die Römer zum Bau großer Wasserreservoire, den Wüstenbewohner, Wasser auf Kamelen herbeizuschaffen; sie führte zum Nomadendasein, zur Entstehung des Koran, kurz, diese Trockenheit hat das hervorgebracht, was wir unter dem „arabischen Menschen", unter „arabischer Kultur" verstehen.

Das Wesen der Wüste also ist Trockenheit; alle übrigen Charakteristika wie Unbewohnbarkeit, Leblosigkeit, das Abweisende und Düstere sind Folgeerscheinungen.

Die düsteren Felsenberge Adens eröffnen dem Reisenden das Wesen der Wüste als „Trockenheit". Dies wurde zwar von alters her gesagt, wenn von der Wüste die Rede war, weshalb aber versetzt den Reisenden dann die Begegnung mit ihr von neuem in Erstaunen? Weil er zum erstenmal selber solcher Trockenheit ausgesetzt ist und sie am eigenen Leibe erlebt. Dies ist etwas anderes, als wenn man mit Hilfe eines Hygrometers Trockenheit als eine bestimmte Luftfeuchtigkeit versteht. Hier begegnet sie einem als Seinsweise des Menschen.

Wenn der Reisende dann die Küsten des Roten Meeres erreicht, den geschichtsträchtigen Sinai oder die arabische Wüste, zwingt ihn dieses Klima geradezu, das ihn überfällt wie der Tod selbst, das Alte Testament wieder zu lesen: Dies also ist das trostlose Sand- und Felsenmeer, durch das einst das auserwählte Volk zog; was ihre Augen sahen, waren skelettartige Gebirgszüge, ein „toter Berg". Diese Wüste ist unvergleichlich viel fürchterlicher als jedes tobende Meer, denn das Meer vermittelt durch die Bewegung der Wellen, durch das lebhafte Farbenspiel des Wassers, durch die Pflanzen und Fische, die in ihm leben, doch stets den Eindruck von etwas Lebendigem. Selbst die Furcht vor Stürmen tut der Vertrautheit mit dem Meer keinen Abbruch. Die tödliche Stille, die toten Farben und Formen der Wüste hingegen, der Mangel jeglichen Lebens erschüttern und bedrohen uns bis in die Grundfesten. Und selbst die Dunkelheit der Wüstennacht, die all diese bedrohlichen irdischen Formen verschluckt, birgt eine unheimliche, an Tod gemahnende Stille. (Einzig die in der trockenen Atmosphäre gleißenden Sterne wirken lebendig, ja heiter. Der Himmel ist wie übersät. Sie glitzern und funkeln, sie reflektieren einander und scheinen in ständiger Bewegung. Dem Betrachter ist bei ihrem Anblick, als lausche er einer gewaltigen Symphonie. Der nächtliche Sternenhimmel über der Wüste ist etwas Einzigartiges: Klar und lebendig gewährt er Zuflucht vor dem unten lauernden Tod.) Dies also ist das Land, durch das einst das auserwählte Volk zog – ein Land, das eine einzige Todesdrohung ist, ein Land, in dem die Sonne über acht Monate im Jahr von einem wolkenlosen Himmel brennt, wo selbst im Schatten die Temperaturen bis auf 45 °C steigen: das Land der Sinai-Halbinsel, der syrischen und mesopotamischen Wüste. Euphrat und Tigris bringen keine Linderung, denn bis sie die Ebene von Babylon erreichen, spenden sie nur einem schmalen Uferstreifen Feuchtigkeit. Außer diesen beiden Flüssen und denen, die in den armenischen Bergen entspringen, gibt es in Arabien keine Flüsse. Die seltenen, heftigen Regenschauer füllen zwar die Wadis (trockene Flußbetten), nach ein oder zwei Stunden ist ihr Wasser jedoch spurlos versickert. Gäbe es keine Oasen, in denen Frühlingsregen, Quellen oder gegrabene Brunnen Pflanzen wachsen lassen, könnte der Mensch Arabiens – der Wüstenbewohner – nicht existieren.

Dieses Leben in Trockenheit ist „Durst“, d. h. Leben auf der Suche nach Wasser. Die Natur draußen ist eine einzige Todesdrohung. Demjenigen, der die Hände in den Schoß legt und abwartet, gibt sie keinen Tropfen Wasser. Der Mensch muß sich dieser bedrohlichen Natur entgegenstellen, und auf der Suche nach ihren Schätzen, nämlich Weiden und Brunnen, ist er zu unstetem Umherstreifen gezwungen. Weideplätze und Brunnen werden so zum Gegenstand von Auseinandersetzungen zwischen einzelnen Gruppen (I. Buch Mose, 13:6, 26:20ff.). Um am Leben zu bleiben, muß der Mensch also auch gegen seine Mitmenschen kämpfen. So haben sich beim Wüstenbewohner spezifische, seiner Umgebung entsprechende Eigenschaften ausgebildet: Das Verhältnis dieses Menschen zu seiner Welt ist in erster Linie bestimmt durch *Widerstand und Kampf,* denn die Natur bedroht ihn mit dem Tod. In dem Maße, in dem er seines Todes ansichtig wird, wird er sich aber auch seines Lebens bewußt. Etwas hervorzubringen, bleibt dem Menschen überlassen; wäre es doch zwecklos, wollte er darauf warten, daß die Natur ihm irgend etwas gewährte. Nur mit Hilfe von Oasen und Brunnen, die er der Natur abgerungen hat, vermag er seine Herden zu weiden und zu tränken. Der Schlachtruf des Lebens gegen den Tod ist: „Seid fruchtbar und mehret euch!“

Ein zweites prägendes Moment besteht darin, daß die Menschen sich im Kampf gegen die Natur zusammenschließen, denn der einzelne vermag in der Wüste nicht zu überleben. Der Wüstenbewohner zeichnet sich also durch seinen Sinn für Solidarität aus, denn nur gemeinsam können die Menschen der Wüste Oasen und Brunnen abgewinnen. In diesem Kampf aber muß er sich gegen seine Artgenossen wehren; verliert er auch nur einen einzigen Brunnen an einen anderen Stamm, so ist die Existenz des eigenen Stammes bedroht. So wird hier das Verhältnis des Menschen zur Welt zugleich das zur „Welt des anderen Menschen". Dies wiederum spiegelt das Verhältnis Widerstand und Kampf, und daraus entsteht der Wahlspruch: „Seid fruchtbar und mehret euch!" Daß der Wüstengott dem Menschen die Beschneidung verordnete, zeugt ebenfalls von dieser Eigenschaft des Wüstenbewohners.

Der Wüstenmensch ist also in doppelter Hinsicht zu Widerstand und Kampf gezwungen. Andererseits kann auch er nur als geschichtliches Wesen leben. Der Schauplatz, auf dem seine kämpferischen Eigenschaften sich entfalten, ist daher die Geschichte, und diese Eigenschaften ihrerseits sind geprägt durch Geschichte.

Der Kampf gegen die Natur kommt auch in allen kulturellen Bestrebungen zum Ausdruck, denn auch durch sie stellt sich der Mensch der Natur gegenüber. Der Gedanke an eine wohlwollend ihn umfangende Natur kann ihm hier gar nicht kommen, noch weniger könnte er darauf verfallen, sich die Natur untertan machen zu wollen. Vielmehr geht es ihm darum, sich selbst und sein Tun aus ganzer Kraft der Natur entgegenzustellen.

In der Wüste steht alles „Menschliche" immer schon der Natur gegenüber, ist ganz und gar verschieden von ihr. Ein paar Lichter am fernen nächtlichen Horizont, zu dem hin sich, so weit das Auge reicht, sonst nur schwarze, abstoßend tote Erde erstreckt, beschwören machtvoll die Welt des Menschen herauf und lassen wieder an Leben, Wärme und Nähe denken. Sie beeindrucken ungleich stärker als die Lichter einer Insel etwa, die der Seemann am Meereshorizont erblickt. Nur der Wüstenbewohner kann wohl die freudige Erregung verstehen, die ein Reisender empfindet, wenn er, wie es in der Antike beschrieben ist, am Ende einer langen und beschwerlichen Reise von Judäa nach Heliopolis nur einen Tagesmarsch entfernt von seinem Lager die Lichter der Hauptstadt erblickt.

Wenn also das zum Menschen Gehörende ihn nur deshalb so tief beeindruckt, „weil es ihm gehört", da ist es nur allzu verständlich, daß in der Wüste das besondere Anziehungskraft hat, was nicht in der Natur vorhanden, sondern vom Menschen gemacht ist. Dieser Eindruck drängt sich dem Reisenden z. B. beim Anblick einer arabischen Stadt auf. Den Reisenden, der im Hafen von Aden ankommt, versetzt die Stadt, die sich links vom Hafen im flachen Land erstreckt, nicht weniger in Erstaunen als das düster aufragende schroffe Gebirge. Die tiefliegende Ebene erscheint als schwache braune Kontur am Meereshorizont, so schwach, daß man kaum geneigt ist, sie für Land zu halten. Vom Meer unterscheidet sie sich lediglich durch ihre Farbe. Mitten in diesem braunen Streifen leuchtet in der Sonne eine Ansammlung kleiner, viereckiger Häuser auf, die wie eine Schar Möwen auf den Wellen zu schwimmen scheint. Trotz der beträchtlichen Entfernung vermitteln die weißen Mauern und die eckige Form dieser Häuser einen tiefen Eindruck, denn da ist etwas von Menschenhand Gemachtes, etwas „Menschliches" in der Unermeßlichkeit der toten Natur. Man meint zu träumen, so lebendig und klar hebt die vom Menschen erbaute Stadt sich gegen die Natur der Umgebung ab.

Wie kommt dieser scharfe Kontrast zustande? Er läßt sich nur durch Form und Farbe dieser Stadt erklären, die sich nirgends sonst in deren natürlicher Umgebung finden. Die schroffen Berge haben eine durchaus natürliche Form, die weder Regel noch Zweck erkennen läßt. Zwar zeigen auch das Meer oder eine Sandbank geradeverlaufende, horizontale Linien, sie sind jedoch monoton und ohne Zusammenhang. Anders die Häuser der Menschen: Als Vierecke oder Rechtecke heben sie sich in ihrer geschlossenen geometrischen Regelmäßigkeit deutlich von der sie umgebenden Natur ab.

Hier ist eine *vom Menschen gemachte,* nicht eine von der Natur übernommene Form, die der Mensch seinen Bedürfnissen entsprechend verändert und durch Überwindung der natürlichen Form vereinheitlicht hat. Wir stehen hier vor etwas, das ganz und gar gegen die Natur geschaffen wurde. Dasselbe gilt auch für die Farbe der Häuser. Die Erde ist von einem schmutzigen Braun; die Tiere – das Kamel z. B. – haben dieselbe Farbe wie das Land. Nur das vom Menschen Gemachte ist von einem reinen Weiß. Mit seiner Stadt setzt der Mensch also seinen Konfrontationswillen gegenüber der Natur in Form und Farbe um.

Die Auflehnung des Wüstenbewohners gegen die Natur zeigt sich am deutlichsten in seiner Kunst. Die auffallend prächtigen Stoffmuster, die träumerisch anmutenden, der Natur entrückten und zugleich kraftvollen Konturen der Moschee legen beredt Zeugnis von dieser Haltung ab.

Von daher läßt sich auch die Form der Pyramiden besser verstehen. Zwar waren die Menschen des alten Ägypten keine typischen Wüstenbewohner, allein die Lage der Pyramiden weist auf eine enge Beziehung zur Wüste hin. Die Wüste – jene schier endlosen Wellen Sandes ohne Form und Regel – drohte ständig ins Niltal einzudringen und es zu „überschwemmen". Der Fluß, der die gesamte Ebene beherrschende Nil, stellt in sich eine ähnlich riesige, träge Wellenbewegung dar. Weder der Wasserverlauf noch die Felder weisen irgendeine Regelmäßigkeit oder Ordnung auf. Sie sind ganz und gar zufällig. Und inmitten dieser Zufälligkeit erheben sich die mächtigen Pyramiden in ihrem vollendeten Regelmaß. Klar stehen sie gegen die Form- und Regellosigkeit der Natur und sind geradezu Verkörperungen menschlicher Kraft, jener Kraft, mit der die alten Ägypter sich der Natur entgegenstemmten. Gerade durch ihre *schlichte, abstrakte Form* wurde die Pyramide zum Symbol menschlicher Kraft. So mußte sie vor allem eine bestimmte Größe haben, um sich gegen die Wüste behaupten zu können. Angesichts des konturlosen, endlos sich ausdehnenden Sandmeeres stellen Größe und Form der Pyramiden die Macht des Menschen unter Beweis. Kein noch so großes Hügelgrab etwa hätte ohne eine solche Form den Widerstand des Menschen gegen die Wüste so nachhaltig zum Ausdruck bringen können.

Noch etwas kommt bei den Pyramiden hinzu, das nicht zu übersehen ist: der Charakter des Geheimnishaften. Man könnte zwar geltend machen, sie seien zu einfach, um als Kunstwerke zu gelten, dies aber wäre nicht richtig. Der geheimnisvolle Eindruck, der sich aus ihrer Lage ergibt, ist nicht weniger stark als bei anderen großen Kunstwerken. Nie sehen wir sie als Ganzes, immer nur Teile von ihnen. Die „dem Auge verborgenen Teile" jedoch ziehen uns unwiderstehlich an. Gemeinhin werden wir keineswegs so in Bann geschlagen von dem, was wir nicht sehen. Bei der Venus von Milo z. B. hat man durchaus nicht den Eindruck, als wären die dem Auge entzogenen Ansichten dem Betrachter verborgen. Im Falle der Pyramiden – vielleicht gerade durch den Mangel an künstlerischen Gehalt – beeindruckt das Moment des „Verborgenen" jedoch besonders stark.

Diese beiden Aspekte lassen erkennen, daß sich der Mensch der Wüste aus einer inneren Notwendigkeit heraus in den Pyramiden zum Ausdruck bringt. Die formale Schlichtheit der Pyramiden ließe sich auch von ihrer Monumentalität her erklären, aber bereits der Wunsch, der Wüste solche monumentale Bauwerke entgegenzusetzen, ist bezeichnend für den Wüstenbewohner.

Was Konfrontation mit der Natur heißt, zeigt sich am eindrücklichsten in der Produktionsweise der Wüstenbewohner, d. h. im Nomadentum. Der Mensch wartet nicht einfach auf die Segnungen der Natur, er rückt vielmehr gegen sie vor, um ihr eine magere Beute abzuringen. In diesem Kampf mit der Natur verbündet sich der Mensch mit anderen; zugleich aber werden diese anderen auch seine Feinde. Der Kampf mit der Natur ist zugleich der Kampf mit dem Menschen. Es sind dies zwei Seiten einer Medaille.

Stets war das Leben des Wüstenbewohners kämpferisch geprägt, von frühester Zeit an bis in die islamische Epoche. Die verschiedenen Stämme der arabischen Halbinsel, nach dem Buch Genesis als *Shem (Semiten)* bezeichnet (auch wenn unter diesem Namen Araber, Hebräer, Phönizier usw. zusammengefaßt sind), sind durch Charakter, Geist und Sprache eng verwandt. So lassen sich „die gesamte geistige Eigenart der Semiten, ihre Denkweise, ihre Religion, ihre staatlichen Institutionen aus den Lebensbedingungen eines Wüstenvolkes erklären" (E. Meyer, Geschichte des Altertums, I/2, S. 388). Dieses Leben ist geprägt durch Kampf.

Betrachten wir zunächst einmal die soziale Struktur. Die charakteristische gesellschaftliche Einheit bildet der Stamm. Das Stammeswesen hat sich ungefähr vom Jahr 1000 v. Chr. an bis zu den heutigen Beduinen als Gemeinschaftsform gehalten. Diese Weise des Zusammenlebens ist nicht einfach „primitiv", sondern entspringt sozusagen dem arabischen Boden. Der formale Zusammenhalt ergibt sich aus dem Gedanken der Blutsverwandtschaft, der Abstammung von einem gemeinsamen Vorfahren. Alle mündigen, d. h. kampffähigen Männer bilden unter dem strengen Gebot von Sitte, Brauch und Gesetz eine enge Lebensgemeinschaft. Von innen her gesehen dient dieser Zusammenschluß der Verteidigung. Droht Gefahr, so ist jedes Mitglied der Blutsfamilie betroffen und ist verpflichtet, die anderen vor dieser Gefahr zu schützen bzw. sie zu rächen. Dieses Band wechselseitigen Verpflichtetseins wahrt die Interessen der Gemeinschaft wie die des einzelnen. Weiden und Brunnen z. B., die Existenzgrundlage des Stammes, werden nötigenfalls durch blutige Kämpfe gegen andere Stämme verteidigt.

Diese Lebensweise ist ein genaues Spiegelbild des Kampfes gegen Natur und Menschen. Der einzelne kann in der Wüste nicht überleben, erst die Stammesgemeinschaft macht ihn lebensfähig. Daher sind Treue zur Gemeinschaft und Unterwerfung unter ihren Willen unerläßlich. Die Handlungsweise der Gemeinschaft bestimmt also das Schicksal des einzelnen. Eine Niederlage des Stammes heißt Tod für den einzelnen, deshalb muß jedes Mitglied der Gemeinschaft seine Kraft und seinen Mut bis zum letzten ausschöpfen. *Unermüdliche Willensanspannung, d. h. ständige Kampfbereitschaft,* ist erforderlich, wenn der Mensch in der Wüste am Leben bleiben will. Gefühlsbetonte Weichheit kann er sich kaum leisten. Sein Charakter ist durch zweierlei geprägt: durch Gehorsam und durch Kampfgeist. Diese Züge sind bestimmend für den Menschen der Wüste und seine Lebensweise, in der das auf Gemeinsamkeit Angewiesensein des Menschen deutlich zum Ausdruck kommt.

Dies also sind die Bedingungen, unter denen der besondere, gesellschaftlich-geschichtlich bedingte Charakter des Wüstenbewohners sich ausgebildet hat. In diesem Zusammenhang ist Wüste eben nicht nur geographisch zu verstehen, sondern als gesellschaftliche Wirklichkeit. Selbst wenn der Mensch – räumlich gesehen – die Wüste hinter sich zurücklassen kann, kommt er von ihr als gesellschaftlich-geschichtlicher Wirklichkeit doch nicht los, es sei denn, er würde in sozialer wie geschichtlicher Hinsicht ein anderer. Aber auch in diesem Falle leugnet er seine Herkunft nicht, sondern bewahrt sie in seinem Inneren. Wenn er sich etwa in einer wasserreichen Gegend niederläßt und zum seßhaften Bauern wird, ändert sich seine Lebensweise. Diese hat sich jedoch aus der früheren entwickelt; er selbst wandelt sich nicht zu einem anderen Menschen.

Eine solche Entwicklung läßt sich an der Geschichte des Volkes Israel ablesen. Einem Nomadenvolk wie diesem mußte das Land Kanaan wie das Paradies erscheinen. So führte es einen langen und erbitterten Krieg, um es für sich zu gewinnen, und erlernte, nachdem es dort seßhaft geworden war, die Kunst des Ackerbaus. Erlöst von den Entbehrungen des Wüstenlebens, nahm die Bevölkerung rasch zu. Neue Stämme entstanden, Bündnisse wurden gefestigt, und schließlich wurde ein Königreich gegründet. Grundlage dieser Gesellschaft war nun nicht mehr die festgefügte Stammeseinheit. Eine klare Ausformung der Religion und der religiösen Literatur fand erst statt, nachdem die Israeliten in Kanaan seßhaft geworden waren. Gerade in diesen kulturellen Zeugnissen aber treten die Eigenschaften des Wüstenmenschen unverkennbar zutage. Man versuchte, die einstige Stammesorganisation auf die Organisation eines Volkes zu übertragen. Die ursprünglich die Einheit des Stammes repräsentierende Gottheit wurde zum Symbol für die Einheit des Volkes. Der absolute Gehorsam gegenüber diesem Gott und die bedingungslose Kampfbereitschaft anderen Völkern und damit anderen Göttern gegenüber blieb kennzeichnend für das Volk Israel. Die klimatischen Gegebenheiten Kanaans kamen seiner sozialen und kulturellen Entwicklung in jeder Hinsicht zugute, allerdings handelte es sich bei dieser Entwicklung um die des ehemaligen Wüstenbewohners und nicht um die des gerade seßhaft gewordenen Agrarmenschen.

Ferner darf nicht vergessen werden, daß die Israeliten selbst in der Zerstreuung ihre durch die Wüste geprägten Charakterzüge bewahrt haben. Diese Zerstreuung *(diaspora)* setzte bereits einige Jahrhunderte v. Chr. ein. Gerade die in der Zerstreuung lebenden Juden aber waren es, die Europa einen festen religiösen Zusammenschluß brachten. Eine der Wüste entstammende Organisationsform will sich nun, machtvoller als je zuvor in der Geschichte der Menschheit, im Namen der Religion völkerübergreifend verwirklichen. Diejenigen aber, die diese Form der Religionsgemeinschaft nach Europa bringen, die Juden, werden aus dieser Gemeinschaft ausgeschlossen und bewahren so ihren spezifischen Volkscharakter. Einerseits zwingt die Verfolgung von seiten der Europäer sie dazu, andererseits aber beschwören sie diese Verfolgung auch selbst mit herauf. Auch wenn nun die Wüste als gesellschaftlich-historische Wirklichkeit mitten in das fruchtbare europäische Wiesenland hineinversetzt wird und die einzelnen Phasen der europäischen Geschichte wie Feudalismus, bürgerliche Entwicklung etc. mitmacht, bewahrt sie sich aus innerer Notwendigkeit ihre Eigentümlichkeit. So übt der gehorsam-kämpferische Charakter des Wüstenmenschen, der den Europäer von Anfang an fasziniert, auch auf den Menschen der Gegenwart noch eine starke Anziehungskraft aus.

Dies ist jedoch nicht nur der Fall, wenn die Wüste sich über ihre eigentlichen Grenzen hinaus ausdehnt. Als die Israeliten seßhaft wurden und ein bäuerliches Leben zu führen anfingen, gab es unter ihnen auch solche, die dies für verächtlich hielten und darin eine Degradierung erblickten – waren sie doch stolz darauf, frei und ungebunden wie die Raubtiere das Land durchstreifen zu können. Die kühne Freiheit galt ihnen mehr als jenes bequeme Leben. Die Schäbigkeit des Seßhaften, der „sich hinter Mauern birgt und seinem kleinen Herrn dient“, war in ihren Augen einfach verächtlich. Im frühen Islam soll diese Gesinnung noch deutlich vorhanden gewesen sein: Der von einem starken Willen beseelte, gehorsam-kämpferische Mensch der Wüste überfiel die agrarisch entwickelten Länder und unterwarf sie sich. In dieser Weise eroberte der Islam die Welt.

Wie der Wüstenmensch die Welt eroberte, wird deutlich, wenn man die heute noch lebenden Religionen betrachtet. Mit Ausnahme der indischen sind sie alle – Christentum, Judentum und Islam – ein Produkt der Wüste. Der Islam mit seiner zähen Lebendigkeit mag gegenwärtig wohl die mächtigste dieser Religionen sein. Historisch gesehen kann man sich jedoch nicht genug wundern, daß die Geschichte des kleinen Stammes Israel – selbst in seiner Blütezeit besaß er nur ein Gebiet, das sich etwa 200 km in die Länge und 120 km in die Breite erstreckte – von Europa über 2000 Jahre für die Geschichte der Menschheit schlechthin gehalten wurde. So wurde der Mensch der Wüste zum Lehrer anderer, denn kraft des ihm eigenen Charakters besaß er tiefere Einsicht in das Wesen des Menschen.

Ihm verdankt die Menschheit den *persönlichen Gott* als die sublimste Ausformung seiner Einsichten, wohl nur vergleichbar mit der Indiens, das Gott als das Absolute, *Nicht-Personhafte* erfährt.

Dieser persönliche Gott war zunächst lediglich der Gott des Stammes. Am Anfang stand der Glaube, daß in der Stammesgemeinschaft eine göttliche Macht lebendig sei, welche die Existenz und das Gedeihen des Stammes überhaupt erst ermögliche. Folglich gab es ebenso viele Götter bzw. Götternamen, wie es Stämme gab. Jahve war zunächst nur einer unter vielen. Diese Götter lebten und aßen mit dem Menschen, kämpften an seiner Seite und hatten Anteil an seiner Jagd- oder Kriegsbeute. Bei hohen Festen wurden dem Gott Tiere geopfert, deren Fleisch dann von der Stammesgemeinschaft verzehrt wurde. Dieses gemeinsame Opfermahl war wichtig für die Aufrechterhaltung und Erneuerung des friedlichen Zusammenlebens der Stammesgemeinschaft. Diesem Ritual wohnt zwar noch kein eigentliches Bewußtsein des Verhältnisses zwischen Individuum und Gemeinschaft inne, aber durch das gemeinsame Opfermahl entsteht der Glaube an eine Blutsverwandtschaft von Gott und Mensch und damit, aus dem Gefühl der Zusammengehörigkeit, das Bewußtsein von Einheit. Schon sehr früh wird das sittliche Verhalten als Vollzug des göttlichen Gebotes verstanden. Der Gott verspricht der Gemeinschaft „fruchtbares Land und zahlreiche Nachkommenschaft", verspricht, „die Feinde zu vernichten und Krankheit zu beseitigen", will sagen, er verheißt Wohlstand und Befreiung von Sorgen. Als Gegenleistung verlangt er jedoch, daß die Menschen seine hygienischen und moralischen Gebote beobachten. Mit anderen Worten: Leben in der Wüste wird erst dadurch möglich, daß der Stamm sich seiner Einheit bewußt wird, und dieses Bewußtsein wiederum erwächst aus der Anerkennung des göttlichen Gebotes. Es stellt für den Menschen der Wüste also etwas „Not-Wendendes" dar, die Stammesgottheit wird eine Notwendigkeit.

Für jede primitive Religion, nicht nur für die Wüstenreligion, gilt, daß die Einheit des Stammes als Gottheit und durch eine Gottheit erfahren wird. Nun kann man das Stammeswesen nicht einfach nur primitiv nennen; es ist eine Lebensweise, die in der Wüste von besonderer Bedeutung ist. Der Glaube an den Stammesgott ist geprägt durch die Notwendigkeiten des Wüstenlebens. Die besonderen Bedingungen in der Wüste führten dazu, daß die Stammesgottheit personale Züge erhielt. Dieser Gott ist *die Bewußtwerdung der Einheit der Stammesangehörigen in ihrem Kampf gegen die Natur.* Eine Vergöttlichung der Natur ist hier nicht zu finden, vielmehr ist die Natur Gott *untergeordnet.* Ganz anders die Götter Griechenlands: Sie sind die *Vergöttlichung der äußeren Natur* (Zeus, Poseidon) bzw. der *inneren Natur* (Aphrodite, Apollon). Gottheiten, welche die Einheit des Stammes repräsentierten, waren bereits in der Zeit der Mythenbildung zum „Heros" herabgesunken. Auch die Gottheiten der Mysterienreligionen, wie Mithras oder Osiris, waren Vergöttlichungen von Naturkräften und nicht Ausdruck menschlichen Gemeinschaftsgeistes. Die Gegenden, in denen solche Gottheiten verehrt werden, sind mehr oder weniger von der Natur gesegnet. In der Wüste aber bedeutet Natur nicht Leben, sondern Tod; Leben gibt es nur auf seiten des Menschen. Folglich muß die Gottheit hier personale Züge tragen.

Wie aber konnte aus Jahve, einem Stammesgott, der alleinige, personale Gott werden? Die Überlieferung berichtet von den Werken Mose: Jahve wirkt durch Moses und macht damit Israel zum Führer aller Stämme. Wenn „Israel", wie ein Gelehrter behauptet, jedoch nicht der Name für einen Stamm, sondern für ein Stammesbündnis war, das heißt, wenn „Israel" für ein militärisches und religiöses Bündnis stand, dessen Schutzgottheit Jahve war (M. Weber, Religionssoziologie III, S. 90 ff.), dann hatte Jahve, als diese Überlieferung entstand, die Stämme bereits geeint. Dies ist kein Einzelfall. Die personhafte Gottheit, die das Bewußtsein des Menschen am stärksten besetzt, verleibte sich verwandte Götter anderer Stämme ein. So wurde der Gott eines Stammes, Jahve, zum *Gott aller Wüstenstämme*. In den Erfahrungen von Unglück und Not, von denen das Volk heimgesucht wurde, und durch den glühenden Glauben der Propheten nahm dieser Gott immer deutlichere Gestalt an. Als solcher wurde er durch einen griechischen Vermittler weit über die Wüste hinaus in die Welt des Nichtwüstenmenschen hineingetragen, und so wurde der Gott Jahve zum *Gott des Menschen schlechthin*. Dabei war es nicht mehr von Belang, unter welchen Bedingungen die Menschen lebten, die diesen Gott verehrten, und daß es sich bei Jahve um einen Gott der Wüste handelte. Europa hörte auf, derartige Fragen zu stellen und glaubte, endlich den Gott gefunden zu haben, den es gesucht hatte. Durch Jesus Christus verstand es diesen Gott allerdings nun als Gott der Liebe. Aber Gott als „Person" konnte nur dem Menschen der Wüste begegnen.

Mohammed war es, der am eindrücklichsten gezeigt hat, wie sehr dieser personale Gott der Wüste gehört. Indem er sich gegen den im damaligen Arabien herrschenden Götzenkult stellte, kämpfte er für eine Rückkehr zum Glauben an den „Gott Abrahams". Die von ihm ausgerufene Revolution richtete sich jedoch nicht gegen das Stammeswesen seiner Zeit (Goldzieher, Die Religion des Islams, Kultur der Gegenwart I, III, 1), denn der Wüstenbewohner konnte der Bedrohung durch die Natur nur innerhalb der Solidargemeinschaft des Stammes begegnen. „Gehorsam" gegenüber dem Stamm als ganzem war wie eh und je grundlegend für das Leben in der Wüste. Mohammed gelang es, diesen personalen Gott wieder zum einenden Symbol für die Stammesgemeinschaft zu machen, denn Gehorsam dem Stamm gegenüber, so sagte er, sei *islam* (Gehorsam) Gott gegenüber. Wie einst Moses gelang es ihm, den eigenen Stamm zum Gehorsam gegenüber Gott zu verpflichten, und mit dieser Macht im Rücken begann er den Kampf gegen andere Stämme. Es war ein religiöser Verfolgungskampf, den er freilich nicht als einzelner, sondern in Form herkömmlicher Stammesfehden kämpfte. Er siegte, und mit der Eroberung anderer Stämme durch den *islam* zu Gott gelang ihm die Einung des arabischen Volkes. Daraufhin überschritten die gehorsam-kämpferischen Araber sehr rasch die Grenzen der Wüste und unterwarfen sich den größten Teil der damals zivilisierten Welt. So kann man sagen, daß im Islam der „Gott Abrahams" unter den beiden Charakteristika, die typisch sind für die Wüste – Gehorsam und Kampfgeist –, deutliche Gestalt angenommen hat.

Oben habe ich versucht, die Wesensstruktur des Wüstenmenschen aufzuzeigen. Das hervorstechendste Merkmal der Wüste ist Trockenheit. Diese führt einmal zu einem antagonistischen Verhältnis von Mensch und Welt, zum anderen erfordert sie die absolute Unterordnung des einzelnen unter die Stammesgemeinschaft. In einem Vergleich mit dem Menschentypus des alten Ägypten werden diese Merkmale noch deutlicher.

Das ägyptische Klima hat einen eigenartigen Doppelcharakter: Es ist trocken und feucht. Selten einmal fällt Regen. Die Niederschlagsmenge in Kairo soll ein Siebzigstel der Japans betragen. Folglich ist die Luft außerordentlich trocken. So ist es nur natürlich, daß das schmale, von Wüste umgebene Niltal – das Mündungsgebiet ist nicht breiter als 30 km, die breiteste Stelle am Oberlauf etwa 8 km – dem Trockenheitsmuster der Wüste unterworfen ist. Und doch wird das Tal von dem aus Zentralafrika kommenden Fluß reichlich mit Feuchtigkeit versorgt. Auf den Feldern gedeihen vielerlei Sorten Getreide und Gemüse, dazwischen wachsen üppige tropische Bäume. Das Grün in diesem fruchtbaren Tal ähnelt dem im Fernen Osten und in der Südsee. Es war keine Übertreibung, wenn im Altertum dieses Land als das fruchtbarste der Welt gepriesen wurde.

Beim ägyptischen Klima kann man von „Nässe ohne Regen", von einer „trockenen Feuchtigkeit" sprechen. Daraus ergibt sich, daß der Charakter des altägyptischen Menschen einmal durch den Widerstand gegen die Wüste, zum anderen aber durch die Zuneigung zum Fluß geprägt war. In ihrem Widerstand gegen die Wüste entsprachen diese Menschen wohl dem Typus des Wüstenbewohners; in ihrer Hingabe an die Natur jedoch unterschieden sie sich restlos von ihm. Der Nil nimmt für den Ägypter die Stelle ein, welche die Einheit des Stammes für den Menschen der Wüste hat. Selbst in unseren Tagen, wo man am Oberlauf des Flusses die Wassermenge durch künstliche Dämme reguliert, hat ein Absinken des Wasserspiegels um 1½ m unter den normalen Wasserstand schon verheerende Folgen für das Deltagebiet. Die Menschen des alten Ägypten, die noch nicht regulierend in den Flußlauf eingriffen, waren in noch viel stärkerem Maße dem Nil ausgeliefert. Die altägyptische Kultur entwickelte sich aufgrund dieses Ausgeliefertseins, das heißt, sie beruhte auf einer passiv-kontemplativen Haltung der Natur gegenüber. So zeigt der Ägypter sich nach außen hin kämpferisch und willensbetont, ist aber in seinem Alltagsempfinden eher kontemplativ und gefühlsbezogen. Man stößt hier auf eine intellektuelle Entwicklung und auf eine Verfeinerung des ästhetischen Empfindens, wie sie sonst in der Wüste kaum anzutreffen sind. Ein von zärtlichem Gefühlsreichtum getragener Glaube an die Unsterblichkeit, das liebevolle Verlangen nach dem ewigen Leben bewegte diese Menschen, was sich nicht zuletzt in der durchaus nüchtern gehandhabten Kunst des Einbalsamierens zeigte. An der liebevollen Darstellung des Prinzen Rehotep und seiner Gemahlin Nophret z. B. sehen wir, wie der zärtliche Wunsch nach ewigwährender Liebe und die präzise, lebensnahe Erfassung der menschlichen Gestalt und ihrer charakteristischen Eigenschaften Hand in Hand gehen. Diese Verschmelzung von zartem Empfinden und kluger Einsicht in die Wirklichkeit, die den Menschen des alten Ägypten auszeichnet, läßt sich wohl erst richtig von seiner innigen Zuwendung zu dem segenspendenden Fluß her verstehen. Genau diese Züge fehlen dem Wüstenmenschen.

O. Spengler sagt, „die Natur“ sei „ein Erlebnis, das durch und durch mit persönlichem Gefühl gesättigt ist“ (Untergang des Abendlandes I, S. 234). Deshalb gebe es keine allgemeine Natur, lediglich eine spezifisch griechische, arabische oder germanische. Damit möchte er den Raum als grundlegend für die Kultur verstanden wissen. Doch es gelingt ihm nicht, Raum als Seinsweise des Menschen, als Lebensklima zu verstehen. So versucht er, den faustischen Geist Westeuropas wie den magischen Geist Arabiens zu erklären, indem er von einem „von allen Dingen abgezogenen Weltraum“ spricht, einem Abstraktum, fern jeglicher Konkretheit. Und damit entgeht ihm die grundlegende Verschiedenheit zwischen arabischer und germanischer Natur.

Eduard Meyer dagegen gelang eine konkretere Charakterisierung des Wüstenvolkes: Erstens zeichne es sich durch Nüchternheit des Denkens, durch scharfe Beobachtungsgabe und ein mit einem berechnenden, aufs Praktische gerichteten Verstand gepaartes Urteilsvermögen aus. Diese Eigenschaften ließen keine intellektuelle Schau oder gefühlige Träumerei zu, denn in der Wüste würden Kontemplation und Passivität den Untergang bedeuten. An zweiter Stelle hebt er die große Willensstärke hervor: Der Wüstenbewohner schrecke im Notfall vor nichts zurück; rücksichtslos und oft grausam ziehe er die nötigen Konsequenzen. Darauf beruhe auch sein Erfolg als Kaufmann. Drittens zeichne er sich durch eine starke moralische Gesinnung aus, wie sie in der Aufopferungsbereitschaft für die Stammesgemeinschaft zutage trete. Diese Haltung sei zugleich auch die Quelle seines Ehrgefühls. So zeige sich der Mensch der Wüste immer wieder als kühner Idealist, als Prophet, Mohammed, als islamischer Held. Doch auch diesen Idealisten fehlten die zwei zuerst genannten Eigenschaften nicht. Viertens weist Meyer auf die Trockenheit des Gefühlslebens hin: Dem Wüstenbewohner mangele es an Innigkeit und Herzenswärme. Somit werde die Einbildungskraft kaum schöpferisch: Das literarische Schaffen sei unerheblich, die bildenden Künste und die Philosophie, die ja ebenfalls der Phantasie bedürften, seien kaum erwähnenswert.

Diese Eigenschaften könnte man zusammenfassend als *willensbetonten Realismus* bezeichnen, als Gegenteil von „kontemplativ und emotional". Sie sind nichts anderes als das, was die Wüste, die ja zugleich Lebens- und Seinsweise des Wüstenmenschen ist, uns zu verstehen gibt. Wir verstehen sie allerdings nicht als „Charakter des Volkes, das in der Wüste lebt". Konkret gesprochen: Man kann dieses Volk nicht isoliert von der Wüste betrachten, so wenig wie die Wüste als bloße Natur, als existiere sie getrennt vom Menschen. Der dortige Mensch ist durch die Wüste entstanden; die Wüste ist seine geschichtlich-gesellschaftliche Wirklichkeit. Was Charakter oder Eigenschaft eines Volkes genannt wird, ist nichts anderes als *eine bestimmte geschichtlich und klimatisch bedingte Seinsweise.*

Verfaßt 1928, überarbeitet 1929.

3. Das Wiesenklima

I

Das Wort „Wiese" bzw. "meadow" ist mit *makiba* ins Japanische übersetzt worden, doch entspricht es diesen beiden Wörtern nicht. *Maki* bedeutet ursprünglich „Viehkoppel". „Wiese" dagegen ist ein Stück Land, auf dem Weidegras wächst, eher vergleichbar mit dem japanischen *kusahara,* Grasland, das allerdings nicht, wie das Wort

„Wiese", die Konnotation zu Weideland besitzt. Ein japanisches Wort für „Wiese" gibt es also nicht. Zu Beginn der Meiji-Zeit ging man dazu über, „Wiese" mit *makiba* zu übersetzen, wohl weil hier die Konnotation zu Kühen und Pferden gegeben ist. Ich folge diesem Gebrauch des Wortes.

Daß im Japanischen kein Wort für „Wiese" existiert, zeigt, daß es in Japan nichts gibt, was einer Wiese entspräche. *Kusahara* (Grasland) hat keinerlei Nutzwert, es ist Ödland; eine Wiese hingegen ist eine Art Acker. Auf einem Acker wachsen Nahrungsmittel für den Menschen, auf der Wiese welche für Tiere, allerdings mit dem Unterschied, daß auf dem Acker etwas angebaut wird und auf der Wiese nicht. Beiden gemeinsam ist, daß sie vom Menschen kultiviert werden und Nahrung liefern. Zwar gibt es natürliche und künstlich angelegte Wiesen, aber beide können, wenn es erforderlich ist, in Ackerland verwandelt werden. Die künstliche Wiese stellt normalerweise einen Teil der Fruchtfolge dar, so wie in Japan das Weizenfeld in einem bestimmten Jahr zu einem Rengefeld (Renge: Klee, Astragalus sinicus) wird. Ein Japaner würde sich unter einer Wiese wohl am ehesten ein großes Rengefeld vorstellen. Auf einer Wiese wachsen allerdings viele verschiedene Grassorten, auf einem Rengefeld nur eine einzige. Bei der Wiese gesellt sich dem Klee noch eine bunte Mischung aus anderen Gräsern hinzu, die den japanischen „Wintergräsern" ähneln. Es gibt ungefähr zehn bis zwanzig verschiedene Arten, und alle sind sie so weich, daß man sich nackt auf ihnen ausstrecken könnte. Das deutsche Wort „Wiesenteppich" ist also keineswegs ein übertriebener Ausdruck. Wiesengras unterscheidet sich ganz und gar von japanischem „Rasen".

Diese „grüne Wiese" ist gemeint, wenn ich im Japanischen das Wort *makiba* verwende, um damit die Eigentümlichkeit des europäischen Klimas zu erklären. Auf den ersten Blick mag es unangemessen und vielleicht sogar ein wenig sentimental erscheinen, wenn man Europa – die Wiege der modernen Industrialisierung – durch seine grünen Wiesen charakterisiert. Aber selbst die nüchterne, kalte Industrie mit Eisen, Kohle und Maschinen ist meines Erachtens nichts anderes als eine kontinuierliche Entwicklung der grünen Wiese. Anders gesagt: Auch die Fabrik ist ihrem Ursprung nach „wiesenhaft". Wir wollen hier zu klären versuchen, inwieweit der Europäer und seine Kultur „wiesenhaft" sind.

Professor Otsuki von der Landwirtschaftlichen Fakultät der Universität Kyoto war es, der durch eine beiläufige Bemerkung diese Überlegungen veranlaßte. Wir machten eine gemeinsame Schiffsreise nach Europa und waren von der Monsunzone über die Wüste ins Mittelmeer gelangt. Der Süden Kretas lag hinter uns und dann tauchte eines

Morgens die Südspitze Italiens vor uns auf. Das erste, was mich beeindruckte, war das Grün, ein Grün besonderer Art, wie es uns weder in Indien noch in Ägypten je begegnet war. Wir näherten uns Europa Ende März, der Jahreszeit des zu Ende gehenden „sizilianischen Frühlings“. Die üppigen Kornfelder und ausgedehnten Wiesen waren unsäglich schön. Was uns jedoch am meisten in Erstaunen versetzte, war die Tatsache, daß selbst auf halber Höhe des schroffen Kalksteingebirges (eines Ausläufers der Magna-Graecia-Kette) noch ebenso grüne Wiesen wie in der Ebene zu sehen waren. Selbst in großer Höhe konnten dort zwischen den Felsen noch Schafe weiden. Das war für mich ein vollkommen neuer und fremdartiger Anblick. Und dann sagte Professor Otsuki etwas Verblüffendes: „In Europa gibt es kein Unkraut.“ Für mich war dies fast wie eine Offenbarung; und erst in diesem Augenblick begann ich zu begreifen, was das Besondere am europäischen Klima ist.

II

Wenn man von Japan aus zu einer Reise aufbricht und sich mit der Sonne von Osten nach Westen bewegt, macht man zunächst Bekanntschaft mit der intensiven „Feuchtigkeit“ der Monsunregionen, dann mit deren krassem Gegenteil, nämlich der Trockenheit der Wüste. Noch weiter westlich, in Europa schließlich, begegnet einem ein Klima, das weder feucht noch trocken ist; nein – richtiger gesagt – man erfährt hier Feuchtigkeit und Trockenheit zugleich. Der Niederschlagstatistik zufolge beträgt die Regenmenge Arabiens nur einen Bruchteil der Japans, die Europas schwankt zwischen einem Siebentel und einem Drittel der japanischen. Für mich ist dies die Synthese von Feuchtigkeit und Trockenheit.

Diese „Dialektik“ ist selbstverständlich nicht eine Dialektik der geschichtlichen Entwicklung; zunächst stellt sie lediglich die Dialektik einer Reiseerfahrung dar. Feuchtigkeit in der Monsunzone ist jedoch ein Erfahrungswert, der sich in einem bestimmten kulturellen Muster äußert. In der nämlichen Weise ist Trockenheit eine Erfahrung des Wüstenbewohners und kommt im kulturellen Muster der Wüstengebiete zum Ausdruck. Unabhängig davon, ob diese unterschiedlichen kulturellen Muster sich in der Geschichte wechselseitig beeinflußt haben oder nicht, im Hinblick auf die klimatisch bedingten Gegensätze sind sie das verbindende Moment im Gefüge der Weltkultur. Angesichts des strukturellen Zusammenhanges der Weltkultur könnte man in diesem Sinne vielleicht doch von einem dialektischen Verhältnis zwischen

Feuchtigkeit und Trockenheit und von der Synthese beider sprechen. Und so mag es wohl erlaubt sein, die kulturgeschichtlichen Phänomene von einem solchen Standpunkt aus zu interpretieren. Als z. B. das jüdisch geprägte paulinische Christentum sich in Europa ausbreitete, wurde der wüstenhaft-trockene Charakter des Judentums weitgehend abgelehnt, das sittlich-moralische Pathos der Propheten hingegen wurde zu einem integralen Bestandteil des Christentums. Andererseits wurde der Feuchtigkeitscharakter, den die Wüste nicht kennt, für das europäische Christentum bestimmend und verlieh dieser Religion der Liebe so große Sanftheit. Fast könnte man meinen, die Verehrung der Jungfrau Maria gehöre eher dem monsunhaften als dem wüstenhaften Muster zu. Dieses Charakteristikum, die Synthese von Feuchtigkeit und Trockenheit, läßt sich nicht ausschließlich als eine geschichtliche Entwicklung erklären. Man könnte zwar sagen, sie liege im europäischen Menschen selbst begründet, aber wenn wir von einem europäischen Charakter sprechen, dann tun wir dies bereits im Hinblick auf das Klima.

Das Klima Europas läßt sich also als eine Synthese von Feuchtigkeit und Trockenheit definieren. Anders als in den Monsungebieten kommt hier die Feuchtigkeit jedoch nicht durch intensive Sonneneinstrahlung zustande. Hier bringt der Sommer Wärme und Trockenheit, die freilich nicht zu vergleichen sind mit der sengenden Dürre der Wüste, und der Winter bringt Kälte und Feuchtigkeit. Trotz der beträchtlichen Verschiedenheit zwischen Nord- und Südeuropa gilt dies für ganz Europa. Der Unterschied (bei einer zugrundeliegenden Einheitlichkeit) zeigt sich in Schwäche oder Stärke des Sonnenlichts und in der Anzahl heller oder dunkler Tage. Obwohl die Regenmenge in allen Teilen Europas annähernd gleich ist, ist im Süden der sonnenreiche Sommer erheblich trockener und der Winter feuchter als im Norden. Während sich im Süden der Winter durch einen klaren Himmel auszeichnet, ist der winterliche Himmel im Norden fast ständig bewölkt. Dies ist einer der Anhaltspunkte, um das europäische Klima in ein nördliches und ein südliches unterteilen zu können. Da Europa, kulturgeschichtlich gesehen, im Süden seinen Anfang nahm, wollen wir uns bei unseren Betrachtungen zuerst dem südeuropäischen Klima zuwenden.

III

Der Süden Europas wird vom Mittelmeer beherrscht. Wie der Name sagt, ist es kein Meer, das einen Kontinent oder, wie im Falle Japans, ein Land umschließt, sondern es ist das einzige Meer auf der Erde, das eingebettet liegt zwischen drei Kontinenten. Nicht nur weil es Schauplatz der Kulturgeschichte war, ist es einzigartig, auch als Meer unterscheidet es sich von allen anderen Meeren. Da es nicht durch den Atlantischen Ozean beeinflußt wird, liegen seine Wassertemperaturen sehr hoch; selbst an den tiefsten Stellen sollen sie noch 12–13 °C betragen. Der Gezeitenunterschied ist minimal: Auch bei Hochwasser, also bei Neu- oder Vollmond, beträgt er in der Regel 0,3 m. In Venedig, das den größten Gezeitenunterschied hat, soll dieser sich im Höchstfall auf 1 m belaufen. Der Grund für diese minimalen Schwankungen liegt wohl darin, daß die Straße von Gibraltar zu eng ist, als daß eine starke Strömung entstehen könnte. Dem Ozean, der westlich vom Mittelmeer liegt, ist der Einlaß versperrt. Auch gelangt nur wenig Regenwasser ins Mittelmeer, nur wenige Flüsse münden hier – zu wenige, um das verdunstende Meerwasser ersetzen zu können. Auch dies zählt zu den Faktoren, die dem Mittelmeer seinen besonderen Charakter verleihen.

Weder im März noch im Mai noch im Dezember habe ich das Mittelmeer so erlebt, daß es meiner Erfahrung von einem Meer entspräche. Man mag einwenden, dies sei ein recht subjektiver Eindruck, für mich war er jedoch sehr nachhaltig. Einmal fuhr ich von Marseille über Nizza und Monaco nach Genua. Die Reise dauerte etwa 14 Tage, von Mitte Dezember bis Anfang Januar. Mitten im Winter war es hier an der Riviera so warm, daß ich mich an den Süden Japans erinnert fühlte. Hier und da stieß ich auf Bambusgebüsch und andere tropische Pflanzen, die offensichtlich aus dem Fernen Osten stammten. Tagsüber war es so warm, daß man ohne Mantel spazierengehen konnte und fast ins Schwitzen geriet. Und doch herrschte an dieser südlichen Küste eine ganz andere Stimmung als an den Küsten Südjapans, und daran war nicht so sehr die zementierte, auf Pfeilern ruhende Straße schuld. Neben der Strandpromenade verlief ein makelloser, weißer Sandstrand. Dieser in weite Ferne sich erstreckende Strand berührte mich seltsam: Auch im Süden Japans sind die Strände im Winter sehr sauber, aber sie machen den Eindruck, als wären sie „nasser". Auch der Wind war anders, viel trockener und geruchloser, als man von einem Seewind erwarten würde. Auch in Japan ist der Geruch des Meeres im Winter nicht so stark wie im Sommer, aber immer noch nachhaltiger als hier. Mich mutete dieses Meer, „das einem nicht das Gefühl von Meer vermittelt", so merkwürdig an, daß ich mich sofort daran machte, das klare, durchsichtige Wasser zu untersuchen. Weder der Meeresboden noch die Felsen auf dem Grund des Wassers zeigten Spuren von Pflanzen- oder Muschelbewuchs. Das soll nun nicht heißen, daß es dergleichen hier nicht gebe, nur muß ich gestehen, daß ich nichts davon gesehen habe. Die Farbe des klaren Wassers, die wohl von dem Mangel an Lebewesen herrührt, ist mir unvergeßlich. Sie war so intensiv, als hätte man das Wasser chemisch gefärbt. Die Farbe des Meerwassers im Süden Japans ist unendlich viel gemischter und differenzierter. Im Winter ernten die Taucherinnen dort Seetang und Kreiselmuscheln von den Felsen, und selbst mitten in der Großstadt verspürt man beim Genuß von Winterseetang oder gedünsteten Kreiselmuscheln den intensiven Duft des Meeres. Mit unserer Vorstellung von einem Meer hat das Mittelmeer überhaupt nichts zu tun, denn es ist ein Meer, in dem es kaum Meerespflanzen und Muscheln gibt. Soweit ich mich erinnern kann, habe ich auch keine Fischerboote gesehen. Stets war das Meer ruhig und doch war nicht ein einziges Segel zu sehen – es war einfach leer. Wer japanische Fischerhäfen mit ihren Fischmärkten kennt, die mutigen Fischer, die im Winter auf Thunfisch- und Gelbschwanzfang gehen, dem erscheint das Mittelmeer wie tot.

Als ich ein paar Tage ziellos an der italienischen Küste entlangfuhr, machte ich dieselbe Erfahrung. Auf der Küstenstraße nach Amalfi machte ich Halt und blickte aufs Meer hinunter; auch hier weder Seetang noch Muscheln, noch ein einziges Fischerboot. Nicht anders bei meiner Fahrt um Sizilien: Weder an den östlichen, südlichen oder nördlichen Stränden Fischerboote, Seetang oder Muscheln. In Japan erkennt man auf den ersten Blick, ob ein Stein gerade erst ins Wasser gefallen ist oder ob er schon länger darin liegt. An den Küsten Siziliens hingegen sind die vom Meer umspülten Felsen so glatt und unbewachsen, als wären sie gerade eben erst ins Wasser gelangt. Dies wäre in Japan noch nicht einmal in einem Süßwassersee möglich.

Allmählich begann ich zu verstehen, was „Mittelmeer“ war! Ja, es handelte sich um ein Meer, aber welch ein Unterschied zu demjenigen, durch das vom Äquator aus die sogenannte „Schwarze Strömung“ in nördliche Richtung nach Japan fließt. Verglichen mit dem Meer der „Schwarzen Strömung“, das von der Mikrobe bis zum Walfisch einen unendlichen Reichtum an Lebewesen enthält, ist das Mittelmeer mager. Nicht zufällig also war es mir so öde und leer vorgekommen. Man könnte es als eine „Meereswüste“ bezeichnen, denn die Ernte an Meeresfrüchten ist ausgesprochen karg. So ist es auch nur natürlich, daß sich weder der Fischfang noch das Fisch- oder Seetangessen hier sonderlich entwickelt haben. Die Fischgerichte in Marseille oder Venedig sind für einen Reisenden allerdings sehr beeindruckend, aber man sollte dabei nicht vergessen, daß diese beiden eine große Ausnahme unter den Küstenstädten darstellen. Zwei Flüsse gibt es, die diesen Namen verdienen, die vom europäischen Kontinent aus ins Mittelmeer münden: die Rhône bei Marseille und der Po bei Venedig. Nur im Bereich dieser beiden Flußmündungen ist so etwas wie lohnender Fischfang möglich. Damit ist wohl auch erklärt, weshalb die Griechen, die doch so vertraut mit dem Meer waren, sich hauptsächlich von Fleisch ernährten. Wie anders ist da das Meer um die japanischen Inseln: Neben der „Schwarzen Strömung" wird es durch unzählige Flüsse gespeist, die das Meeresgetier reichlich mit Nahrung versorgen. Es kommt also nicht von ungefähr, daß die japanischen Gewässer wie ein großes „Fischbett" sind und zu den fischreichsten überhaupt zählen. Es gibt in Japan so viele Fischer und Fischerboote wie in der übrigen Welt insgesamt. Von daher wird verständlich, daß bei dem Angebot an Fisch und Seetang Fleisch stets ein entbehrliches Nahrungsmittel war.

So läßt sich folgendes sagen: Seit jeher hat das Mittelmeer als Verkehrsstraße gedient; dies war sein einziges Geschenk an Europa. Die Redewendung „Berge trennen, Meere verbinden" ist in der Tat zutreffend, jedenfalls im Falle des Mittelmeeres. Dagegen hatten Japans Meere nie die Funktion von Verkehrswegen, sondern waren in erster Linie Nahrungsspeicher und bis in neuere Zeit dienten sie eher der Abriegelung eines Inselreiches von einem Kontinent. Die japanischen Vorstellungen von einem Meer treffen deshalb auf das Mittelmeer, das ja vor allem ein Schauplatz der Geschichte war, nicht zu. Bereits der ›Odyssee‹ können wir entnehmen, daß man in der Antike über äußerst genaue navigatorische Kenntnisse des Mittelmeeres verfügte, denn es war ja stets leicht und bequem befahrbar: Es hat viele Inseln und Häfen; kein Nebel behindert die Sicht; etwa sieben Monate lang herrscht gutes Wetter, so daß Richtung und Position mühelos nach den Sternen zu bestimmen sind. Die Windrichtungen sind vorhersagbar und unterliegen festen Regeln. Für ein Volk von Seefahrern ist das Mittelmeer beinahe wie ein Kinderspielplatz. Für die Griechen, die in Italien, in Südfrankreich bis hin nach Spanien Kolonien errichteten (denn überall dort herrscht ein dem griechischen ähnliches Klima), war das Mittelmeer der Weg, der Kommunikationsweg schlechthin. Auch die heftigen Auseinandersetzungen zwischen Rom und Karthago hätten wohl nicht stattgefunden, wenn dieses Meer noch einem anderen Zweck gedient hätte.

Diese Funktion steht in engem Zusammenhang mit seiner „ausgedörrten", unfruchtbaren Beschaffenheit. Wäre das Mittelmeer ein „feuchtes" Meer wie der Pazifik, der einer so großen Vielzahl an Lebewesen Nahrung bietet, dann hätten die Bewohner seiner Küsten sicher auch nicht immer wieder und gerne ihren Wohnsitz verlegt. In seiner Sterilität konnte es nicht in so ausreichendem Maße Nahrung für Meerespflanzen und Meeresgetier produzieren, daß auch seine Küsten und Inselstrände fruchtbar geworden wären. Die kleinen Inseln in der Bucht von Marseille bestehen aus nacktem, rotbraunem Fels wie die Gebirgsschroffen in Aden. Die Küstenberge sehen nicht viel anders aus: Während in den niedrig gelegenen Teilen der Riviera tropische Pflanzen wachsen, bestehen die jäh dahinter aufragenden Berge aus ödem Felsgestein, wie man es in Japan nie zu sehen bekommt. Die Küstengebirge Italiens sind viel kahler und spärlicher bewachsen als die Berge im Landesinneren; die letzten 300–400 m vor dem Gipfel sind stets nackter Felsen. So bleibt den Küstenstädten nichts weiter übrig, als Handel zu treiben. Anders gesagt: Der einzige Vorteil, den diese Küstengebiete vom Meer haben, ist der, daß sie an der „Hauptverkehrsstraße“ liegen. Über diesem Meer, das im Süden von der Sahara und im Osten von der arabischen Wüste begrenzt wird, verdunstet nicht einmal genügend Wasser, um die Luft anzufeuchten. Da der vom Atlantik kommenden Feuchtigkeit durch vorgelagerte Gebirge wie die Pyrenäen, die Alpen, der Atlas in der heißen Jahreszeit, wenn die Wasserverdunstung am höchsten ist, der Weg versperrt ist, wird die über dem Mittelmeer entstehende Feuchtigkeit durch die trockene Wüstenluft neutralisiert. Deshalb ist die heiße Jahreszeit in dieser Region auch die trockene: Das Mittelmeer vermag dem sonnendurchglühten Land keinen Regen zu schenken.

IV

Sommerliche Trockenheit – damit begegnen wir dem „Wiesenhaften“. Daß in Europa keine „Unkräuter“ wachsen, besagt nichts anderes, als daß der Sommer hier die trockene Jahreszeit ist. „Unkraut“ nennt man Pflanzen, die nicht als Nahrung für Tiere zu gebrauchen sind, jedoch schnell wachsen und sich ausbreiten und das Weidegras ersticken. In Japan heißen diese Pflanzen „Sommergräser“. Wie ihr Name besagt, sind Hitze und Feuchtigkeit Bedingung für ihr Wachstum. Im Mai schießen sie an Straßenrändern, auf Dämmen, öden Plätzen und in trockenen Flußbetten hervor; getränkt vom „Pflaumenregen“ im Juni, werden sie im Laufe des Juli rasch meterhoch. Sie sind zäh und hartnäckig, so daß sie selbst auf militärischem Übungsgelände Wurzeln schlagen. Auch vor Feldern und bebautem Gelände machen sie nicht halt; wenn solches Gelände ein oder zwei Jahre vernachlässigt wird, breiten sie sich sofort aus und verwandeln es in eine Art Wildnis. Es ist die Verbindung von Hitze und Feuchtigkeit – des „Pflaumenregens“ mit dem darauf folgenden Sonnenschein –, die diesen Pflanzen eine so zähe Lebenskraft verleiht. Dem trockenen europäischen Sommer fehlt jedoch gerade jene Feuchtigkeit, die für das Wachstum solcher Gräser unentbehrlich ist, und folglich können sie in Europa nicht gedeihen.

Es ist geradezu verblüffend, daß in einem so sonnigen Land wie Italien keine Sommergräser wachsen. Als Beispiel mögen die Maremmen dienen. Im engeren Sinne ist „Maremma“ die Bezeichnung für die Küstengegend zwischen Pisa und Rom, im weiteren Sinne jedoch für die gesamte sumpfige Küstengegend, die nördlich von Pisa beginnt und sich bis kurz vor Neapel erstreckt. Dazu gehören so bekannte Landschaften wie die Campagna vor den Toren Roms und die Paludinischen und Pontinischen Sümpfe südöstlich von Rom. Schon zur Zeit der Römer waren diese Gegenden im Sommer berüchtigt wegen der hier auftretenden Malaria. Deshalb zogen sich die Menschen auf die Hügel zurück und mieden die niedriger gelegenen Regionen. In Japan wäre solch unbewohntes Land sofort verwildert. In Italien jedoch sind weder die Ebenen noch das Sumpf- und Hügelland je von Unkraut überwuchert worden. Damit ist nicht gesagt, daß solche Pflanzen hier nicht wüchsen, aber sie kommen nur vereinzelt vor, sind zart und schwächlich und keinesfalls stark genug, das feine „Wintergras“ zu ersticken. Sie wachsen jedenfalls nicht so üppig, daß sie den Wiesencharakter dieser Gegend zerstören würden. Von Oktober bis April oder Mai kann auch dieses Land als Schafweide dienen. Hier ist also selbst das Brachland noch „Wiese“.

Da die sommerliche Trockenheit keine „Sommergräser“ zuläßt, besteht das Grasvorkommen hauptsächlich aus Winter- und Weidegras. Es bedeckt im Sommer die Felder Europas, ausgenommen die des Mittelmeerraums. In Südfrankreich und Italien vergilbt Ende Mai das Gras, die Hügel und Felder nehmen eine gelb-bräunliche Farbe an und leuchten nicht mehr grün. Zwar schimmert von den Hügeln das silbrige Grün der Olivenbäume und anderer kleiner Laubbäume, doch gibt es in Italien nicht eben viele Bäume, und so bestimmt die Farbe des Grases die Landschaft. Die Wiesen, gelb wie reife Kornfelder, werden erst im Oktober mit der einsetzenden Regenzeit wieder grün. Erst im Verlauf des Winters kehrt das herrliche Smaragd der Wiesen zurück. Für einen Japaner entspricht dieses Grün dem der Weizenfelder im Frühling.

Darin liegt die Bedeutung der winterlichen Feuchtigkeit angesichts der sommerlichen Trockenheit. Der Oktoberregen im Mittelmeerraum ist etwa vergleichbar mit dem japanischen „Pflaumenregen“, wenn er auch nicht so ergiebig ist, denn es regnet nur gelegentlich, wie bei uns im Frühling. Unter diesem stillen Herbstregen keimen und sprießen die Wintergräser, die nicht der feuchten Hitze bedürfen, um zu wachsen. Sie gedeihen nicht nur auf den Feldern, sondern erstaunlicherweise auch zwischen dem Felsgestein im Gebirge. Zwei dem Reisenden bekannte Beispiele seien hier genannt: der Notre-Dame-Hügel in Marseille und der Tivoli in Rom. Ihre Oberfläche besteht zu 60–70 % aus hartem Kalkstein, und in jeder kleinen Felsvertiefung sprießt jenes zarte, kurze Gras. In Japan würde man schwerlich einen Felsen finden, der von solch einem weichen Teppich bedeckt ist; wenn in den Felsschrunden etwas wächst, dann sind es Schilfgräser, kleine Kiefern oder Azaleen, aber niemals weiches Wiesengras. Das Grün, das mich so in Erstaunen versetzt hatte, als ich mich Europa näherte, war also jenes Wintergras, das zwischen dem weißen Kalkstein hervorleuchtete. Es wächst noch hoch oben auf den Bergen und selbstverständlich viel üppiger noch auf deren hügeligen Ausläufern. Nicht selten sind die Hügel von Kornfeldern und Wiesen überzogen. Die sanften Hügel im Süden Siziliens waren, so weit das Auge reichte, mit Wiesengrün bedeckt; die einzigen Bäume, nämlich Obstbäume, wuchsen in den Tälern.

Sommerliche Trockenheit und winterliche Feuchtigkeit, beide sind sie dem Wachstum von Unkraut hinderlich und lassen das ganze Land zur Wiese werden. Dies bestimmt selbstverständlich auch den Charakter der bäuerlichen Arbeit. In Japan ist der Bauer hauptsächlich mit *kusatori,* der Beseitigung von Unkraut, beschäftigt; wird er einmal nachlässig, verwildert das kultivierte Land sofort. Das Jäten, vor allem das *ta-no-kusatori,* das Beseitigen des Unkrauts auf den Reisfeldern, ist ein schier endloser Kampf gegen jene zähen und hartnäckigen Pflanzen, die in der die japanische Lebens- und Bauweise bestimmenden heißen und feuchten Jahreszeit *doyō* am üppigsten gedeihen. Diesen Kampf aufgeben hieße praktisch, die Landwirtschaft aufgeben. Ein solcher Kampf gegen das Unkraut ist in Europa einfach nicht nötig. Ist das Land einmal gerodet und kultiviert, bleibt es dem Menschen „gehorsam" und verwildert nicht bei jeder Gelegenheit wieder, wie dies in Japan der Fall ist. Im Süden Europas also kennt der Bauer das Gefühl, gegen die Natur ankämpfen zu müssen, nicht; er pflügt, sät Weizen oder Gras und wartet einfach darauf, daß sie wachsen und reifen. Er braucht die Saat auch nicht auf kleinen Erdwällen auszubringen, damit sie vor Nässe geschützt ist; er kann das Korn auf dem Acker ausstreuen wie auf einer Wiese. Zwar wachsen auch andere Gräser zwischen dem Getreide, aber sie sind schwächer als das Korn und werden von diesem erstickt. Ähnlich wie die Wiesen beanspruchen diese Getreidefelder nur wenig Arbeit. Auch aus kurzer Entfernung läßt sich kaum ein Unterschied zwischen einem Kornfeld und einer Wiese entdecken. Erst Ende April oder im Mai macht sich ein Unterschied bemerkbar. Dann nämlich wird das Getreide langsam gelb und das geschnittene Gras wird zu Heu getrocknet. Danach erst beginnt die Getreideernte. Die Arbeit des europäischen Bauern hat also nichts Defensives; er kann geruhsam sein Ziel verfolgen, indem er rein aktiv pflügt, sät und erntet.

Allerdings besteht ein ausgesprochener Gegensatz zwischen Sommer- und Winterarbeit, der verdeutlicht, in welch unterschiedlicher Weise die Grundnahrungsmittel angebaut werden. Im Mittelmeerraum besteht die Sommerarbeit in der Pflege der Oliven- und Weinkulturen, nicht im Anbau von Grundnahrungsmitteln. Hinzu kommt, daß diese Fruchtkulturen langjähriger Betreuung bedürfen; kaum je stellt sich hier ein Gefühl der Dringlichkeit ein, wie dies beim Reisanbau der Fall ist. Wenn die trockene sommerliche Jahreszeit beginnt, fangen die Rebstöcke an zu knospen und auszutreiben; der Bauer braucht lediglich zu warten, bis sie blühen und ihre Früchte reifen. Mengenmäßig soll die italienische Traubenernte fast an die Weizenernte heranreichen; der jeweilige Arbeitsaufwand dürfte indessen nicht vergleichbar sein. Hier gilt der Kampf des Bauern weniger dem Unkraut als den Insektenschädlingen. Allerdings bietet die sommerliche Trockenheit keine günstigen Vermehrungsbedingungen für Insekten. Für jemanden, der ein insektengeplagtes Land wie Japan kennt, erscheint selbst die Küstengegend am Mittelmeer arm an Insekten; ein Japaner würde sie in Italien geradezu vermissen. So ist der Kampf gegen Schädlinge im Weinberg weniger schwer als gegen die Malariamücken in den sumpfigen Ebenen. Selbst in Gegenden, wo die bis zu 40 km breite Ebene nur aus ödem Weideland besteht, sind die Abhänge der Berge, die sich aus dieser Ebene erheben, mit fruchtbaren Äckern bedeckt. Die Abhänge des Monte Albano oder des Monte Tivoli nahe Rom z. B. überziehen sich unter dem sanften Winterregen mit leuchtendem Grün; unter der Sommerhitze werden sie zu üppigen Olivenhainen und Weingärten. Die Bauern dort leben ein friedliches und geruhsames Leben und verbringen ihre Tage bei gemütlichem Schwatz und selbstangebautem süßen Wein. Die angebliche „Faulheit“ der Italiener hat zum Teil wohl ihren Grund in der Leichtigkeit der landwirtschaftlichen Arbeit. Daß die Landwirtschaft hier so leicht fällt, rührt nun einmal daher, daß die Natur dem Menschen gehorsam ist und ihm so sehr entgegenkommt.

V

In der Trockenheit des Sommers und in der Feuchtigkeit des Winters – dadurch, daß Hitze und Feuchtigkeit nicht zusammen auftreten – zeigt sich uns der *Gehorsam der Natur.* Die Witterungserscheinungen nun zeigen diesen Gehorsam der Natur noch deutlicher als die Pflanzen. Die mit Hitze einhergehende Feuchtigkeit tritt als „gewalttätige" Natur in Form von Regenfluten, Überschwemmungen und tobenden Stürmen auf. Wo Feuchtigkeit sich jedoch nicht mit Hitze verbindet, treten derart heftige Erscheinungen nur selten auf.

Die Niederschlagsmenge im Mittelmeerraum beträgt ungefähr ein Drittel oder ein Viertel der Japans. Auch ist der Regen von anderer Beschaffenheit: Es regnet im Winter, der Regen fällt sacht und gelinde, nicht wie der japanische Sommerregen, der herniederstürzt, als wollte er „die Erde hinwegwaschen". Wenn hier, wie es in Japan der Fall ist, eine ungeheure Menge Feuchtigkeit über dem warmen Ozean aufstiege und in wilden Güssen auf die Erde niederprasselte, hätten die Ackerkulturen an den Hängen Italiens nie jenen friedlichen Charakter annehmen können. Die Äcker an den Hängen Siziliens würden durch einige solcher starken Regenfälle hinweggespült, die von Erde entblößten Wurzeln der Pflanzen austrocknen und in der nachfolgenden Hitze verdorren. Auch die Krume in den Obstgärten und Weinbergen würde fortgespült. Die Fruchtbarkeit dieses Landes beruht also im wesentlichen darin, daß es hier selten so stark und anhaltend regnet wie in Japan.

Die Dämme an den Flußufern sind ein unmittelbarer Beweis dafür, daß solche Regenunwetter nur selten vorkommen. In Gegenden, wo die Gefahr besteht, daß die Flüsse nach heftigen Regenfällen plötzlich anschwellen, werden die Ufer durch hohe und starke Dämme befestigt. Dergleichen habe ich in Italien kaum gesehen. Als größter Fluß Italiens ist der Po an seinem Unterlauf selbstverständlich mit Dämmen eingefaßt. Diese Dämme jedoch erschienen mir für den in den Alpen entspringenden wasserreichsten Fluß Italiens eher schwach und kümmerlich. Häufig schnellt der Wasserstand nach der Schneeschmelze in den Alpen in die Höhe und es kommt zu Überschwemmungen. Dennoch hält man diese Dämme offensichtlich für ausreichend. Es war März, als ich eine Reise in diese Gegend unternahm. Ausnahmsweise hatte es tagelang ununterbrochen geregnet und die Überschwemmungen in der Po-Ebene waren in allen Schlagzeilen. Was ich jedoch an Ort und Stelle zu sehen bekam, war dies: Obwohl der Fluß bis auf Dammhöhe angeschwollen war, floß das Wasser so ruhig und träge dahin, daß man meinen konnte, es bewege sich überhaupt nicht. An Stellen, wo die Dämme niedriger als gewöhnlich waren, überspülte sie der Fluß und leckte in die Felder, jedoch so geräuschlos und sanft wie eine Quelle, die leise über den Brunnenrand plätschert. Auf den niedriger gelegenen Äckern und Wiesen sammelte sich zwar das Wasser, erweckte aber eher den Eindruck harmloser Regenpfützen. „Ist das wirklich eine Überschwemmung?" dachte ich bei mir. Gewiß, das unter Wasser stehende Land würde eine Zeitlang unbrauchbar sein, weil es kaum Abflußmöglichkeiten gab. Aber plötzlich kam mir dies alles wie ein Scherz vor, und ich konnte nicht umhin zu lachen. In Japan bedeutet Überschwemmung, daß tobende, wütende Wassermassen die Dämme zum Bersten bringen, sie mit sich fortreißen und sich über die Felder ergießen und sie verwüsten. Nichts von solcher Wildheit war bei dieser Überschwemmung in Italien zu beobachten. Sie war das Ergebnis lang anhaltender Regenfälle, wie es sie seit Jahrzehnten nicht mehr gegeben hatte. Wie still und ruhig mußte der Lauf des Flusses erst unter normalen Bedingungen sein!

Der Wind ist im allgemeinen sehr schwach. Gelegentlich, vor allem im Winter, soll der Scirocco, ein aus der Sahara kommender Wind, wehen: Ich habe jedoch in den über hundert Tagen meines Aufenthaltes in der Mittelmeergegend keine Bekanntschaft mit ihm gemacht. Die Form der Bäume zeigt sehr deutlich, wie sanft der Wind ist, denn sie ist so fest umrissen und regelmäßig wie bei botanischen Musterexemplaren. Besonders eindrucksvoll fand ich die kegelförmigen Pinien und die bleistiftartigen Zypressen. Man sieht jene regelmäßig gewachsenen und symmetrischen Bäume nicht etwa nur in Gärten, sondern überall auf Feldern und Hügeln. Nur die unteren Äste sind abgeschnitten, sonst zeigen sie keine Spuren der menschlichen Hand. Und doch wachsen die Äste an den geraden Stämmen regelmäßig in alle Richtungen. Für japanische Augen, die an krumme, gewundene Stämme und schiefgewachsene Äste gewöhnt sind, hat diese symmetrische Präzision etwas Künstliches. Dasselbe gilt für die schlanken, kerzengeraden Zypressen; man könnte meinen, ein Gärtner habe sie mit äußerster Sorgfalt erst dahin gebracht, daß ihre Äste sich so dicht, anmutig und regelmäßig verzweigen. Auch andere Bäume wiesen diese Regelmäßigkeit auf, wie sie in Japan nur durch die Hand des Gärtners erreicht wird. Jene Genauigkeit und Regelmäßigkeit des Zweigwerks – wie aus einem Lehrbuch der Botanik – vermittelten mir nicht nur den Eindruck der Künstlichkeit, sondern in ihrer Gesetzmäßigkeit auch den äußerster Rationalität und Logik. Als ich darüber nachdachte, erkannte ich, daß der Eindruck der Künstlichkeit bei mir wohl nur deshalb entstanden war, weil ich so sehr an die unregelmäßigen Baumformen meiner heimischen Umgebung gewöhnt war, denn in Japan kann solche Regelmäßigkeit nur künstlich herbeigeführt werden. In Europa hingegen gehen das Natürliche und das Regelmäßige Hand in Hand; Unregelmäßigkeit der Form ist etwas Unnatürliches. So könnte man sagen: In Japan gehören „künstlich" und „rational", in Europa „natürlich" und „rational" zusammen. Die symmetrische Form der Bäume, wie sie einem vom Hintergrund italienischer Renaissancegemälde her vertraut ist, vermittelt ein Gefühl der Rationalität, die für Italien natürlich ist; die gewundene und unregelmäßige Form der Kiefern der *fusumae* (Gemälde auf den Schiebetüren) aus der Momoyama-Zeit hingegen stellt eine für Japan natürliche und irrationale Einheit dar. In beiden Kunstformen wird die lebendige Natur nachgebildet, freilich in verschiedener und je eigentümlicher Weise. Diese Verschiedenheit ist auf die unterschiedliche Stärke des Windes zurückzuführen, denn wo es nur selten stürmt, ist die Form der Bäume „rational". Das heißt, *dort, wo die Natur nicht „gewalttätig" ist, manifestiert sie sich in logischen und rationalen Formen.*

Es besteht also ein enger Zusammenhang zwichen dem Gehorsam und der Rationalität der Natur. Denn wo die Natur gehorsam ist, entdeckt der Mensch bereitwillig ihre Gesetzmäßigkeit. Und wenn er sich diesen Gesetzen entsprechend verhält, gehorcht sie ihm in immer stärkerem Maße, und so dringt der Mensch wiederum immer weiter in ihre Gesetzmäßigkeiten ein. Von daher wird leicht verständlich, daß die europäische Naturwissenschaft nichts anderes als ein echtes Produkt des „Wiesenklimas" ist.

VI

Wir haben das Charakteristische des wiesenhaften Klimas als sommerliche Trockenheit verstanden. Da Feuchtigkeit und Hitze sich hier nicht miteinander verbinden, ist die Natur hell, gehorsam und rational. Das beste Beispiel hierfür ist Italien, vor allem das Italien südlich des Apennin, das „eigentliche" Italien. Dieses Italien war die Wiege des modernen Europa, Ursprung des „Europäischen". Hier machte sich der Mensch zum erstenmal die Natur untertan, machte sie zur lieblichen Wiese, und daraufhin wurden dann auch die Wälder des nördlichen Europa gerodet und zu Weideland gemacht. Anders ausgedrückt: Das Lateinische, das hier in Italien entstand, drang bis in jeden Winkel Europas; das hier kodifizierte Römische Recht wurde zum verbindlichen Rechtssystem für alle europäischen Länder.

Eigentlich aber steht diese Wiege Europas auf dem Fundament einer griechischen Erziehung. Dies geht schon daraus hervor, daß sich nur im südlichen Italien griechische Kolonien befanden. Dank einer unerklärlichen Intuition errichteten die Griechen ihre Städte nur in Gegenden griechischen Charakters. Diese griechischen Siedlungen gewannen eine immer stärkere Anziehungskraft für die Römer und beeinflußten nachhaltig deren weitere Entwicklung. Mit anderen Worten: Weil die Griechen die Mittelmeerküste nach Stellen mit griechischen Klimaverhältnissen absuchten, spielte eben dieses Klima eine besonders wichtige Rolle für das Leben an solchen Orten. Wir müssen also die Spuren des „Wiesenklimas" noch weiter zurückverfolgen, bis nach Griechenland. Wie nun ist das griechische Klima beschaffen? Die griechische Halbinsel, vor allem die ägäische Küste als Schauplatz der antiken Zivilisation, ist eine Landschaft besonderer Art. Nach Westen hin ist sie durch Gebirge abgeschirmt und im Süden durch die schmale und langgezogene Insel Kreta vom offenen Meer getrennt. Folglich ist die Trockenheit hier sehr viel ausgeprägter als in Italien: Die Niederschlagsmenge ist nur halb so groß und die Luft sehr viel klarer. Selbst im Winter – und der Winter ist hier die Regenzeit – ist der griechische Himmel klar und blau und überstrahlt von einer durchsichtig leuchtenden Sonne. Häufig wird Griechenland das „Land des Mittags" oder das „Land ohne Schatten" genannt, eben weil die Luft keine Feuchtigkeit enthält und deshalb so hell und durchsichtig ist. Die Farben der Berge, der Erde, ja, selbst der Wolken zeichnen sich klar und scharf ab und wirken nie stumpf. Das azurne Meer ist klar und durchsichtig; und nicht einmal die grünen Felder weisen irgendwelche Schattierungen auf. Italien, das doch für sein strahlendes Licht bekannt ist, kann sich in dieser Hinsicht nicht mit Griechenland messen.

Nehmen wir Attika als Beispiel. Die folgenden Zahlen vermitteln eine Vorstellung davon, wie klar und trocken das griechische Klima ist: 179 Tage im Jahr herrscht schönes, 159 Tage halbwegs schönes Wetter; bleiben nur 29 trübe und düstere Tage. Gebrauchte man die Bezeichnung „gutes Wetter" im herkömmlichen Sinn, dann hieße dies, daß es über 300 Tage schönes Wetter gibt und nur etwa 10 Tage, an denen der Himmel nicht aufreißt. Ein größerer Gegensatz zum nördlichen Europa, wo das ganze Winterhalbjahr über düsteres Wetter herrscht, ist kaum vorstellbar. Es ist kein bloßer Zufall, daß der Hades, wie er in der Odyssee dargestellt wird, große Ähnlichkeit mit dem englischen Winter hat. Wäre ein Grieche über die Meerenge von Gibraltar hinausgesegelt und an die englische Küste verschlagen worden, er hätte angesichts der Düsterkeit Englands sicher geglaubt, im Lande des Todes angekommen zu sein. Düstere Tage gibt es nur im Winter in Griechenland. Professor Yoshishige Abe, der sich während der regnerischen Jahreszeit 14 Tage in Griechenland aufhielt, verzeichnet in seinem Tagebuch 7 Tage lang gutes Wetter, 3 Tage gemischtes Wetter, 3 wolkenverhangene Tage, nur 1 Tag Regen. Von einem der drei bewölkten Tage schreibt er jedoch, daß morgens „die Farbe des Meeres äußerst klar" gewesen sei; an einem anderen dieser dunkleren Tage notiert er, daß „nach dem Abendessen der Mond aufging"; am dritten Tag sei er nachmittags vor dem Regen in ein Café geflüchtet, danach habe es wieder aufgeklart, lediglich die Nacht über habe es bis zum nächsten Vormittag ein wenig geregnet. An zwei oder drei der dunklen Tage habe ein ziemlich starker Wind geweht, möglicherweise der Scirocco. So sieht also die düsterste Jahreszeit in Griechenland aus. Sie ist immer noch klarer als die hellste Jahreszeit in Japan.

Ein schöner Tag folgt dem anderen; dies bedeutet jedoch keineswegs Monotonie. Der Wechsel der Jahreszeiten ist deutlich ausgeprägt: Der herrliche Frühling beginnt im März und dauert bis in den Juni. Von Mitte Juni bis Mitte September herrscht der heiße Sommer, in dem normalerweise kein Tropfen Regen fällt. Nur wenn der Scirocco bläst und Wüstenstaub aus der Sahara mitbringt, ist der Himmel trüb, sonst ist er jeden Tag gleichmäßig klar. Die heiße Sonne brennt auf das Land nieder und bringt die Quellen zum Versiegen, die Pflanzen zum Verdorren. Der schöne Herbst beginnt mit den erfrischenden Septemberschauern, und die Pflanzen werden wieder grün. In der regnerischen Jahreszeit von November bis März bringen Südwinde Feuchtigkeit, so daß Gras und Getreide grünen. Auch wenn diese Jahreszeit Winter genannt wird, ist sie viel milder als der japanische Winter und ähnelt weit mehr dem japanischen Frühling. Nur hin und wieder mischt sich unter die schönen Herbsttage ein naßkalter Tag. Und wenn dann noch der Scirocco weht, ist der Winter wie weggeblasen.

So also ist das griechische Klima beschaffen. Die anhaltende sommerliche Trockenheit ist dem Wachstum der Pflanzen abträglich. Zwar beginnt das verdorrte Gras später wieder zu grünen, nicht aber die Bergbäume. So kommt es, daß die Berge kahl und felsig sind. Außer Olivenbäumen gibt es nur wenige andere Baumarten; vereinzelt wachsen Pinien, Weiden oder Zypressen. Am häufigsten sieht man Wintergräser. Auch heute noch besteht etwa ein Drittel des bebaubaren Bodens aus Weideland; in der Antike wurden drei Viertel des Bodens als Weiden genutzt bzw. konnten nicht anders genutzt werden. Felder gibt es weniger als Wiesen. Die Anbaufläche für Weizen, Oliven und Feigen zusammen ist nur etwa halb so groß wie die Weidefläche. Die

Anbaufläche für Weizen ist besonders klein, so daß die Ernte nicht einmal den Eigenbedarf deckt. Die Landwirtschaft beschäftigt sich vor allem mit Viehzucht und Obstanbau. Nie ist die Arbeit des Bauern durch witterungsbedingte Unberechenbarkeiten bedroht, denn der Wechsel der Jahreszeiten vollzieht sich regelmäßig. Kommt dann die Regenzeit, so kann er seine zwar nicht reichen, aber auch nicht kargen Pflanzungen bestellen. Damit ist sein Lebensunterhalt relativ gesichert.

Das Klima also verordnet, daß es die Wiese ist, die das zum Leben Notwendige hervorbringt. Die Gaben der Natur sind nicht allzu großzügig bemessen, und so braucht der Mensch auch nicht voller Ergebenheit auf sie zu warten. Zudem ist die Bedrohung von seiten der Natur nie so groß, daß sie unermüdlichen Widerstand herausforderte. Sobald der Mensch die Natur einmal beherrscht, bedarf es nur noch eines geringen Aufwandes, sie sich gehorsam zu erhalten. Und diese Gehorsamkeit der Natur führte dazu, daß die landwirtschaftliche Produktion sich „wiesenhaft" ausrichtete.

Dieser Gehorsam der Natur hat auch die Haltung des Menschen im Umgang mit ihr geprägt. Er kann nackt auf dem weichen Gras spielen, uneingeschränkt kann er sich den Eingebungen und den Reizen der Natur überlassen, ohne sich nennenswerter Gefahr auszusetzen. In der Tat widerfährt ihm durch sie nichts als Freude. So hat auch die Kleidung der Griechen nur in geringem Maße eine schützende Funktion. In diesem Zusammenhang ist wohl auch zu verstehen, daß die Griechen ihre Wettkämpfe nackt austrugen und daß der nackte Körper in ihrer großartigen Bildhauerei eine solche Rolle spielte. So gesehen bedeutet die „Wiesenhaftigkeit" des Genießens zugleich auch die des Schaffens, denn nicht nur die Lebensbedingungen, die gesamte Kultur ist „wiesenhaft" geprägt.

Wir gelangen also zu dem Schluß, daß die Wiesenkultur ihren Ursprung in Griechenland hat und zustande kommt durch die Besonderheiten des griechischen Klimas. Dessen hervorstechendstes Merkmal ist, wie gesagt, seine Klarheit, das Fehlen jeglicher Düsternis, der Eindruck nie endenden Mittags: Alles liegt hier offen zutage. Wo eine hohe Luftfeuchtigkeit herrscht, sind selbst die klaren Tage überschattet und fällt es schwer, sich einem Gefühl des Zugedecktseins zu entziehen. Davon ist in der Helligkeit Griechenlands nichts zu spüren. Folglich neigte hier der Mensch auch nicht dazu, nach dem Unsichtbaren, nach dem Verborgenen oder Irrationalen in der Natur zu suchen. Freilich gibt es durchaus auch das „Nächtliche" in Griechenland; es wäre falsch, wenn man den nächtlichen Aspekt, wie er z. B. im Demeter-Kult zum Ausdruck kommt, unbeachtet ließe. Was jedoch die Rolle

Griechenlands in der Weltgeschichte auszeichnet, sind der klare Geist, die Helligkeit, denn eben durch die Anpassung an dieses Klima gelangte die griechische Kultur zu voller Blüte. Ursprünglich empfand auch der Grieche die Bedrohung durch das Unsichtbare und Irrationale in der Natur und bettelte um ihre Gaben. Sobald er sich indessen die Helligkeit der Natur einverleibt hatte, war die Natur seine Lehrmeisterin. Sie lehrte ihn, auf ihre Weise zu „sehen", denn sie legt alles offen und verbirgt nichts. Eine Beziehung, in der nichts verschleiert wird, ist voller vertrauter Innigkeit. Mensch und Natur blicken sich offen an und vertrauen einander, und so entsteht Harmonie. Dies ermöglichte dem Griechen, eine logische Ordnung in der Natur zu entdecken und auf diese Weise mit ihr eins zu werden. In dem Maße, indem das Klima sich als das Wesen des griechischen Geistes herausstellte, setzte auch die Blüte der griechischen Kultur ein.

Selbstverständlich möchte ich damit nicht etwa behaupten, daß ein vom Dasein des Menschen gesondertes, objektives Klima einen solchen Einfluß auf den noch nicht vom Klima geprägten Menschen hätte ausüben können. Das Klima, als ein Moment des menschlichen Daseins, wirkt sich vielmehr subjektiv aus, und wie verschiedene Faktoren zuweilen eine stärkere, dann wieder eine schwächere Rolle im Leben des Menschen spielen, so auch der klimatische. Bei der Ausprägung einer Kultur jedoch spielen klimatische Einflüsse eine besonders große Rolle. Wenn man also feststellt, daß es im noch immer hellen, modernen Griechenland den Geist des „nie endenden Mittags" nicht mehr gebe, dann läuft dies eben auf die Feststellung hinaus, daß es im heutigen Griechenland die alte Kultur nicht mehr gibt. Damit ist die Behauptung, die griechische Kultur sei in einem bemerkenswerten Ausmaß durch das Klima geprägt, keineswegs widerlegt. Uns interessiert vielmehr, in welcher Weise und zu welchem Zeitpunkt der klimatische Faktor innerhalb der Entwicklung Griechenlands eine Rolle spielte. Deshalb müssen wir zunächst einmal die Zeit betrachten, in der uns der Bewohner Griechenlands zum erstenmal als „Grieche" begegnet.

VII

Die griechische Natur ist gehorsam, hell und rational. Doch zeigten diese Eigenschaften sich nicht von vornherein als „nicht endender Mittag", als die für Griechenland typische Rationalität. Erst als der Mensch sich seiner Herrschaft über diese gehorsame Natur bewußt wurde und sein Tun im Sinne eines Herrschers über sie zu verstehen begann, wurden die klimatischen Attribute zu einem Bestandteil des griechischen Geistes. Häufig spricht man von einer solchen Bewußtwerdung als einer „Befreiung“ von den Fesseln der Natur. Dort, wo die Natur sich tyrannisch zeigte, konnte eine solche „Befreiung“ nicht stattfinden. Nur wo die Natur so gehorsam und daher seit frühester Zeit technisch zu beherrschen war, konnte dieses Zu-sich-selber-Erwachen einsetzen, mit dessen Hilfe der Mensch sie sich untertan machte. Die Harmonie mit einer Natur wie der griechischen führte zu ihrer Vermenschlichung, zu dem, was wir als anthropozentrische Haltung bezeichnen. Befreiung des Menschen von der Natur bedeutet in diesem Falle also die Befreiung vom Kampf mit der Natur und folglich die Intensivierung menschlicher Aktivität. Der Kampf des Menschen mit dem Menschen, Reibereien, die aus Machtgier und Ehrgeiz entstanden, das Anwachsen der schöpferischen Kräfte und, damit einhergehend, die aus dem Bedürfnis nach mehr Wissen sich entfaltende Vernunft, das künstlerische Tun, das dem Drang, etwas herzustellen, entsprang – all dies ist kennzeichnend für eine neue Situation, die sich aus einer neuen Haltung der Natur gegenüber ergibt. Wie nun kam diese Bewußtwerdung der Griechen zustande?

Bereits um das Jahr 2000 v. Chr. soll ein Volk griechischer Zunge vom Norden her nach Griechenland eingedrungen sein, doch die bis zum Jahre 1300 oder 1200 v. Ch. in der Ägäis vorherrschende Kultur war nicht die jenes Volkes. Dessen Einwanderung nach Griechenland vollzog sich in Form allmählicher Stammesansiedlungen und nicht als Masseneinwanderung eines ganzen Volkes. Langsam sickerten diese nomadischen Stämme in die griechische Halbinsel ein und erlernten, sobald sie ansässig wurden, die Kunst des Acker- und Obstanbaus. Der halbnomadische Zustand währte jedoch noch einige Jahrhunderte, nachdem diese Stämme auf der griechischen Halbinsel zu siedeln begonnen hatten. *Murray* und *Harrison* zufolge hingen diese Stämme noch dem Totemismus an. Wenn wir heute an die Griechen denken, dann freilich nicht als Stamm, sondern als das Volk, das die *polis* schuf und auf dem Gebiet der Kunst hervortrat; die bloße Tatsache, daß eine griechisch sprechende Rasse auf die Halbinsel vordrang, besagt also noch nichts über das Griechentum im eigentlichen Sinn. Es bedurfte einiger Jahrhunderte in der Zeit der großen Völkerwanderung – also ab etwa 1400 v. Chr. –, bis das griechische Volk sich herausbildete.

Inmitten einer gehorsamen Natur führte dieses Volk ein ländliches Leben. Was aber waren die Beweggründe, sich eines Tages aufs Meer zu begeben und bis nach Kleinasien vorzustoßen? *K. J. Beloch* (1854–1929) nennt als Gründe den Bevölkerungszuwachs und die Unfruchtbarkeit des griechischen Bodens. In bezug auf den Bevölkerungszuwachs bleiben wir auf Vermutungen angewiesen, eine solche Annahme liegt jedoch durchaus im Bereich des Möglichen. Gesetzt den Fall, sie wäre zutreffend, dann hätte diese Entwicklung wohl zu Auseinandersetzungen zwischen den einzelnen Stämmen geführt. Denn selbst wenn das Land nicht besonders fruchtbar war, so war es doch nicht dermaßen unwirtlich, daß man alle Energien darauf hätte verwenden müssen, ihm irgendeinen Ertrag abzuringen. Sobald einmal Not auftrat, mußte man eben die Weiden und Herden benachbarter Stämme plündern. Erst als derartige Kämpfe zunahmen, mag eine Situation entstanden sein, die ein Volk von Bauern und Hirten dazu bewog, sich aufs Meer zu begeben. Als die See dann schließlich zum eigentlichen Schauplatz des Lebens wurde, veränderte sich dieses primitive agrarisch-nomadisch lebende Volk. Diese Veränderung der Lebensumstände führte dazu, daß die Ägäis das Herzstück Griechenlands wurde.

Murray und *Wilamowitz (Ulrich von Wilamowitz-Moellendorff,* 1848–1931*)* zufolge sollen solche Auswanderungen auf dem Seeweg das Ergebnis einer bedrückenden Situation gewesen sein, vor der die Männer, unter Zurücklassung ihrer Frauen, Kinder und Herden, in kleinen Booten flohen. Oder es mag auch so gewesen sein, daß tollkühne junge Männer sich aus Abenteuerlust aufs Meer begeben haben. Jedenfalls hat es sich dabei wohl nicht um den kollektiven Aufbruch eines ganzen Volkes gehandelt, vielmehr um den kleinerer Gruppen, die sich aus den Stammesgemeinschaften lösten. Diese Grüppchen nun wurden, der Not gehorchend, zu Seeräubern und überfielen irgendwelche Inseln und Küsten. Auf dem Land waren ihre Kämpfe, wiewohl durch Nahrungsmangel verursacht, nicht die von Menschen, die plündern müssen, um zu leben. Als sie jedoch erst einmal zur See fuhren, wurde Raub zur alleinigen Grundlage ihrer Existenz, und ihr Leben bestand nur noch aus Kampf. Die Hinwendung zum Meer und die Verwandlung zum Krieger gingen Hand in Hand. Da solche Splittergrüppchen, auf sich allein gestellt, im Kampf nicht erfolgreich genug waren, schlossen sie sich mit anderen zu Verbänden zusammen, die dann stark genug waren, fruchtbare Inseln und Küsten anzugreifen. Waren sie siegreich, dann brachten sie das Land unter ihre Kontrolle und ergriffen Besitz von den Frauen und den Herden. So kam es zu Blutsmischungen. Die Riten und Feste der verschiedenen Stämme vermengten sich, althergebrachte Traditionen wurden verworfen und gingen unter. An diesem Punkt brach sich eine neue, von den Traditionen der halbnomadischen Stämme völlig verschiedene Lebensweise Bahn. Früher einmal wurde die Familie gehütet von den Frauen, die bitterlich weinten, wenn bei den Opferfesten ein Stier getötet wurde, den sie fast wie einem Blutsbruder ansahen. Nun aber waren neue Länder erobert und die Männer nahmen sich Frauen, die eine fremde Sprache redeten, andere Riten praktizierten und deren Männer oder Väter von den Eindringlingen gerade ermordet worden waren. Tag und Nacht mußten sie nun in Furcht vor der Rache dieser Frauen leben. Früher hatten sie ihre Herden selbst gehütet; nun lebten sie zum ersten Mal von den Früchten der Arbeit anderer, der Arbeit der Einheimischen, die sie sich kraft ihrer kämpferischen Überlegenheit unterworfen hatten. Ihre Aufgabe bestand nun darin, sich selbst zu schützen und ihre Macht zu erhalten. Dies geschah, indem sie Waffen herstellten und sich ständig in den Kriegskünsten übten. In dieser Weise wurden sie zu Kriegern.

Im Zuge dieses Übergangs vom halbnomadischen Bauern zum Krieger entstand die griechische *polis*. Für die Jungen unterschiedlicher Herkunft und Tradition, die sich zu Kriegs- oder Raubzügen zusammengefunden hatten, spielte das Zusammenhalten gegen einen gemeinsamen Feind eine größere Rolle als Stammes- oder Ritusunterschiede. Wenn sie von einem Gebiet Besitz nahmen, suchten sie sich einen Stützpunkt aus, umgaben ihn mit steinernen Befestigungen und trafen Vorkehrungen gegen den gemeinsamen Feind. Dabei legten sie die mitgebrachten Traditionen ab und schufen sich eine neue Gemeinsamkeit. So entstanden das neue Leben und die neuen Riten der *polis* und aus diesem Grund die erste *polis* auch an den Küsten Kleinasiens, wo diese Auswanderer ihre ersten Siedlungen gegründet hatten.

Mit dem Entstehen der *polis* kann man nun anfangen, von „Griechenland“ zu sprechen. „Griechenland“ begann Gestalt anzunehmen, indem das bäurisch-nomadische Leben, sobald der Grieche Seefahrer geworden war, durch ein kriegerisches abgelöst wurde. Vom Land und ihrer einstigen Lebensweise getrennt, befreiten diese ehemaligen Halbnomaden sich zugleich von den alten Fesseln der Natur. Diese Befreiung hat eine zweifache Bedeutung: Zuerst einmal vernachlässigte der Mensch die hergebrachten Mittel zur Sicherung seines Lebensunterhaltes, nämlich die Pflege der Natur, und wandte sich statt dessen der Seefahrt zu. Ferner ließ der Mensch jenes Stadium hinter sich, in dem er ausschließlich das zum Leben Notwendige – wie Nahrung, Unterkunft, Kleidung – produzierte, und bewegte sich auf einen höheren Lebensstandard zu. Zwar mag es in erster Linie der Mangel an Lebensnotwendigem gewesen sein, der ihn aufs Meer führte, damit ist jedoch nur der Anlaß, nicht aber das Ausmaß der Bedeutung der Auswanderung erklärt. Selbst wenn es zunächst Gründe der Nahrungsbeschaffung waren, aus denen die Männer sich auf Abenteuer und Eroberungen begaben und lernten, Macht auszuüben, wurde all dies im Laufe der Zeit wichtiger für sie als die Nahrung selbst, ja, schließlich war es maßgebend für ihr Leben. Wenn sie kämpften, um Herden zu gewinnen, dann war es nicht der Wert dieser Herden, der sie ihr Leben riskieren ließ. Vielmehr stellten jenes Das-Leben-aufs-Spiel-Setzen als solches, jenes Erringen von Herrschaft und die Ausübung von Macht über das Eroberte einen Wert an sich dar. Dies kann man nicht gerade als realistische und berechnende Lebenshaltung bezeichnen: Obwohl es sich stets um Kampf auf Leben und Tod handelte, verlor dieser Kampf doch nie seinen spielerischen Charakter. Als Beispiel mögen die in der ›Ilias‹ geschilderten Kämpfe gelten. Sie zeigen, daß das Element des Wettkampfes den Charakter des Griechen bestimmte.

Ein wettkämpferischer Geist, wie Nietzsche bemerkt, zieht Kampf auf sich. Nach *Hesiod* gibt es zwei Göttinnen des Kampfes. Die eine, grausam und brutal, rät zu bösen Kriegen und Schlachten. Keiner liebt diese Göttin, und doch muß man ihr mitunter Gehör schenken. Die andere ist viel sanfter und freundlicher. Zeus hat sie an den Ursprung der Welt gestellt, und ihr ist zu verdanken, daß selbst der Ungeschickte sich hingebungsvoll seiner Arbeit widmet; angesichts des Reichen fühlt der Arme sich angestachelt, wie dieser zu säen und Häuser zu bauen und selber reich zu werden. Die Nachbarn wetteifern miteinander um den Erfolg. Der Töpfer haßt oder beneidet einen anderen Töpfer, ein Zimmermann, ein Sänger den anderen. *Hesiod* nun preist diese Zwietracht und Neid unter den Menschen säende Göttin als gut und edel. Der grausame, schonungslose Krieg sei als bloß zerstörerisches Tun verwerflich; Rivalität und Wettkampf hingegen spornten den Menschen zu höheren Schöpfungen an. Das Werk verdanke sich dem Kampf. Dies war der Geist, der aus derartigem Wettstreit erwuchs. Solange der Neid dem einzelnen als Ansporn diente, andere zu überflügeln, wurde er von den Griechen nicht als Laster angesehen. Dasselbe galt für den Ehrgeiz. Man verabscheute es, mit anderen auf einer Stufe zu stehen und bemühte sich unablässig, sie zu übertreffen. Je größer und edler ein Mann war, desto ehrgeiziger und angestrengter war er. Aus diesem Grund brachte Griechenland so viele geniale Männer hervor; deshalb auch wurde der Despotismus allgemein verabscheut. Als die Epheser den *Hermodorus* verbannten, taten sie es mit der Begründung, keiner unter ihnen dürfe der Höchste sein; wenn einer sich als solcher herausstelle, müsse er aus ihrer Mitte entfernt werden. In anderen Worten: dauernde Überlegenheit leugnet den Geist des Wettkampfes und bringt damit den Lebensquell der *polis* zum Versiegen. So glänzend seine Talente auch sein mögen, ein Mann allein darf niemals die Herrschaft haben. Sobald also ein genialer Mensch auftauchte, suchte man unverzüglich, ihm einen zweiten, ebenso begabten zur Seite zu stellen. Denn kam der Geist des Wettstreits erst einmal zum Erliegen, blieben nur noch böse Mißgunst oder die Freude an bloßer Zerstörung.

Die Kreativität der Griechen entstand also aus dem Geist des Wettkampfes. Dieser aber setzte die Befreiung vom Bauerndasein und die Haltung von Sklaven für die Verrichtung unerläßlicher Arbeiten voraus. Die eigentlichen Bürger Griechenlands – die kleine Anzahl miteinander wetteifernder Krieger nämlich – konnten nur leben, weil ihnen zum einen die Natur und zum anderen Menschen gehorsam waren, die diese pflegten. Wo die Natur streng und hart ist, unterwirft ein nomadisches Volk sich niemals der Herrschaft Fremder. So ließ das Volk Israel sich trotz seiner lange währenden Knechtschaft keineswegs versklaven. Die Griechen indes stellten ihre Sklaven auf eine Stufe mit dem Vieh: Sie betrachteten sie als „lebende Werkzeuge". Denn – so hieß es umgekehrt – der Bulle sei der Sklave des armen Mannes. Das Leben des Sklaven bestand aus Arbeit, Strafe und Essen und unterschied sich im Prinzip also nur wenig von dem des Ackerbullen. Diese radikale Sklavenhaltung befreite die wenigen, die Bürger der *polis* waren, von ihrem Dasein als Bauern und Hirten.

So kann man nun argumentieren, daß die Wiese in dem Maße, in dem der Mensch sie überwand, dessen schöpferische Tätigkeit ausgesprochen förderte. Die freundliche Natur in Gestalt schöner grüner Wiesen legte den Grund für den Wettkampf, in dem der Mensch völlig mit sich selbst beschäftigt war, zugleich aber trieb sie ihn zur Natur zurück. Die Menschen waren nun aufgeteilt in Bürger, die wie die Götter lebten, und in Sklaven, die wie Tiere lebten. Eine derartig tiefreichende Spaltung, wie sie im Mittelmeerraum anzutreffen ist, gab es sonst in der alten Welt wohl nicht. Das einzige halbwegs vergleichbare Phänomen ist das des Negersklaventums im modernen Nordamerika. Aber auch die Versklavung der Neger ist ein Produkt Europas, das darin dem antiken Vorbild der Sklaverei folgt und wenig mehr als eine Kopie des griechischen Modells ist. Wo die Natur durch ihre Gewaltsamkeit – oder auch durch ihre Gabenfülle – die Menschen in den Schatten stellt, lassen sie sich nicht in dieser Weise aufteilen. Die griechische Kultur konnte erst aufgrund einer so radikalen Klassenspaltung zu ihrer höchsten Blüte gelangen. Wenn also im Zusammenhang mit den Griechen von deren Harmonie mit der Natur oder von ihrer anthropozentrischen Grundhaltung die Rede ist, darf man nie vergessen, daß mit „Griechen“ nur jene wenigen gemeint sind, die das Bürgerrecht hatten und sich Sklaven halten konnten. *Boeckh* zufolge soll sich die Einwohnerzahl Athens in seiner Blütezeit auf etwa 500 000 Menschen belaufen haben, die Zahl seiner Bürger dagegen nur auf 21 000. Es ist höchst bemerkenswert, daß der Anteil der Sklaven in der griechischen *polis* so groß gewesen ist.

VIII

In dieser Weise hat der Grieche sich zum Griechen entwickelt. So gesehen läßt sich der Eintritt des „Griechen“ in die Geschichte nicht trennen vom griechischen Klima, oder vielleicht wäre es richtiger zu sagen: Indem der Grieche zum Griechen wurde, erwies das Klima Griechenlands sich als etwas spezifisch Griechisches. Durch die Einführung des Sklavenwesens ermöglichte die *polis* ihrem Bürger – der nun von Verrichtungen befreit war, die der Beschaffung von Nahrung, Kleidung und Wohnung dienten –, derartige Arbeiten mit Abstand zu betrachten und den Standpunkt des „Sehens“ und „Schauens“ einzunehmen. Aber bereits zu dem Zeitpunkt, als er Bürger der *polis* wurde, war der Grieche vom Geist des Wettkampfes erfüllt, so daß auch sein „Sehen“ ein wetteiferndes und nicht nur tatenloser Stillstand war. Wie von selbst ergab sich daraus die Fülle seines künstlerischen und intellektuellen Schaffens.

Ich war einmal anwesend, als der berühmte Maler *Tsuda Seifu* einer Anfängerklasse Unterricht im Zeichnen erteilte: „Wenn Sie glauben, was Sie zeichnen sollen, sei dies“, sagte er, indem er auf einen Gipskopf deutete, „dann irren Sie sich leider. Anschauen sollen Sie ihn, betrachten. Bei diesem eindringlichen, konzentrierten Sehen wird Ihnen vielerlei auffallen. Und je mehr Sie darüber staunen, wie viele subtile Schattierungen und Färbungen dabei zum Vorschein kommen, desto mehr neue Ansichten werden sich Ihnen entdecken. Und indem Sie durch und durch sehen lernen, werden Ihre Hände sich von selbst in Bewegung setzen!“ Diese Worte hatten einen tieferen Sinn, als dem Maler selbst vielleicht bewußt war. „Sehen“ ist nicht einfach das Abspiegeln von etwas bereits Geformten, es ist das Unendlich-weiter-Herausfinden des stets Neuen. Dazu muß man jedoch zunächst einmal den „Standpunkt des reinen Sehens“ einnehmen. Wäre das Sehen ein bloßes Mittel zum Zweck, würde es nie über ein begrenztes Ziel hinausführen. Die Entfaltung jenes unbegrenzten Weitersehens ist erst möglich, wenn man loskommt vom vermittelnden Sehen, wenn das Ziel das Sehen als solches ist. Und genau von diesem „Standpunkt des Sehens“ aus wetteiferten die griechischen Bürger miteinander.

Das griechische Klima bietet dafür einzigartige Voraussetzungen. Die Griechen sahen eine leuchtende, helle Welt, in der die „Form“ aller Dinge unvergleichlich klar und deutlich hervortrat. Angefacht durch den Wetteifer miteinander, entwickelte sich diese Sicht immer weiter. Dies soll nicht heißen, daß die objektive Natur bis in alle Einzelheiten präzise beobachtet wurde; es soll vielmehr heißen, daß das sehende Subjekt sich durch das Sehen selbst erweiterte und vertiefte. Das Anschauen einer hellen, durchsonnten Natur brachte das Helle und Durchsonnte im einzelnen zum Vorschein, was dann seinen Ausdruck auch in den klaren Formen der Bildhauerei, der Architektur und des Denkens fand.

Aus dieser Sicht erst ist die Eigenart der griechischen Kultur zu verstehen, einer Kultur, die in einem gewissen Sinn das Schicksal Europas bestimmt hat. Daß für die Griechen das „Sehen“ eine so zentrale Stellung einnahm, bedeutete nicht etwa, daß sie aufgehört hätten zu arbeiten; vielmehr entdeckten sie durch das Sehen sozusagen einen neuen Beruf, indem sie anfingen, rein künstliche Dinge herzustellen. Die Tätigkeit des Bauern bestand ja mehr darin, der Natur Folge zu leisten, als Hand an sie zu legen. In dem Maße jedoch, in dem die Griechen „Form“ gewahrten, begannen sie, natürlichen Materialien diese Form aufzuprägen. Mit anderen Worten: Sie wandten sich nun der Herstellung künstlicher Produkte zu. Etwa vom 7. Jh. v. Chr. an wurden – zunächst in den ionischen Städten – Waffen und andere metallene Geräte, Textilien und Tonwaren in größerem Maßstab hergestellt. Die dazu nötigen Techniken breiteten sich rasch nach Attika und Argolis aus. Im Zuge dieser Entwicklung geriet die gesamte Mittelmeerküste unter griechischen Einfluß. Einer der Gründe dafür lag sicher in der großen Nachfrage nach derartigen Geräten in den neuen Kolonien, der tiefere Grund aber wohl darin, daß die Verfügungsmöglichkeit über solche Materialien, d. h. die Herrschaft über die leblose Materie, zunahm. Vorausgesetzt, der Mensch suchte nach ihnen, dann waren hochwertiges Töpfermaterial, Kupfer, Eisenerze etc. reichlich zu finden. Das Meer lieferte seltene Austern, die zum Färben verwendet wurden, die Viehweiden schier unerschöpfliche Vorräte an Schafwolle. Mit der Zeit beanspruchte die Formung dieser Rohmaterialien das ganze intellektuelle und künstlerische Interesse der Griechen. Der formsuchende Mensch wurde zum formgebenden. Am deutlichsten wird dies bei der Herstellung von Töpferwaren. Wie sehr die „Industrie“ florierte, kann man aus der geradezu unglaublichen Menge der in Italien ausgegrabenen griechischen Funde ersehen. An nächster Stelle standen die Metallgeräte; die Metallurgie war auf den Ionischen Inseln zu Hause. Im Laufe des 6. Jh. v. Chr. breitete sich die Kunst des Eisenschweißens und des Kupfergießens dann auch auf dem Festland aus. Das Färben von Stoffen – Domäne der Stadt Milet – war schon im 6. Jh. v. Chr. so weit entwickelt, daß die dort gefärbten Tuche selbst die italienischen Märkte beherrschten. Angefacht durch den Wetteifer untereinander, blühten diese Handwerkszweige bald in fast jeder Stadt. Der Bürger wurde zum Handwerker und vererbte seine Kunst an seinen Sohn. Bis in die Zeit der Spätantike entstammte nahezu jeder Bildhauer einem solchen Handwerkergeschlecht – auch ein Mann wie Sokrates. Die Nachfrage nach derartigen Erzeugnissen war größer als das Angebot, und so wurden die Techniken mit Hilfe von Sklaven und nichtgriechischen Arbeitskräften weiterentwickelt. Hand in Hand damit entwickelte sich natürlich ein blühender Überseehandel. Immer stärker war das Leben in der *polis* geprägt durch diese künstlich-künstlerische Arbeit, die schließlich maßgebend war für den gesamten Mittelmeerraum; ja, diese Lebensweise wurde zur Grundlage des „Abendländischen" und richtungweisend für das Schicksal Europas.

Wenn also diese spezifische Weise des Sehens sogar die Produktionsmethoden der Griechen bestimmte, dann natürlich auch ihre betrachtenden Wissenschaften. Aristoteles sagt, alle Menschen strebten von Natur aus nach Wissen. Das deutlichste Zeichen dafür sei die Liebe zu den Sinneswahrnehmungen. Denn ungeachtet des Nutzens würden diese um ihrer selbst willen geliebt und von allen besonders die Sinneswahrnehmung, die durch die Augen zustande komme. Denn nicht nur, um zu handeln, auch wenn wir keine Handlung vorhätten, gäben wir dem Sehen vor allen anderen den Vorzug. Dies sei darin begründet, daß dieser Sinn uns am meisten befähige zu erkennen und uns viele Unterschiede klarmache. Damit bringt Aristoteles in vollkommener Weise zum Ausdruck, daß „Sehen" und „Wissen" der Praxis überlegen sind. Für ihn ist die Liebe zu den Sinneswahrnehmungen nicht die Erfüllung eines sinnlichen Verlangens, sie liegt vielmehr im reinen „Sehen". Indem er erklärt, wie das „Sehen" sich entwickelt und „Wissenschaft" wird, schreibt er der *technē*, der Kunst im oben erwähnten Sinn, eine wichtige Rolle zu. Kunst sei an sich bereits wahres Wissen, ein durch Erfahrung gewonnenes Erkennen des Allgemeinen, das auf der Erkenntnis der Ursache beruhe. Wissenschaft sei lediglich verfeinertes Handwerk. Als Wissenschaft dann vom Bewußtsein des einzelnen her gedacht wurde, legte man der Kunst nicht mehr so viel Gewicht bei. Für die Griechen jedoch blieb die *technē* als Entwicklung des Sehens, das nicht auf einen Nutzen aus ist, das Wesentliche. Aristoteles sagt: „Natürlich wurde derjenige, der zuerst eine Kunst erfand, die die allgemeine Sinneswahrnehmung überstieg, von den Menschen bewundert, nicht nur, weil sich an seiner Erfindung etwas Nützliches fand, sondern weil er weise war und sich von den anderen unterschied. Und werden dann mehrere Künste erfunden, die einen für die unumgänglichen Notwendigkeiten des Lebens, andere aber für eine gehobenere Lebensführung, so halten wir letztere gerade deshalb, weil ihr Wissen nicht auf Nutzen abzielt, für weiser als die ersteren. Erst als bereits alle derartigen Künste entwickelt waren, entdeckte man die Wissenschaften, die sich nicht allein auf die Lust und die Lebensnotwendigkeiten bezogen, und das erstmals in diesen Gebieten, wo man sich Muße leisten konnte" (Metaphysik, Stuttgart 1984). Aristoteles zeigt hier, wie sich der Standpunkt des Sehens als Kunst weiterentwickelt zum Standpunkt des „reinen" Sehens, der *theoria.* In einer anderen Umgebung, der Wüsten- oder Monsunregion etwa, hätte die *theoria* sich gar nicht ausbilden können.

Die Eindringlichkeit dieses Sehens ergibt sich aus dem Gesehenen; die helle und klare, nichts verbergende und geordnete griechische Natur nämlich war es, die diese Weise des Sehens bestimmte. Der Gedanke, daß die Natur alles offenlege und alles in ihr wohlgeordnet sei, war sowohl für den Naturphilosophen wie für den Künstler maßgebend. Charakteristisch für die griechische Skulptur ist, daß ihre Oberfläche nicht die Funktion hat, ein darunter liegendes Inneres zum umschließen, sondern die Funktion hat, das Innere restlos zu enthüllen und sichtbar zu machen. Die Oberfläche ist nicht nur horizontal, sondern eine vertikale, unebene, nach dem Betrachter sich richtende Fläche. Jedes Teilstück, jeder Punkt der Oberfläche wendet sich aktiv an den Betrachter, sozusagen als jeweilige Spitze der Entblößung des Inneren. Auch wenn man nur das Äußere sieht, hat man doch das Gefühl, das ganze Innere zu erblicken. Diese Wirkung ist der geschickten Meißelführung der Bildhauer zu verdanken. Auf den Reliefs des Parthenonfrieses z. B. sind deutliche Meißelspuren auf den Gewändern zu erkennen, und zwar überall dort, wo es Vertiefungen gibt und eindeutig keine glatte Oberfläche beabsichtigt ist. So kommt der lebendige Eindruck von weichem wollenem Stoff, der den Körper umspielt, zustande. Bei Darstellungen der nackten Haut finden wir kaum Meißelspuren, an manchen Stellen sind jedoch deutliche Aushöhlungen durch den Meißel zu erkennen, und zwar stets auf den Vertikalen. Durch diese Technik wird der Unterschied zwischen lebendigem Fleisch und Gewand deutlich gemacht. Dieses feine Gefühl für die Gestaltung der

Fläche fehlt den Kopien aus römischer Zeit völlig. Sie betonen lediglich die horizontale Ausdehnung der Oberfläche. Hier ist die Beziehung zwischen Oberfläche und Innerem, die das griechische Original auszeichnet, verlorengegangen. Mehr noch, der Form als solcher gelingt es nicht, durch das Außen die andere Beschaffenheit ihres Innen mitzuteilen, und folglich erscheinen diese Imitationen hohl und leer. Dennoch vermitteln sie einen nachhaltigen Eindruck von der „regelmäßigen Proportion des menschlichen Körpers". Bereits vor Pheidias gab es eine enge Verbindung zwischen der Bildhauerei und den mathematischen und geometrischen Lehren der Pythagoräer. Die „Proportion" war für den Bildhauer lebenswichtig, denn sein „Sehen" konzentrierte sich ja auf das in der Natur erkennbare Maß an Ordnung. Es bildet die rationale Grundlage der griechischen Kunst. Und diese Rationalität, die sich der Kunst verdankt, führt zur mathematischen Wissenschaft. In Griechenland waren es also nicht die geometrischen Kenntnisse, die jene geometrische Präzision der Ausführung bewirkten, denn der Künstler hatte, ehe die Geometrie geboren wurde, bereits die geometrische Proportion entdeckt.

In Gegenden, wo die Natur unberechenbar ist und sich nach außen hin unregelmäßig zeigt, wird schwerlich eine derartige Rationalität entwickelt. Denn nicht nur Berge, Felder und Pflanzen sind unregelmäßig geformt, auch der menschliche Körper weist keine symmetrischen Verhältnisse und Proportionen auf. Anders als in Griechenland kann der Künstler hier die Einheit des Kunstwerkes nicht im Regelmaß der Form oder in der Proportionalität suchen. Einheit in der Kunst entsteht hier aus der Einheit der Stimmung (jap. *ki-ai*), aus etwas Nichtvorhersehbarem, Irrationalem und folglich auch von Glück Abhängigem, in dem Gesetzmäßigkeit kaum zu finden ist. Deshalb konnten sich aus den vom *ki-ai* bestimmten Künsten auch keine Wissenschaften entwickeln.

Die Rationalität in der Kunst und Wissenschaft Griechenlands nun stellt das zweite schicksalbestimmende Moment für Europa dar. Sie erwuchs aus der Neigung zum Künstlerisch-Technischen bei den Griechen. Damit will ich jedoch nicht behaupten, daß solche Neigungen überall und in jedem Fall zu rationalen Ergebnissen führten; die Möglichkeit dazu war freilich in der griechischen Klimazone gegeben. Behaupten möchte ich allerdings, daß die Genialität der griechischen Kunst und der griechischen Wissenschaft nicht so sehr in ihrer Rationalität lag, sondern in ihrer Fähigkeit, das Innen im Außen lebendig abzubilden. Da diese hervorragende Wissenschaft und Kunst jedoch rational begründet waren, begünstigte dies auch die Entwicklung der

Rationalität als solcher. Wie gesagt gelang es der römischen Imitation nicht, die künstlerische Qualität des Originals zu bewahren, allerdings bewahrte sie dessen Rationalität. Dies gilt übrigens für die gesamte römische Kultur, deren große Leistung in der Rationalisierung des Lebens durch das Gesetz besteht. Auf dem Weg über Rom also hat Griechenlands Rationalität das Schicksal Europas endgültig entschieden.

IX

Als der Grieche zum ersten Mal als Grieche in Erscheinung trat, hatte er bereits zahlreiche Städte erbaut. Als die Römer als Römer den historischen Plan betraten, gründeten sie jedoch nur eine einzige *polis*, nämlich Rom. Was hat dieser Unterschied zu bedeuten?

Der Weg zur Weltherrschaft begann für Rom, als es der Invasion Hannibals standgehalten und seinerseits Karthago bezwungen hatte. Man kann also zu Recht die Punischen Kriege als einen Wendepunkt der Geschichte bezeichnen. Die Frage war nicht, wie es bei *Beloch* heißt, ob die Welt phönizisch oder lateinisch werden sollte, denn selbst wenn Hannibal siegreich gewesen wäre, hätten die semitischen Karthager wahrscheinlich nur angefangen, die ganze Welt für sich zu erobern, da Karthago seine Kriege mit Hilfe fremder Söldner führte. Zu Beginn des Konfliktes kämpften die Römer fast ein halbes Jahrhundert lang beklagenswert schlecht, was nicht etwa an der Qualität ihrer Truppen lag, sondern daran, daß die Führer des Staates, die sich im Kommando abwechselten, nichts von militärischer Taktik verstanden. Die anfänglichen Siege Hannibals sind wohl weitgehend der Unfähigkeit der römischen Befehlshaber zuzuschreiben. Flaminius oder Verro z. B. waren wenig mehr als glattzüngige Demagogen. Die karthagischen Generäle hingegen hatten mit Politik nichts zu schaffen; sie waren taktisch hochversierte Spezialisten. So war Hannibal, was die Verfassung seiner Soldaten, den Ausbildungsstand seiner Kavallerie und die Strategie betraf, bei der Invasion Italiens den Römern in jeder Hinsicht überlegen. Aber so überlegen seine Kriegskunst auch war, am Ende waren Hannibals Soldaten eben doch nur Söldner, denen der Angriffswille fehlte, als es galt, Rom einzunehmen. Daß Karthago vernichtet wurde, ist letztlich seinem Söldnerwesen zuzuschreiben. Weshalb aber war Karthago gezwungen, Söldner zu beschäftigen? Einer der Gründe dafür war wohl seine kleine Einwohnerzahl, ein anderer war der, daß die Phönizier in erster Linie Kaufleute waren. Hannibal konnte qualifizierte Söldner aus Spanien anwerben; die Spanier waren hitzig und kriegerisch. Zudem verfügten die Karthager über die reichen Silbervorkommen Spaniens. Selbst wenn er die Römer besiegt und den Mittelmeerraum unter seine Kontrolle gebracht hätte, hätte Hannibal wohl nie die politische Herrschaft angestrebt. Damit hätte das griechische Gemeinwesen unverändert fortbestehen können, hätte Etrurien sich als selbständiger Staat weiterentwickelt und hätten die mittelmeerischen Völker eine jeweils eigenständige kulturelle Entwicklung vor sich gehabt. Jene kulturelle Dekadenz, die sich später als Folge der römischen Weltherrschaft einstellte, wäre ihnen erspart geblieben oder hätte sich zumindest erheblich verzögert. Ihr Sieg machte jedoch die Römer zu den alleinigen Beherrschern des Mittelmeers. Alles, was sich in Reichweite befand, wurde danach der römischen *polis* einverleibt und jede eigenständige Entwicklung anderer Stämme und Völker unterbunden. Eine hohle Universalität trug den Sieg davon.

Diese Entwicklung war entscheidend für das Schicksal Europas. Insofern stellen die Punischen Kriege eine weltgeschichtliche Wende dar. Zwar war der Gedanke des „Weltreichs" schon früher – bei Alexander – aufgetaucht; Alexanders Streben nach Weltherrschaft war jedoch von Männern wie Demosthenes als dem griechischen Geist unangemessen erbittert bekämpft worden. In der Tat vermochten die Griechen auch nicht, die von Alexander eroberten Gebiete nach dessen Tod zusammenzuhalten: Im Osten wurden Baktrien, im Westen Ägypten und Syrien selbständige Königreiche, und allmählich setzte eine eigenständige Entwicklung einzelner griechischer Kulturen ein. Wären die Römer von den Karthagern besiegt worden, dann wäre der Mittelmeerraum womöglich nie unter die Herrschaft einer einzigen *polis* geraten und nie politisch geeint worden.

Das soll jedoch nicht heißen, daß überhaupt kein Zusammenhang zwischen den Unternehmungen Alexanders und dem Aufstieg des Römischen Reiches bestanden habe. Merkwürdig ist, daß beide Ereignisse gleichzeitig stattfanden, nämlich die Ausdehnung Roms über seine damals noch engen Grenzen hinaus und damit seine erste Berührung mit den Samniern sowie der rasche Aufstieg Makedoniens. Dem vorausgegangen war die Entwicklung Roms von einer primitiven Stammeseinheit zu einem etwa 8000 km^2 großen Königreich. In den 300 Jahren, die dazu nötig gewesen waren, hatte auch der Übergang zur *polis* stattgefunden, indem unbedeutende Stammesgruppen, die in den Ebenen und Hügeln um Rom lebten, sich zusammenschlossen. Inzwischen hatte Rom einen großen Schritt auf dem Weg zu immer weiterer Expansion getan und dank seiner Überlegenheit als geeintes Königreich seine Macht binnen kurzem bis zum Golf von Neapel ausgedehnt. Und nun kam es zwischen dem aufsteigenden römischen Staat, der eine halbe Million Menschen zählte und ein Gebiet von etwa 12 000 km^2 beherrschte, und den griechischen Kolonien zu ersten Auseinandersetzungen, und zwar genau zu der Zeit, als Alexander der Große nach Osten aufbrach.

Bemerkenswert an der Entstehungsgeschichte Roms ist folgendes: Während die griechische *polis* von vornherein pluralistisch strukturiert war, wies die römische *polis* von Anfang an eine Tendenz zur Vereinheitlichung auf. Zunächst war Rom nur eine unbedeutende Siedlung an den Ufern des Tiber. Allmählich dehnte es sich aus, und bereits im 6. Jh. v. Chr. wurde die Stadt auf dem Palatin, das alte Rom, zu eng. So wurden auch die benachbarten Hügel und das dazwischenliegende Flußtal bebaut und mit Mauern eingefaßt; es entstand die „Stadt der sieben Hügel". Bald darauf, als Rom zum Staat heranwuchs, sprengte es auch diese Grenzen. In der Zeit dann, als Rom begann, über die Grenzen des Königreichs hinaus zu expandieren, legte Appius Claudius (312 v. Chr.) die erste Wasserleitung in die Stadt.

Damit kommen wir zum klimatischen Aspekt. Der Besucher Roms ist beeindruckt von den antiken Ruinen, besonders aber von den Aquädukten; ohne sie wäre der Römer gar nicht vorstellbar. Was aber ist so bemerkenswert an diesen Wasserleitungen? Zum einen beeindrucken sie als gewaltige Bauwerke, Symbole der menschlichen Fähigkeit, die von der Natur auferlegten Beschränkungen durch eigene Kunstfertigkeit zu überwinden. Zum anderen konnte Rom erst durch diese Wasserleitungen zu einer Großstadt werden, wie sie in Griechenland nicht zu finden war. Sie waren in der Anfangsphase ein Zeichen dafür, daß die Römer – anders als die Griechen – die aus der Beschaffenheit des Landes sich ergebenden Beschränkungen zu durchbrechen verstanden und eine so große Stadt erbauen konnten.

Nach einem Besuch Griechenlands stellte Professor *T. Kamei* die Frage, ob ein Zusammenhang bestanden habe zwischen der Größe einer *polis* und der Wasserknappheit. Mir erschien diese Frage äußerst aufschlußreich. Wasserleitungen gab es bereits in den königlichen Palästen Kretas, und auch in Athen leitete man von den Bergen Hymettos und Pentelikon Wasser in die Stadt. Auch in Theben und Megara stößt man noch auf entsprechende Spuren. Es kam den Griechen jedoch nie in den Sinn, Wasserleitungen so großen Ausmaßes zu bauen, daß die sich aus der Wasserknappheit ergebenden Einschränkungen sich verringert hätten. Von vornherein betrachteten sie ihre *polis* als etwas, das begrenzt war und begrenzt bleiben sollte. Aristoteles bestimmte ihre Größe im Hinblick auf ihre Aufgabe als ethisch-sittliche Gemeinschaft; die *polis* müsse klein genug sein, daß ihre Bewohner untereinander mit den jeweiligen persönlichen Charaktereigenschaften vertraut wären. Folglich durfte die *polis* keine Großstadt werden, und so sah man sich auch gar nicht vor die Notwendigkeit gestellt, die durch die Wasserversorgung bestehenden Einschränkungen zu beseitigen. Ein solches Verständnis der *polis* erkennt das selbstverständliche Nebeneinander einer Vielzahl derartiger Gemeinwesen an. Rom indessen setzte sich, seit es ein geeintes Königreich war, sofort mit der Wasserknappheit auseinander und beseitigte sie. In diesem Punkt folgten die Römer nicht den Griechen, sondern ihrem eigenen Genius. Es wäre jedoch falsch, die Verschiedenheit der jeweiligen Ausgangssituation zu übersehen. Die Trockenheit in Rom war nicht entfernt so groß wie in Griechenland; der Tiber ist wasserreicher als der Kephissos. Gerechterweise muß man sagen, daß die Römer von den Griechen lernten, wie die Natur mit Hilfe von Technik zu unterwerfen war. Dies gelang durch großangelegte Wasserleitungen, ein Weg, den die Griechen nicht beschreiten konnten, eben weil sie an den Ufern des Kephissos und nicht an denen des Tiber lebten.

In diesem Sinne symbolisiert die römische Wasserleitung die Verneinung der räumlichen Begrenztheit der *polis* und damit auch das Nebeneinander mehrerer Städte – mit anderen Worten, sie ist Ausdruck des Verlangens nach absoluter Einheit. Hier stehen das römische „Streben nach Einheit" und das griechische „Streben nach Vielfalt" einander gegenüber. Letzteres ergibt sich aus der Natur Griechenlands, die in so großer Vielfältigkeit der Formen in Erscheinung tritt. Könnte man dementsprechend die römische Tendenz zur Einheitlichkeit auf die Naturbeschaffenheit Italiens zurückführen? Treten hier die Dinge so in Erscheinung, daß sie sich aus einem einzigen Prinzip herleiten lassen?

Wir wollen eine Reihe von Faktoren betrachten, die Aufschluß über dieses Muster geben können. Muß man nicht feststellen, daß die griechische Kultur, die in Italien entstand, eine eigene Prägung besaß? Im Bereich der Philosophie etwa war die eleatische Schule ein echtes Produkt Italiens. Xenophanes, der in Elea und Sizilien lebte, wandte sich energisch gegen den Polytheismus und neigte stark zum Monotheismus. Wenn Parmenides vom „Sein" spricht, begegnen wir ebenfalls der Forderung nach absoluter Einheit. Ein weiteres hervorragendes Beispiel ist Zenon, der eindringlich auf die der Vielheit innewohnende Widersprüchlichkeit hinweist. Sizilien brachte die Bukolik hervor, die im Bereich der Literatur eine Art Zwischenstellung zwischen Epos und Drama einnimmt. Diese Literaturgattung gibt weder eine vollständige Beschreibung der Personen wie das Epos, noch eine klare Zeichnung der Charaktere wie das Drama. Sie löst eine Geschichte sozusagen lyrisch auf. Darf man nun behaupten, diese literarischen und philosophischen Stilrichtungen seien in der Eigenart der italienischen Natur begründet? Sizilien ist viel feuchter und grüner als Griechenland, so daß der bukolische Stil wie selbstverständlich hierher gehört. Elea liegt an der Küste in der Nähe von Paestum; östlich davon befindet sich der fast 2000 m hohe Chervati, 200 km südlich liegt Sizilien. Es finden sich noch Überreste griechischer Häuser. Unter den mittelmeerischen Kolonialstädten, die von den Griechen gegründet wurden, ist es die nördlichste. Seine Lage ist von großer landschaftlicher Schönheit und der Ort strahlt eine eigentümliche Ruhe aus. Mir zumindest erschien es als vollkommen natürlich, daß hier die Geburtsstätte der Philosophie des Seins war. Dank eines bescheidenen Maßes an Feuchtigkeit waren diese Orte viel fruchtbarer als Griechenland; die Natur, von der die Menschen ja leben müssen, war hier noch entgegenkommender. So ist wohl nicht zu weit hergeholt, wenn man sagt, daß von dieser italienischen Natur eine heitere Gelassenheit auf die Philosophie und die Literatur überging.

Dies bedeutet, daß das italienische Klima also noch um einiges rationaler war als das griechische. Anders als Griechenland war Italien einstmals dicht bewaldet. Als die Wälder mit der Zeit gerodet wurden und Feldern, Obstgärten und Wiesen Platz machten, wurde die technische Beherrschung der Natur noch effektiver. Im technisch-rationalen Umgang mit der Natur war Italien Griechenland überlegen, was dazu führte, daß die Tendenz, sich der Natur künstlich zu bemächtigen, sich bei den Römern noch konsequenter und noch uneingeschränkter weiterentwickelte. Die griechische Kultur war bereits im 8. Jahrhundert v. Chr. nach Italien eingedrungen und ihr Einfluß machte sich in allen Lebensbereichen geltend. Allerdings eigneten die Römer sich nicht die griechische Klarheit des Ausdrucks an, wohl aber die Liebe der Griechen zum Technisch-Künstlichen. In Religion, Kunst, Philosophie, Sprache und Literatur, ja, auf nahezu jedem Gebiet eiferten die Römer dem griechischen Vorbild nach und versäumten darüber, eigene Ausdrucksformen auszubilden. Wenn es aber darum ging, sich mittels des Verstandes die Natur untertan zu machen, war Rom in einem Maße erfolgreich, wie es Griechenland nie beschieden gewesen war. Die gewaltige römische Architektur ist, was ihre künstlerische Ausdruckskraft angeht, unerheblich, unter technischen Gesichtspunkten jedoch ist sie der griechischen weit überlegen. So ist es den Griechen gar nicht in den Sinn gekommen, eine 1 bis 2 m dicke Mauer aus dünnen Ziegelsteinen und natürlichem Mörtel zu bauen, denn ihnen lag nur daran, den Stein als solchen zu formen. Auch als Rom Griechenland eroberte und sich dessen Skulpturen aneignete, entdeckte es dabei lediglich die Freude an der rational faßbaren technischen Fertigkeit und war unfähig, ihre Ausdruckskraft und ihren Ausdrucksreichtum wahrzunehmen. Als es dann galt, diese Freude am Technisch-Rationalen in den sozialen Bereich zu übertragen, entstand das römische Recht, die Leistung Roms von weltgeschichtlicher Bedeutung.

Die römische Tendenz zur Vereinheitlichung ist also auch im Zusammenhang mit dem italienischen Klima zu sehen. Die *civitas romana* gehört nach Italien und hat nichts zu tun mit der griechischen *polis*. Später dann trug die katholische, d. h. eine universale, für alle verbindliche Kirche, die mehr als tausend Jahre Europa beherrschte, diesen römischen Einheitsgedanken weiter.

X

In dem Maße, in dem Mittel- und Westeuropa sich unter römischer Führung allmählich entwickelten, verlagerte sich das Zentrum der europäischen Kultur nach Westen. So ist, historisch gesehen, das Mittelmeer seit der Renaissance ein totes Gewässer, eine Stätte der Vergangenheit. In der Geschichte der Kulturentwicklung spielt die Verlagerung der Schauplätze eine große Rolle. Der Unterschied zwischen Antike und Neuzeit läßt sich somit zugleich auch unter dem Aspekt der klimatischen Unterschiede zwischen Süd- und Westeuropa betrachten. Wie sehen diese klimabedingten Unterschiede aus?

August Böckh (1785–1867) verwendet sieben Kategorien, um den Gegensatz von Altertum und Neuzeit zu bestimmen:

Altertum	*Neuzeit*
Herrschaft der Natur	Herrschaft des Geistes
Beschränkung	Freiheit
Individualität	Universalität
Streben nach Vielfalt	Streben nach Einheitlichkeit
Realismus	Idealismus
Extraversion	Introversion
Objektivität	Subjektivität

Im einzelnen ließe sich vieles gegen eine solche Klassifizierung einwenden. Dies gilt besonders für die Kunst: Zwar besteht eine gewisse Affinität zwischen dem klassischen und dem barocken Stil, so daß die Komponenten der Kultur einer Periode in der Tat Aspekte aufweisen, für die sowohl die eine wie die andere Kategorie zutrifft. So läßt sich der Gegensatz zwischen der römischen und der griechischen Kultur, die ja beide in die Epoche des Altertums gehören, bis zu einem gewissen Grade anhand dieser Kategorien interpretieren. Andererseits liegt eine solche Ähnlichkeit ja nahe, da Westeuropa geprägt war durch das Römische Recht und den römischen Geist. Sie liegt auch insofern nahe, als der klassische Stil der italienischen Renaissance buchstäblich eine „Wiedergeburt" des griechischen Geistes bedeutete. Allgemein gesprochen stellte die italienische Renaissance eher eine Wiedergeburt des Griechischen als des Römischen dar. Der römische Reichsgedanke war damals schon längst über die Alpen nach Norden vorgedrungen. Die Städte, die seit dem Mittelalter in Italien entstanden, wiesen keine Wesensverwandtschaft mehr mit der *civitas romana* auf, sie ähnelten eher der griechischen *polis*. Wie einst die griechischen Städte lagen sie in heftigem Wettstreit miteinander; wie seinerzeit in Griechenland waren auch hier Politiker und Künstler voller Ehrgeiz. Die von ihnen geschaffenen Kunstwerke haben dieselbe Ausdruckskraft wie die griechischen und weisen denselben Hang zur Rationalität auf. Die Elemente, die man *Böckhs* Einteilung folgend als „neuzeitlich" einstufen könnte, tauchen erst mit dem Barock auf. Zu diesem Zeitpunkt war die Blütezeit der italienischen Städte schon vorüber und die Macht war auf die neuen Städte an der Atlantikküste übergegangen. In diesem Sinne sind die *Böckh*schen Kategorien wohl einigermaßen zutreffend, zumindest was den Vergleich zwischen griechischem Altertum und westeuropäischer Neuzeit angeht.

Von unserem Standpunkt her gesehen weisen die *Böckh*schen Kategorien deutlich auf die Verschiedenheit der mittelmeerischen und der atlantischen Küstenregionen hin. Grob gesagt könnte man sie als den Unterschied zwischen griechischer Helligkeit und westeuropäischer Düsternis beschreiben. Allerdings darf man dabei nicht übersehen, daß es sich hier lediglich um lokale Unterschiede innerhalb des einen Wiesenklimas handelt, denn die Lichtlosigkeit Westeuropas z. B. ist eine andere als die der Steppengegenden. Um diese Düsternis verstehen zu können, müssen wir die wiesenhaften Eigenschaften des westeuropäischen Klimas noch einmal etwas eingehender betrachten.

XI

Daß das Klima Westeuropas wiesenhaft ist, zeigt sich in der Ähnlichkeit mit dem des Mittelmeerraums, räumlich in der Synthese von Feuchtigkeit und Trockenheit, d. h. in der sommerlichen Trockenheit. Westeuropa hat allerdings nicht so viel Sonne, folglich liegen auch die Temperaturen viel niedriger. Der Winter vor allem ist von einer in Südeuropa unbekannten Strenge. Und doch, meine ich, kann man sagen, daß dem westeuropäischen Klima dieselbe, wenn nicht gar eine noch größere Gehorsamkeit der Natur eignet als in Südeuropa.

Die Wintertemperaturen in Westeuropa sind viel niedriger als in Japan. Tagestemperaturen von sechs bis sieben Grad unter Null sind nicht ungewöhnlich. In Deutschland sinken die Temperaturen in der kältesten Zeit bis auf 17 oder 18 Grad unter Null. Das heißt aber nicht, daß mit sinkenden Temperaturen die Kälte immer unerträglicher wird. Denn erstens ist die Luftfeuchtigkeit sehr gering; es handelt sich also um eine einfache, klare Kälte und nicht um jenes naßkalte Wetter, das einen bis auf die Knochen frieren läßt. Zweitens gibt es nur einen geringfügigen Unterschied zwischen Tages- und Nachttemperaturen, und so hat man nicht das Gefühl, der Kälte einfach ausgeliefert zu sein. Drittens weht nur selten ein so schneidend kalter Wind, daß die Kälte als Angriff empfunden wird. Falls es erlaubt ist, zwischen „kalt" und „fröstelig" zu unterscheiden, könnte man sagen, der westeuropäische Winter sei eher kalt, als daß er frieren mache. Zwar ist die Luft unbewegt und kalt, doch gibt es keine gewaltsame Kälte mit jenen wütenden, raschen Windstößen, die den Menschen anfällt und einschüchtert. Durch eine entsprechende innere Einstellung vermag man dieser Kälte zu begegnen, man kann ihr sogar trotzen; ja, der eigene Widerstand macht sie in gewisser Weise sogar anziehend. Die Deutschen nennen sie „Frische" und freuen sich an der erfrischenden, knisternden Wirkung, die sie hervorruft. Gerade die Temperatur um $-6°$ bis $-7°$ C vermittelt ihnen dieses Gefühl der „Frische". Auch im strengsten Winter schlafen die Menschen nicht selten in ungeheizten Schlafzimmern. Das ist freilich nur möglich, weil die Räume so gebaut und ausgerüstet sind, daß sie die Wärme speichern, was nicht allzu schwierig ist, wenn man es mit einer verhältnismäßig trockenen, unbewegten Kälte zu tun hat. Dann braucht man nämlich beim Hausbau keine Vorkehrungen gegen unerträgliche Hitze oder Feuchtigkeit zu treffen, man baut lediglich gegen die kalte, unbewegte Luft. Anders als in Japan braucht man sich nicht durch Ventilationseinrichtungen gegen das Stocken der Feuchtigkeit in den Räumen zu schützen. Durch dicke, trockene Mauern von der kalten Außenluft getrennt, darf in den europäischen Häusern die erwärmte Luft so lange in den Zimmern bleiben, bis man sie nach draußen entläßt. Kälte ist folglich leichter zu überwinden als feuchte Hitze, und die Vorrichtungen, deren es zur Wärmespeicherung bedarf, sind einfach. Ich bezweifle, daß in England oder Frankreich mehr Brennstoff verbraucht wird als in Japan. Kurz, die Kälte schüchtert den Westeuropäer nicht ein, sie läßt ihn vielmehr gespannter und lebendiger sein. Sie stimuliert ihn und entlockt ihm eine spontane Energie, die ihm ermöglicht, der Natur Widerstand entgegenzusetzen und sie sich gehorsam zu machen. Bauweise und Ausstattung des Hauses

– dazu bestimmt, die Wärme zu speichern – nehmen dem Menschen die Furcht vor der Kälte.

Dieser Gehorsam der Natur legt zugleich eine gewisse Eintönigkeit an den Tag. Hier fehlt, was in Japan die „Winterstimmung“ ausmacht: Im japanischen Winter bläst an einem Tag ein eisiger, schneidender Wind; am nächsten kann man ein Sonnenbad nehmen. Dann wieder schneit es einen Tag lang dicke Flocken, die über Nacht liegen bleiben; am darauffolgenden Tag ist der Himmel blau und klar, der Schnee des Vortages schmilzt, und überall ist der anmutige Klang des herabtropfenden Tauwassers zu vernehmen. All dies kommt nicht durch die Kälte allein zustande, sondern durch das Zusammenspiel von Feuchtigkeit, Sonne und Kälte. Wo es wenig Feuchtigkeit gibt, schneit es kaum, auch wenn die Temperaturen auf mehr als −10 Grad sinken. Wo die Sonnenstrahlen schwach sind, so schwach wie die des Mondes, hat die Sonne nicht genügend Kraft, den Schnee der Vortage aufzutauen, auch wenn der Himmel einmal klar ist. Daß kaum eine Veränderung stattfindet, ist ein Hinweis darauf, wie gehorsam die Natur ist. Die „Winterstimmung“ Westeuropas ist also die des warmen Ofens, der Theaterbesuche, des Konzert- oder Ballsaales, kurz, es ist eine künstliche in dem Sinne, daß die Natur den Menschen veranlaßt, sich spontan zum Ausdruck zu bringen. (So könnte, Prof. Kamei zufolge, auch die Erfindung der Maschine auf dieses Ans-Haus-Gebundensein, das spontane Sich-zum-Ausdruck-Bringen des Menschen zurückzuführen sein, denn die Maschine habe etwas zu tun mit dem Widerstand des Menschen gegen die Düsterkeit des Winters.)

Große Hitze läßt sich jedoch nicht derartig leicht überwinden, gegen sie vermag der Mensch sich nicht in demselben Ausmaß zu wehren wie gegen Kälte. Hitze läßt sich auch nicht einfach ignorieren, indem man sich mit der Herstellung von etwas Künstlichem beschäftigt. Das Klima Westeuropas nun ist charakterisiert durch jene leichter zu ertragende Kälte. Anders als Südeuropa hat es einen sehr kalten Winter und keinen so heißen Sommer. Der Februar in Italien entspricht etwa den Monaten April – Mai in Deutschland oder Nordfrankreich, der italienische Mai dem Hochsommer dort. Der Weizen wird in Italien schon im Mai erntereif, in Deutschland nicht vor Ende Juli oder im August. Das Weidegras, das in Italien zusammen mit dem Weizen aus der Landschaft verschwindet, bleibt in Deutschland den ganzen Sommer über grün. Der Sommer in Westeuropa ist also nicht wärmer als der Spätfrühling oder Frühsommer in Italien. Auch an Sommertagen, die man als heiß empfindet, steigen die Temperaturen auf höchstens 26° bis 27° C an. Man kann durchaus den ganzen Sommer über Winterkleidung tragen und nicht wenige Menschen tun dies tatsächlich. Häufig sieht man alte Leute in Wintermänteln und Frauen, die zwar leichte Seidenkleider tragen, aber dennoch einen Fuchspelz umlegen. Was hier als Sommerkleidung gilt, könnte man in Japan im November anziehen. Man braucht also nicht viel Worte darüber zu verlieren, daß dieser Sommer leicht erträglich sei.

Der Gehorsam der sommerlichen Natur ist darauf zurückzuführen, daß drastische Klimaveränderungen, wie sie durch Hitze und Feuchtigkeit zustande kommen, fehlen. Dies war auch die Grundbedingung dafür, daß sich in Europa kein Unkraut ansiedeln konnte und das Land sich mit Wiesen bedeckte. Es ist aber auch der Grund dafür, daß dem europäischen Sommer all das mangelt, was für den Japaner die eigentliche Sommerstimmung ausmacht: die morgendliche und abendliche Frische, die kühle Brise inmitten der Hitze, der angenehme abendliche Platzregen nach der Hitze des Tages, das Zirpen der Zikaden und das Insektengesumm, Tautropfen auf dem Gras. Diese Beschreibung bringt nicht nur das Verlustgefühl eines an klimatische Veränderungen gewöhnten Reisenden aus Ostasien angesichts des westeuropäischen Sommers zum Ausdruck. Zum Beispiel kann man in Westeuropa frühmorgens durch die Wiesen gehen, ohne nasse Füße zu bekommen. Der Grund dafür ist der Mangel an Luftfeuchtigkeit und die daraus sich ergebende nur geringfügige Verschiebung zwischen Tages- und Nachttemperaturen. So kann der Bauer am Abend auch nach Hause gehen, ohne sein Ackergerät mitzunehmen. Für japanische Augen ist dies etwas völlig Ungewöhnliches, denn für uns ist es selbstverständlich, daß die Bauern abends alle ihre Werkzeuge mit heim nehmen, um sie zu reinigen und in die Scheune zu stellen. Für einen japanischen Bauern wäre der Gedanke, er könnte das Ackergerät einfach auf dem Feld lassen, ohne daß es verrostete, nicht vorstellbar. In Deutschland, wo die Entfernungen vom Hof zum Feld oft beträchtlich sind, bedeutet die Tatsache, daß die Gerätschaften nicht ständig hin- und hertransportiert werden müssen, eine nicht unerhebliche Arbeitsersparnis. Daß in den Sommernächten nur wenige Insekten zu hören sind, heißt nicht nur, daß etwas von der sommerlichen Stimmung verlorengeht, sondern auch, daß es in Europa wenig Insekten und folglich auch wenige für Feldfrüchte schädliche Insekten gibt. Im Grunewald bei Berlin und im Thüringer Wald bei Weimar habe ich auf meinen Spaziergängen nach Insekten Ausschau gehalten. Im Thüringer Wald, wo kaum Gras unter den Bäumen wächst, habe ich nicht einmal eine Ameise entdecken können. Ich sah lediglich einen Schwarm von Faltern, die alle in dieselbe Richtung davonflogen. Für mich, der ich eine schier endlose Vielfalt an Insekten von den japanischen Bergsommern her gewöhnt war, erschien dies zuerst kaum glaublich. Im Vergleich zu Japan, wo die Ernte nicht nur durch Taifune, Überschwemmungen und

Dürre, sondern vor allem durch Insekten bedroht ist, erscheint Westeuropa in dieser Hinsicht wie der Himmel auf Erden.

Da wir nun einmal bei Taifunen und Überschwemmungen sind, wollen wir auch über Wind und Regen in Europa sprechen. In Japan erreichen die Naturgewalten in Form von Taifunen und Überschwemmungen im Sommer ihren Höhepunkt. In Westeuropa ist die Milde der Natur der Milde von Wind und Regen zuzuschreiben.

Ich habe bereits einige Male von der Unbewegtheit oder Stagnation der Luft gesprochen. Dieses Phänomen rührt daher, daß im Winter kaum je ein kalter und im Sommer kaum je ein kühler Wind weht. Darüber hinaus ist an dieser Stagnation jedoch auch etwas Positives: Die Luft ist in einer für Japan nahezu unbekannten Weise starr und unbewegt; man erfährt bei uns dergleichen nur, wenn die Luft ungewöhnlich kalt oder heiß ist. Wenn kalte oder warme und schwüle Luft sich auf eine Stadt legt und sich nicht bewegt, hat man in Japan das Gefühl, als sei sie geronnen oder wie zusammengeleimt. Sobald dies der Fall ist, steigt der Rauch aus den Schornsteinen ungestört senkrecht bis in die Wolken; die Kondensstreifen eines Flugzeugs behalten ihre Form und verwischen sich nicht. Ein solcher Stillstand der Luft ist jedoch typisch für das Klima Westeuropas.

Der Boden in Norddeutschland mag als konkretes Beispiel für die Sanftheit des dort herrschenden Windes gelten. Er besteht aus sehr feinem, rieseligem Sand, dessen Partikel nicht einmal so groß sind wie die Körner der Kolbenhirse. Und doch werden diese feinen Sandkörnchen kaum je vom Wind davongeblasen. Wer einmal gesehen hat, wie die viel größeren Sandkörner auf einem japanischen Strand vom Wind emporgewirbelt werden, für den ist das oben Gesagte nahezu unverständlich. Die Kiefern auf diesem sandigen Boden wachsen kerzengerade, ebenso die Laubbäume auf den weiten Wiesen. Daher ist es wohl nicht übertrieben, wenn ich sage, daß in Deutschland die Bäume fast ausnahmslos gerade sind. Am deutlichsten zeigt sich das bei hügeligen Gebirgszügen wie dem Thüringer Wald: Der Wald besteht hier aus Reihen vollkommen gerader Bäume, deren Stämme genau parallel stehen. Dergleichen ist selbst im japanischen *Sugi-* oder *Hinoki*wald (Zedern- oder Zypressenwald) selten zu sehen. Ähnliches ist mir lediglich bei den Zedernwäldern der *Yoshino*-Hügel begegnet, was aber nicht weiter verwunderlich ist, da in der Gegend von *Yoshino* ein – zumindest für japanische Verhältnisse – milder und sanfter Wind weht, so daß die Bäume dort kaum starkem Seitenwind ausgesetzt sind und deshalb auch leichter entwurzelt werden, wenn einmal ein stärkerer Wind über sie hinwegfegt, so als habe sie ein starker Taifun überfallen, der auch

Häuser zum Einstürzen bringt. *Otto Ludwig* (1813–1865) beschreibt in seinem Drama ›Der Erbförster‹ eine Diskussion, ob ein Bergwald ausgeholzt werden solle oder nicht. Das Argument gegen die Ausholzung ist, daß die verbleibenden Bäume von einem einzigen Sturm umgeknickt werden könnten. Dies zeigt, wie selten mit einem Sturm zu rechnen ist, wie ungewohnt er für die Bäume ist. Daß die Bäume so gerade und parallel wachsen, ist wohl auch einer der Gründe dafür, daß die deutsche Landschaft einen so regelmäßigen Eindruck macht. In Frankreich stehen die Bäume nicht ganz so aufrecht; auf den Wiesen und an den Feldrändern in Nordfrankreich habe ich jedoch Reihen von Pappeln gesehen, die sich alle im selben Winkel in dieselbe Richtung bogen. Dies beweist, wie regelmäßig der Wind dort weht.

Ebenso verhält es sich mit dem Regen: Er fällt sanft und still. Selbst der Sommerregen geht, ähnlich wie der japanische Frühlingsregen, fast unmerklich herunter. Deshalb benötigt man normalerweise auch keinen Regenschirm. Selten regnet es so stark, daß man doch eines Schirmes bedarf oder daß der Regen einem die Hosenbeine naßspritzt. Aber selbst dann braucht man sich nur eine Weile lang in einem Hauseingang unterzustellen, und schon hat der Regen aufgehört. Wenn derartig heftiger Regen ausnahmsweise einmal eine halbe Stunde lang anhält, sind bereits die Straßen der Stadt überschwemmt, dringt Wasser in die Keller und die Feuerwehr muß ausrücken, um das Wasser abzupumpen. Bei solchen Gelegenheiten realisiert man dann, daß die Entwässerungsanlagen nicht ausreichen. Nach einem sintflutartigen Regen stehen auf dem Land die tieferliegenden Wiesen und Felder unter Wasser, denn es gibt keine Entwässerungsgräben, die das Regenwasser in den nächsten Fluß leiten könnten. In Japan, wo die Täler von breiten und steilen Bergabhängen umgeben sind, stößt man im Talgrund fast immer auf einen kleinen Fluß, in Deutschland nur selten. Und wenn es einen Fluß gibt, dann handelt es sich stets um ein großes Tal. Für japanische Augen sind selbst einige der bekannten Flüsse nicht mehr als ein Bach. Die berühmte Ilm z. B., die durch Weimar fließt, ist nicht größer als der namenlose Bach, der in *Tokyo* von *Yoyogi* nach *Sendagaya* fließt. Wenn man davon ausgeht, daß die Flüsse in einem Land als Entwässerungsapparat dienen, dann hat dieser in Deutschland eine sehr kleine Kapazität. Der Rhein ist zwar ein großer Fluß, weil er das Wasser der Alpen, des „Daches Europas", mit sich führt, von seiner tatsächlichen Größe her ist er indessen nicht allzu beeindrukkend. Selbst die Elbe, die das Wasser aus dem weitläufigen Bergland zwischen Sachsen und Böhmen aufnimmt, ist bei Dessau, südlich von Berlin, lediglich ein anmutiges Flüßchen, das ohne Deichbefestigungen friedlich durch die Wiesen zieht. Weder Stadt noch Land besitzen mehr als unbedeutende Entwässerungsanlagen, was zeigt, daß die Regenfälle nicht heftig und auch wenig ergiebig sind.

Würde der westeuropäische Kontinent mit seinem geringen Bodengefälle von so heftigen Regengüssen heimgesucht wie Japan, fiele es schwer, das Land zu entwässern. Wiewohl Berlin z. B. etwa 150 km vom Meer entfernt liegt, befindet es sich nur 30 m über dem Meeresspiegel. Wie in Norddeutschland Elbe und Oder, so sind auch in Frankreich Rhône, Loire, Seine und Rhein durch Kanäle miteinander verbunden: Ihr Gefälle wird durch Schleusen ausgeglichen. So besteht ein Netzwerk aus Wasserstraßen vom Mittelmeer bis zur Nordsee. Der Grund dafür, daß die sanft abfallenden Ebenen, durch die diese Flüsse ziehen, sich nie in einen riesigen See verwandeln und ihre relativ trockenen Wiesen und Felder erhalten bleiben, liegt eben darin, daß Entwässerung kaum nötig ist. Selbst außergewöhnlich starker Regen vermag an diesen klimatischen Gegebenheiten nichts zu ändern.

Sanfter Wind und gelinder Regen sind Zeichen dafür, daß Wetterveränderungen im allgemeinen nur allmählich stattfinden. Das erstaunlich langsame Pflanzenwachstum entspricht der langsamen Folge der Jahreszeiten. Bereits Anfang April beginnen die Laubbäume zu knospen, doch zögernd nur, kaum merklich, ähnlich der Bewegung des Uhrzeigers. Man betrachtet sie jeden Tag und erkennt keinerlei Fortschritt. Und dann, Anfang oder Mitte Mai, wenn man das Interesse schon beinahe verloren hat, zeigt sich das frische, neue Grün. Wie anders erlebt der Japaner das Grünen der Pflanzen: Tagtäglich verändern die Knospen ihr Aussehen und plötzlich, über Nacht, brechen sie auf. Ein Gefühl stellt sich ein, als werde man durch dieses stürmische Wachstum selber mit fortgerissen. Solch einen raschen, lebensstrotzenden Aufbruch kennt man in Europa nicht. Wenn es Sommer wird, färbt das Getreide sich langsam gelb, und obwohl es Ende Juli schon reif ist, läßt man es unberührt stehen, zuweilen bis Ende August. In Japan dagegen findet in dieser Zeit, von Ende Juli bis Ende August, das eigentliche Wachstum und die Blüte der Reispflanzen statt.

Das Pflanzenwachstum spiegelt sich genau im Leben des Bauern. Die Zeit der Getreideernte ist für ihn sicherlich die arbeitsreichste im Jahr, doch zieht sie sich von Ende Juli bis August hin. Deshalb sieht man während der Erntezeit auf den weiten Feldern auch nur spärliche Anzeichen der Erntearbeit. Ganz anders in Japan, weil hier unmittelbar auf die Weizenernte das Aussetzen der Reispflanzen folgt. In Westeuropa lebt der Mensch gemächlich, die Natur begleitet, hetzt ihn aber nicht.

Vorausgesetzt, man zieht nur die Milde in Betracht, dann ist diese gefügige Natur dem Menschen sehr zuträglich. Die Kehrseite dieser Gefügigkeit ist jedoch eine geringere Fruchtbarkeit des Landes. Folglich ist der Bauer gezwungen, seinen Grundbesitz zu vergrößern. Da die Natur so gefügig ist, kann er mit seiner Arbeitskraft auch mehr Land unter den Pflug nehmen. Früher, als die Germanen noch in halbnomadischen Gemeinschaften lebten, war ihr Land überflutet von düsteren, abweisenden Wäldern. Als diese jedoch gerodet waren, als das Land gezähmt und unterworfen war, wurde die Natur gehorsam und blieb treu. So läßt sich mit Fug und Recht behaupten, der Mensch habe den Boden Westeuropas restlos unter seine Kontrolle gebracht. Mag dieser Kontinent auch noch so groß sein, es gibt keinen Winkel, wo die Hand des Menschen nicht hinreicht: selbst entlegene Gebirgsschluchten werden aufgeforstet, und Straßen führen bis auf die Gipfel der Berge. Möglich wird all dies freilich erst durch die sanfte Neigung der Berghänge. Sie ermöglicht auch, daß man von jeder Stelle eines Berges das Holz mit Pferde- oder Lastwagen abtransportieren kann. Es gibt in Westeuropa also kaum ein Stück Land, das nicht in irgendeiner Weise genutzt wird.

Darin zeigt sich ein großer Unterschied zu Japan. Weite Teile Japans sind gebirgig und schwer unter menschliche Kontrolle zu bringen. Zwar wäre es falsch zu sagen, diese Gebirgsregionen würden überhaupt nicht genutzt, das produzierte Nutzholz deckt indessen den bestehenden Bedarf nicht. Dies beweist die Tatsache, daß das aus Amerika importierte Holz auch in Gebirgsgegenden verwendet wird. Die Berghänge sind so steil, daß bereits der Transport des Holzes äußerst problematisch ist. Aus demselben Grund ist auch die Aufforstung schwierig. Hinzu kommt, daß es viele Baumsorten gibt, die zu nichts anderem als Brennholz taugen. Der größte Teil Japans besteht aus solchen schroffen Gebirgen und hat die lenkende Hand des Menschen noch nicht zu spüren bekommen. Die Japaner können leben, weil sie einen kleinen Teil ihres Landes bis zum Äußersten nutzen, doch selbst dort kommt die Natur dem Menschen keineswegs entgegen, vielmehr entzieht sie sich bei jeder Gelegenheit seiner Kontrolle. Der Boden freilich ist sehr fruchtbar; wird er sorgfältig gepflegt, behält er seine Kraft und belohnt die Mühe des Menschen mit reichem Ertrag. Diese Gegebenheiten haben den Japaner die „Kunst“ des Ackerbaus entwickeln lassen und ihn zum geschicktesten Bauern der Welt gemacht. Er war es, der Kalifornien – von dem Herder vor 150 Jahren schrieb, es sei der unfruchtbarste Streifen Land, den es gebe – zu einem der fruchtbarsten Gebiete überhaupt gemacht hat. Doch diese Kunst führte den Japaner nicht zur Naturerkenntnis. Sein Einfühlungsvermögen mündete nicht in eine „Theorie“, sondern in jene „Kunst“, als deren bester Repräsentant *Basho* (1644–1694) gelten darf.

Aus diesen Überlegungen ergibt sich, daß die Milde der Natur nicht zu trennen ist von ihrer technischen Bewältigung. Es fällt nicht schwer, hinter die Gesetzmäßigkeiten einer gehorsamen Natur zu kommen, ja, bereits die Entdeckung eines derartigen Musters läßt die Natur gefügiger werden. Das gilt allerdings nicht für eine Natur, die den Menschen immer wieder unerwartet überfällt und angreift. So haben sich zwei Tendenzen ausgebildet: Einmal das Streben, die Muster und Gesetzmäßigkeiten der Natur zu erkennen, zum anderen eine resignierende Haltung, die sich ins Unvermeidliche schickt. Hier entscheidet sich, ob der Geist der Rationalität gedeiht oder nicht. Was wir oben erörtert haben, gilt allgemein für ganz Europa, nicht nur für Westeuropa. Um das spezifisch Westeuropäische und damit den Geist der Neuzeit verstehen zu können, müssen wir als nächstes die Düsterkeit Westeuropas betrachten.

XII

Die Düsterkeit Westeuropas beruht in erster Linie auf Sonnenarmut. Während des Winterhalbjahres ist sie besonders deutlich, denn in diesen nördlichen Breiten sind die Tage dann extrem kurz. Selbst an einem schönen Dezembertag setzt die Dunkelheit bereits gegen drei Uhr nachmittags ein. Schöne Tage aber sind im Dezember außerordentlich selten, meist ist der Himmel dunkel und wolkenverhangen. Es war Mai, als ich meinen Freund *K. Miyajima* in London besuchte, wo er schon den Winter verbracht hatte. Auf meine Bemerkung hin, wie gut doch das Wetter in London sei, reagierte er fast erbittert und ließ mich wissen, ich hätte rein zufällig einen selten schönen Tag erwischt und deshalb auch keine Ahnung davon, wie viele trübe, traurige Wintertage man ertragen müsse, ehe man einen schönen Tag erlebe. Das winterliche Dunkel sei für einen Japaner außerordentlich quälend und bedrükkend. An bedeckten Tagen müsse man den ganzen Tag über Licht brennen, im Halbdunkel des Museums seien die Figuren auf den Bildern nur undeutlich zu sehen. In der Bibliothek müsse man sich, wenn es keine Lampe gebe, zum Lesen ans Fenster setzen, und selbst dann habe man Mühe genug, genügend zu erkennen. Kurz, auch am Tage habe man stets das Gefühl, der Tag sei überhaupt noch nicht angebrochen.

Wie aber ist es dann im Sommerhalbjahr? Der berühmte „Wonnemonat“, der Mai, ist in der Tat heiter und voller Anmut. Doch selbst in diesem Monat gibt es nur zwei oder drei wirklich klare Tage, alle übrigen schleppen sich oft kalt und trüb dahin und ähneln eher verhangenen Wintertagen in Japan. Selbst im Juli oder im August, wenn die Sonne am stärksten scheint, kann man sie nicht als wirklich kräftig bezeichnen. Häufig bleiben in Deutschland die Sommerknospen bleich und werden nicht grün. Der Erdboden trocknet nicht aus. So heiß einem auch die asphaltierten Straßen der Großstadt vorkommen mögen, macht man einen Spaziergang aufs Land oder auf einen Berg, empfindet man den Sommer nie heißer als den Mai in Japan. Dabei ist in Westeuropa gerade diese Jahreszeit die sonnenreichste, und der Europäer, dem ein langer, düsterer Winter bevorsteht, will sie nach Herzenslust genießen. Für einen Japaner ist der Frühling nicht das Signal, mit den Sonnenbädern zu beginnen; diese Jahreszeit steht für knospende Bäume, Blumen und saftiges, neues Grün. Für den Europäer jedoch heißt Frühling vor allem, daß die Sonne zurückgekehrt ist, und er tut alles nur Erdenkliche, um in den Genuß von Sonnenschein zu kommen. Für einen Japaner, der seine Sonnenbäder im Winter nimmt, wäre die Hitze um diese Jahreszeit schon etwas zuviel, und in den Zeiten, in denen der Europäer sich ausdauernd und entschlossen der Sonne aussetzt, sucht er den Schatten. In Europa sieht man gelegentlich sogar, daß Mütter ihre Babies im Kinderwagen nackt in der Sonne liegen lassen. Eine sommerliche Szene im Treptower Park in Berlin hat mich besonders beeindruckt: Auf einer zwei bis drei Kilometer langen Rasenfläche lagen überall Männer, die ihre Jacketts und Hemden abgelegt hatten, mit entblößten Oberkörper in der Sonne. Dergleichen hatte ich in der Tat noch nicht gesehen. Wenn man im Hochsommer Sonnenbäder nehmen kann, dann zeigt dies, daß die Sonneneinstrahlung nicht allzu stark sein kann. Abgesehen davon, veranschaulicht diese Szene, wie sonnenhungrig die Deutschen sind und wie sehr sie den Sonnenschein genießen. Und all dies ist nichts anderes als der unmittelbare Ausdruck der in Westeuropa herrschenden Sonnenarmut.

Dies ist allerdings nicht die einzige Auswirkung des Sonnenmangels. Wer Europa einmal von Norden nach Süden bereist hat, dem kann nicht entgangen sein, daß auch das Temperament der Menschen mit zunehmender Kraft der Sonne lebhafter und hitziger wird. Die Melancholie der Deutschen ist in Süddeutschland nicht mehr so ausgeprägt; der Franzose ist zwar ruhig, aber nicht mehr melancholisch zu nennen; für den Italiener schließlich treffen die Bezeichnungen „temperamentvoll" und „lärmend" zu. Anders gesagt, die Düsterkeit des Klimas führt unmittelbar zu einer Verdüsterung im Gemüt des Menschen. Und damit stoßen wir auf den augenfälligsten Unterschied zwischen der Kultur Westeuropas und der des alten Griechenland. Hier trifft

Spenglers Unterscheidung zwischen apollinischer und faustischer Natur genau den Punkt. Unter der Helligkeit der griechischen Sonne treten alle Dinge kühn und plastisch hervor, jedes einzelne zeigt sich klar und deutlich. Es fiele schwer, sich in dieser Welt der Erscheinungen einen einförmigen, unendlichen, von den Einzelerscheinungen abstrahierten Raum vorzustellen. Ein trüber, wolkenverhangener Tag in Westeuropa jedoch, an dem die Konturen der Dinge unbestimmt und verschwommen erscheinen, verweist geradezu auf einen unendlichen Raum, der all jenes nur undeutlich in Erscheinung Tretende umhüllt. Dieser unendliche Raum wiederum verweist auf eine unendliche Tiefe. So entsteht ein gewaltiger Sog nach innen, und aus ihm ergibt sich die Betonung der Subjektivität und der Seele. Während der Geist des griechischen Altertums vom Statischen, d. h. von der euklidischen Geometrie, von der Skulptur und von der Zeremonie bestimmt war, könnte man das Europa der Neuzeit als dynamisch charakterisieren, als vom Geist der Differential- und Integralrechnung, von der Musik und vom Willen beherrscht. Als Repräsentanten für die Kunst Westeuropas seien hier Beethoven für die Musik, Rembrandt für die Malerei und Goethe für die Dichtung genannt. Sie verkörpern den dynamisch-faustischen Charakter am typischsten. In ihnen kommt jene unendliche Tiefe zum Ausdruck. Die Musik nahm zwar in der griechischen Erziehung die zentrale Stelle ein, die Griechen legten jedoch größeren Wert auf die Aussage der in Musik gesetzten Dichtung und drangen somit nie in die von den sichtbaren Formen getrennte Welt der „reinen Töne" vor. In der heiteren und klaren Welt Griechenlands erwies es sich als unmöglich, die sichtbaren Erscheinungen und die durch die Sprache vermittelten Vorstellungen zu abstrahieren und die Seele sich allein durch Rhythmus und Melodie verlautbaren zu lassen. Nur unter der Hülle der Düsterkeit Deutschlands konnten Schöpfungen wie die der reinen Musik entstehen.

Die für Griechenland typische Kunst war die Bildhauerei, in der sich seine lebendige Heiterkeit kristallisierte. Demgegenüber ist die Malerei Rembrandts, Quintessenz der Düsterkeit Westeuropas, typisch für die Neuzeit. In der feinen Wechselwirkung von trüber Stimmung und schwachem Licht, die kein italienischer Meister der Renaissance so hätte malen können, kommt eine unauslotbare geistige Tiefe zum Ausdruck. Hier ist ein Höhepunkt in der Geschichte der Kunst erreicht: Wir stehen vor dem Werk eines Genies, das ohne die Düsterkeit Europas wohl nicht zustande gekommen wäre. Hinsichtlich der technischen Brillanz ist Velázquez Rembrandt keineswegs unterlegen; und doch ist das Licht Spaniens in seine Bilder eingegangen. Ein Maler malt das, was er sieht; selbst Rembrandt hätte unter spanischer Sonne nicht so malen können, wie er gemalt hat.

Dasselbe gilt für die Dichtung: Auch in der Gestalt des Goetheschen Faust – wenn er mit der Giftflasche in der Hand aus seinem düsteren gotischen Studierzimmer tritt und sich unter die bunte österliche Menge begibt – kommt jene aus der Düsterkeit erwachsende unergründliche Tiefe zum Ausdruck. Aus der antiken Dichtung ist mir kein Beispiel bekannt, in dem das unablässige Streben nach dem Licht so eindringlich verkörpert wäre. Wenn das griechische Epos den Inbegriff des naturverhafteten Menschen zeichnet, dann begegnen wir in Faust dem Inbegriff des geistigen Menschen. Charakteristisch für diesen geistigen Menschen ist die „Qual der Finsternis".

Dasselbe gilt für den Bereich der Wissenschaft. Die für Westeuropa typische Gelehrsamkeit ist nicht die der Renaissance, sondern die des Barockzeitalters, die mit Kräften und Quanten sich beschäftigende Physik etwa oder die Philosophie des Sollens, die mit Kant ihren Höhepunkt erreicht. Im Gegensatz zu der statischen Physik oder Philosophie des Seins der Antike kommt in all dem eine dynamische Suche, ein Streben nach Unendlichkeit zum Ausdruck. Begriffe wie „Raum" oder „Form" bei Kant weisen das konkrete Einzelne zurück und machen den Hang zur Abstraktion deutlich. Die Abstraktionsfähigkeit gehört zu den großen Leistungen des Denkens. In dieser Hinsicht ließ die Düsterkeit des Klimas den deutschen Philosophen etwas leisten, das den Philosophen der Antike verwehrt war.

Dieses Charakteristikum Westeuropas, das besonders empfänglich machte für die Mystik, war von Anfang an ein idealer Nährboden für das Christentum. Das Christentum breitete sich selbstverständlich nicht nur in Westeuropa aus, in keiner anderen Region aber war es so tief und fest verwurzelt. In Europa zeigt sich der aus der Düsterkeit stammende Hang zu Verinnerlichung und Abstraktion vor allem im Glauben an Christus. Dem Judentum, als Glaube eines Volkes, das sich gegen die Schrecken der Natur in der Wüste behauptete, fehlte stets die Bodenständigkeit. Dafür aber besaß es die Fähigkeit, sich losgelöst von seinem angestammten Boden zu verstehen. Dann fand durch die Auferstehung Christi eine Reformation statt, und zwar gerade zu der Zeit, als der einheitliche Weltstaat Wirklichkeit zu werden begann. Damit führte das Christentum eine zweifache Abstraktion durch: Zum einen die von der Erde, zum anderen die vom Volk. Mit anderen Worten: Auch wenn es aus der Wüste stammte und aus dem jüdischen Glauben erwachsen war, verstand das Christentum sich von Anfang an nicht als Religion eines Volkes oder gar eines Staates. Und gerade indem sie das

Christentum als etwas Volk und Land Transzendierendes annahmen, eigneten sich die europäischen Völker letzten Endes die aus der Wüste stammende Denkweise der Juden an. So wird das Alte Testament, die Chronik des jüdischen Volkes, heute als das Buch gelesen, das die Geschichte der ganzen Menschheit erzählt. Die Sitten und Gebräuche der Wüste, von denen in diesem Buch berichtet wird, sind europäische geworden. Die einst in Europa heimischen Riten und die Vorstellungen vom Anbeginn der Welt sind durch jüdische ersetzt worden. Diese vollständige geistige Eroberung war nur möglich, weil Europas Qual angesichts dieser Düsternis dem Leiden der Juden unter den Schrecken der Wüste entsprach. Keiner nahm diesen heischenden, personalen einen Gott der Juden so tief in sich auf wie der Europäer, keiner verstand die willentlich-sittliche Leidenschaftlichkeit der alttestamentarischen Propheten so gut wie er.

Damit ist jedoch nicht gesagt, daß die erwähnten großen Kulturleistungen nur aus dem christlichen Geist heraus entstanden wären. Dem Christentum allein verdanken sich jene große Wissenschaft und Kunst nicht. Wie die mittelalterliche Philosophie sich in ihren Spekulationen über Gott und den Menschen an Griechenland anlehnt, so haben die gotische Architektur und Plastik sich nur aus der Romanik entwickeln können. Auch wenn die Düsterkeit Westeuropas der Wissenschaft und der Kunst ein besonderes Gepräge verliehen hat, so haben diese im wesentlichen doch wiesenhafte Eigenschaften und befinden sich daher auf gemeinsamem Boden mit der griechischen Antike. Es war kein bloßer Zufall, daß die Neuzeit in Westeuropa mit einer Wiederbelebung des Geistes der Antike anbrach. Durch die Liebe zur Rationalität und die Freude, etwas ins Werk zu setzen, in beiden Fällen ein griechisches Erbe, wurde der Europäer sich der wiesenhaften Eigenschaften bewußt, die unter der Düsterkeit verborgen lagen. Erst durch dieses Sich-Wiedererkennen wurde eine spezifische westeuropäische Kultur möglich. So sind, zumindest im Hinblick auf die großen schöpferischen Kulturleistungen, Düsterkeit und Rationalität nicht voneinander zu trennen. Die Durchsetzung einer Ordnung der Vernunft, die Eroberung der Natur kraft der Vernunft – sie stellen die Grundrichtung jenes in unendliche Tiefen drängenden Geistes der Düsternis dar.

Wenn man diesen Gesichtspunkt außer acht lassen und nur die Düsterkeit Westeuropas betrachten würde, dann stieße man lediglich auf eine erschreckende und bedrückende Grausamkeit. Die Unmenschlichkeit der Strafen im Mittelalter läßt sich noch heute an den erhalten gebliebenen Folterwerkzeugen ablesen. Die lebensgetreue Grausamkeit in der religiösen Kunst des Mittelalters läßt uns die Augen abwenden.

Zwar schildern die Evangelien die Kreuzigung Christi sehr anschaulich. Selbst in der Zeit des Verfalls der Antike zeigen ihn die Mosaiken in Ravenna z. B. als frischen und gesunden Schäfer. Das Mittelalter dagegen stellt Christus am Kreuz so wirklichkeitsgetreu und so grausam wie möglich dar, so daß der Betrachter nicht umhin kann, Schmerz und Qual mitzuempfinden. Diese Bilder zeigen nicht den Sohn Gottes, sie bringen nicht die Liebe Gottes, sondern Grausamkeit und Pein zum Ausdruck. Wenn man gar die blutrünstigen Darstellungen der Hölle betrachtet, dann kann man sich des Eindrucks nicht erwehren, daß hier geradezu die Freude an der Grausamkeit zum Ausdruck gelangt. An diesen und anderen Beispielen können wir deutlich die Roheit des westeuropäischen Menschen ablesen. Dasselbe gilt für die finstere Ausstrahlung, die von den mittelalterlichen Waffen ausgeht. Nun sind Schwert und Lanze ihrem Wesen nach Mordwerkzeuge, in Form und Aussehen müßten sie aber nicht unbedingt einen grausamen Eindruck erwecken. Die feine Krümmung eines japanischen Schwertes etwa kann von lauterer Schönheit sein. Im Vergleich dazu erscheinen uns die mittelalterlichen Waffen Westeuropas geradezu als die konkret gewordene Brutalität selbst. Die Helden Homers haben sicher nie mit solch abstoßenden Waffen gekämpft.

Doch nicht nur das Mittelalter läßt diesen Eindruck aufkommen. Als sich mit der Renaissance der Vorhang hob für die Neuzeit, als in Deutschland die Reformation stattgefunden hatte und in Frankreich sich eine neue Philosophie entwickelte, brach im 17. Jahrhundert der 30jährige Krieg aus, ein Krieg von unvergleichlicher Grausamkeit und Unmenschlichkeit. Mehr noch, jene Abscheulichkeiten wurden im Namen der Religion, nämlich im Zuge der Gegenreformation, verübt. Ihrem Wesen nach stellte die Reformation eine durch die westeuropäische Düsterkeit hervorgerufene Renaissance dar. Während südlich der Alpen die schönen Künste zu voller Blüte gelangt waren, tauchte im Norden derselbe Geist der Antike, nur nach innen gewandt, in Gestalt des Humanismus auf. Ganz Deutschland wurde verwüstet, seine Bevölkerung um drei Viertel dezimiert. Welcher Humanismus hätte dieses tragische gegenseitige Gemetzel wohl ahnen können? Einer der Gründe für den Ausbruch dieses Krieges mag die Treue der Deutschen zu ihrem jeweiligen Glauben gewesen wein. War aber der Gegensatz zwischen katholischer Kirche und Protestantismus wirklich so groß, daß beide ein derartiges Blutbad gutheißen konnten? Als ich mir eine kleine Episode aus diesem Krieg vergegenwärtigte – ich befand mich just an der Stelle, wo sie sich zugetragen hatte –, wurde ich von Tragik und Trauer so übermannt, daß mir die Tränen kamen. Ich befand mich in Rothenburg ob der Tauber, einer kleinen alten Freistadt in Süddeutschland. Die modernen Verkehrswege führen in einiger Entfernung an ihr vorbei, und die vorrückende Zivilisation scheint sie beinahe übersehen zu haben. So ist Rothenburg ein friedliches Landstädtchen geblieben, das nichts von seiner mittelalterlichen Atmosphäre verloren hat und beinahe wie ein Museumsstück wirkt. Unverändert stehen die Ruinen, Zeugen der langen und verzweifelten Kämpfe im 30jährigen Krieg, als die Stadt durch den katholischen Feldherrn Tilly belagert wurde. Dem Verhandlungsgeschick des damaligen Bürgermeisters war es zu verdanken, daß die Stadt sich schließlich ergeben konnte, ohne ernsthaft Schaden zu nehmen. Bis zu diesem Zeitpunkt jedoch führten die Bürger der Stadt, jung und alt, auch Frauen und Kinder, einen erschöpfenden Verteidigungskampf. Die Feuerwaffen waren damals noch nicht sehr weit entwickelt, und so kämpften die Stadtbewohner mit jedem Stein oder Ziegel, der sich innerhalb der Stadtmauern finden ließ. Die Männer wälzten Steine von den Wällen auf den heranrückenden Feind, und sogar die Verwundeten blieben auf ihrem Posten. Die Frauen schleppten bis zur Erschöpfung die Steine für Väter, Brüder und Männer herbei. Drei- bis vierjährige Kinder schwankten unter der Last von Steinbrocken an die Seite ihrer verwundeten Väter. Selbst Mädchen beteiligten sich am Kampf. Bis ich nach Rothenburg kam, hatte ich an Krieg in dieser Form nicht gedacht. Meinen Vorstellungen zufolge hätte Krieg nur von militärisch ausgebildeten Freiwilligen oder Zwangsrekrutierten geführt werden dürfen. So jedenfalls wurden in Japan die Kriege geführt, selbst während des 15. und 16. Jahrhunderts, dem *sengoku-jidai,* dem Zeitalter des Krieges. Einen Krieg, in dem alle Bürger einer Stadt gezwungen gewesen wären, Kriegsdienst zu leisten, hat es in der japanischen Geschichte nicht gegeben. Nun verstand ich zum ersten Mal, wie zerstörerisch jener Krieg war und weshalb die Bevölkerung Deutschlands während dieser dreißig Jahre auf ein Viertel zusammenschmolz. Die Düsterkeit Westeuropas zeigt sich also auch in der Kriegführung; hier zeigt sich dieselbe finstere Barbarei wie beim Anblick der mittelalterlichen Waffen.

Und doch – trotz seiner finsteren Unmenschlichkeit – darf der Beitrag Westeuropas zur Weltkultur nicht unterschätzt werden. Auch wenn jene Düsterkeit Verfallsformen, wie die oben geschilderten, annehmen kann, übt sie zugleich als nach unendlichen Tiefen drängende Innerlichkeit eine große Wirkung aus und bringt schließlich das Licht der Vernunft zum Leuchten. Und so war es auch in erster Linie das Licht der Vernunft und nicht die latente Düsterkeit und Grausamkeit, die dem Europa der Neuzeit zur führenden Rolle unter den Weltkulturen verhalf. Gerade dies, nämlich zu erkennen, welchen Stellenwert die Vernunft hat, lernte Japan im letzten Jahrhundert von Europa. So gesehen können die großen Kulturleistungen Westeuropas seiner durch die spezifische Eigenschaft der Düsterkeit hindurch entfalteten Wiesenhaftigkeit zugeschrieben werden. Und deshalb nennt Westeuropa sich nicht zu Unrecht den legitimen Erben der griechischen Kultur.

XIII

Ich habe versucht, die europäische Kultur von ihrem wiesenhaften Klima her zu verstehen. Damit soll jedoch nicht gesagt sein, das Klima sei die einzige Ursache für das Zustandekommen der europäischen Kultur. Für eine Kultur sind Geschichte und Klima vielmehr wie die zwei Seiten eines Schildes; sie sind nicht voneinander zu trennen, gibt es doch kein geschichtliches Ereignis, das nicht auch klimatisch bedingt wäre, noch klimatische Phänomene ohne historische Komponenten. Wenn wir in einem historischen Ereignis die klimatische Komponente entdecken, dann können wir im klimatischen Phänomen auch das historische Moment ausfindig machen. Was ich hier versucht habe, ist, beiden Faktoren nachzugehen, auch wenn ich mich in erster Linie mit dem Klima befaßt habe.

Kommen wir zum Schluß dieser Untersuchung: Wenn der Mensch die Wurzeln seines Daseins erkennt und diese Erkenntnis objektiv zum Ausdruck bringt, dann ist die Art und Weise, wie er sich zum Ausdruck bringt, nicht nur geschichtlich, sondern auch klimatisch bedingt. Selbsterkenntnis außerhalb dieses Bedingtseins hat es noch nie gegeben. Die Betrachtung des klimatischen Bedingtseins ist insofern die überlegene Methode, als sie die Selbstwahrnehmung deutlicher werden läßt. Dazu ein Parallelbeispiel: Ein Mensch mit gutem Gehör ist befähigt, sein eigenes musikalisches Talent zu erkennen; ein Mensch, der selber über einen guten Körperbau verfügt, wird seine athletischen Fähigkeiten besser wahrnehmen. Freilich kommt diese Erkenntnis erst mit der Entdeckung der Überlegenheit bestimmter körperlicher Fähigkeiten, was aber nicht bedeutet, daß diese überlegenen Fähigkeiten durch Selbstwahrnehmung zustande kämen. Ebenso verhält es sich mit der geschichtlichen und der klimatischen Bedingtheit. Das Licht der Vernunft leuchtet im wiesenhaften Klima am hellsten; die Verfeinerung des Gefühls ist im Monsunklima am stärksten ausgeprägt. So, wie man sich durch gute Musiker die Musik aneignen und durch gute Athleten erfahren kann, was Sport ist, so sollten wir auch lernen, unsere

Vernunft an dem Ort zu kultivieren, wo ihr Licht am hellsten leuchtet, sollten wir unser Empfinden dort vervollkommnen, wo es am besten verwirklicht ist. Wenn die verschiedenen Völker durch unterschiedliche klimatische Bedingungen mit je eigenen Vorzügen ausgestattet sind, dann kann ein einzelnes Volk sich anhand der nämlichen Bedingungen auch seine Schwächen bewußt machen und können die Völker voneinander lernen. Dies wiederum ist das Mittel, klimatische Beschränkungen zu überwinden. Klimatische Bedingtheiten ignorieren, heißt noch nicht, sie zu überwinden, sondern zeigt, daß man einfach innerhalb der klimatischen Gegebenheiten verharrt und sich seiner selbst nicht bewußt ist. Aber auch wenn man die eigene Bedingtheit erkannt und somit überwunden hat, verschwinden damit die klimatischen Unterschiede noch nicht; sie bleiben erhalten. Mehr noch, gerade durch diese Erkenntnis treten sie erst deutlich hervor. Unter bestimmten Gesichtspunkten mag das Wiesenland der Himmel auf Erden sein; derjenige aber, dessen Land nicht wiesenhaft ist, kann es nun einmal nicht wiesenhaft machen. Allerdings vermag er, sich Wiesenhaftes anzueignen. Erst dann kann ein Japaner z. B. seinen „Taifuncharakter" richtig entwickeln, denn erst in dem Maße, in dem er die griechische Klarheit in sich entdeckt und die Vernunft stärkt, werden das eigene „intuitive Erkennen" *(kan)* und das ihm eigene „Temperament" *(kiai)* bedeutsamer und wirkmächtiger. Dann kann er eines Tages erkennen, daß eine über das Rationale hinausgehende Vernunft mit der Kraft der Taifune über ihm weht.

Wenn wir – all dessen eingedenk – nun auf unsere eigene Vergangenheit zurückblicken, stellen wir fest, daß unsere Vorfahren das für sie und uns Wichtige erkannt haben: Da war zunächst einmal die Begegnung mit dem Christentum, das ungewöhnliche Zuneigung, aber auch ungewöhnliche Furcht hervorrief. In einer gewissen Hinsicht stellte das Eindringen des Christentums das Eindringen des Wüstenhaften nach Japan dar; jene Zuneigung und jene Ängste waren also Verkörperungen der Erkenntnis, daß dem Japaner die Elemente des Wüstenhaften fehlen. Da war zum anderen ein glühendes Interesse an der Wissenschaft Europas, die, trotz der völligen Abgeschlossenheit, doch allmählich nach Japan vordrang. Dieses Interesse war nichts anderes als die Sehnsucht nach dem wiesenhaften Element, das dem Japaner ebenfalls fehlt. In keinem anderen Land Asiens ist dieses Verlangen so stark zum Ausdruck gekommen. Allerdings fehlt auch die Einsicht, daß das japanische Land sich weder zur Wüste noch zur Wiese machen läßt. Diese Einsicht zu leisten ist eine Aufgabe, die uns noch bevorsteht.

1928 verfaßt, 1935 überarbeitet.

III. BESONDERE FORMEN DES MONSUNKLIMAS

1. *China*

Im weitesten Sinne kann der gesamte chinesische Kontinent als Monsunregion gelten. Wenn man jedoch die besondere Eigenschaft des Monsuns darin sieht, daß er von einem tropisch warmen Ozean feuchte Luft zum Land befördert, dann muß der Begriff „Monsunregion" auf den Teil des chinesischen Kontinents beschränkt bleiben, der unmittelbar vom Pazifik beeinflußt ist. Jedoch sind nicht nur die Küstengebiete Mittel- und Südchinas derartigen Einflüssen ausgesetzt, insofern sie von Taifunen heimgesucht werden, sondern diese machen sich bis in entlegene Teile des Hinterlandes bemerkbar. Das Klima Chinas ist zweifellos geprägt durch die beiden Flüsse *Huangho* (den Gelben Fluß) und *Jangtse* (den Langen Fluß). In dem Letztgenannten könnte man die „kontinentale" Verkörperung des Monsunklimas sehen.

Der erste Eindruck vom *Jangtse* ist für einen Japaner recht unerwartet: Einen ganzen Tag lang fährt das Schiff, das sich mit einer Geschwindigkeit von 13 bis 15 Knoten *Shanghai* nähert, durch ein schlammiges Meer. Der *Jangtse*, der all diesen Schlamm ins Meer speit, ist über 5000 km lang, also viereinhalbmal so lang wie der Rhein und länger als die japanische Inselkette, und von daher ist dieses Phänomen im Grunde gar nicht so verwunderlich. Und doch ist dieser Anblick verblüffend, denn in die Vorstellung, die ein Japaner vom Meer hat, paßt eine so riesige, schlammige Wasserfläche einfach nicht hinein. Hinzu kommt, daß die Flußmündung so breit ist, daß sie sich von jenem schlammigen Meer nicht unterscheiden läßt. Auch wenn einem gesagt wird, man fahre bereits stromaufwärts, stellt sich nicht das Gefühl ein, man befinde sich mitten auf einem Fluß. Weit und breit sieht man nichts als die Linie des Horizontes, die freilich ein wenig kräftiger erscheint als auf See. Der vermeintliche Horizont jedoch stellt sich als die Insel *Chung Ming* auf der rechten Seite der Flußmündung heraus, das linke Ufer ist überhaupt nicht zu sehen. Ein solcher Anblick zerstört einfach jede Vorstellung von „Meer" oder „Fluß". Ein Japaner würde sich unter „Meer" z. B. die Meerenge von *Akashi* vorstellen. Der *Jangtse* aber ist so breit wie die Bucht von *Osaka*, wo man jedoch von *Suma* aus noch die Berge von *Izumi* auf der anderen Seite sieht und von *Sakai* aus die Berge der Insel *Awaji.* Am *Jangtse* gibt es keine Hügel, nur den Horizont des rechten Flußufers.

Dies gilt selbstverständlich nur für die Mündung des *Jangtse*, nicht für den übrigen Flußlauf. Auch wenn er allmählich schmaler wird – erst 10 km, dann etwa 5 km breit – der Anblick bleibt erstaunlich. Die Meerenge von *Akashi*, die für den Japaner „Meer" bedeutet, ist nur 5 km breit und auf beiden Seiten von Bergen eingesäumt, die ins Meer abfallen. Der *Jangtse* hingegen fließt durch endlos weite Ebenen und so entsteht nie der Eindruck, als würde das Land ihn bedrängen. Im Gegenteil, er ist es, der mit seiner Majestät das Land beherrscht.

Dies zeigt zugleich die Beschaffenheit der *Jangtse*-Ebene: Wenn das Schiff so nahe ans Ufer herankommt, daß man Bäume oder Felder erkennen kann, sieht man von Deck aus höchstens ein paar Kilometer weit ins flache Land hinein, und dann stößt das Auge bereits wieder auf den Himmel. Es mag sein, daß die *Jangtse*-Ebene hundert, ja, tausend Kilometer breit ist, die Sicht beträgt nicht mehr als einen Kilometer, und folglich stellt sich auch nicht das Gefühl von Weite ein. In Japan verhält es sich anders; dort wird man sich der Breite einer Ebene angesichts der sie begrenzenden fernen Berge bewußt. Zwar beträgt die Entfernung zu den Bergen vielleicht nur 30 oder 40 km, aber das genügt, um beim Betrachter das Gefühl einer Ausdehnung zu wecken. Die Ebene des *Jangtse* ist zu breit, als daß man in der Ferne Berge sehen könnte, und so kommt es, daß die Weite nicht eindrücklich wird. Dies also ist das wirkliche Bild der großen Ebene, die der *Jangtse* geschaffen hat. Und wieder, wenn auch in umgekehrtem Sinne, werden alle Vorstellungen von Weite und Größe hinfällig.

Das weite Becken des *Jangtse* ist durch Wasser entstanden, Wasser, das vor allem die Taifune vom Pazifischen Ozean mitbringen. Es wäre also nicht übertrieben, wenn man sagte, die Welt des *Jangtse*-Tales sei die kontinentale Verkörperung des Monsunklimas. Nehmen wir einmal an, diese Beschreibung träfe zu, wie zeigen sich hier dann die Charakteristika der Monsunregionen, die wir als „passiv-resignierend" bezeichnet haben?

Der unmittelbare Eindruck, den der *Jangtse* und seine große Ebene vermitteln, ist nicht der unermeßlicher Weite, wie sie sich mit dem Wort „Kontinent" verbindet, sondern der von Eintönigkeit, leerer Breite. Das große Schlammeer vermittelt nicht das sonst zum Meer gehörende Gefühl der Lebendigkeit; und auch dieser schlammige Fluß, der breiter ist, als sich uns in Japan das Meer meistens zeigt, erweckt nicht den Eindruck, als fließe er „reichlich und ruhig". In derselben Weise zeigt sich uns der platte Kontinent nicht als „groß". Der Verstand sagt uns zwar, daß die Ebene, die sich zwischen dem *Jangtse* und dem *Huangho,* dem Gelben Fluß, erstreckt, um das Vielhundertfache größer ist als die *Kanto*-Ebene in Japan; was wir aber mit dem Auge fassen können, wenn wir uns mitten in dieser Ebene befinden, ist lediglich ein unerheblicher Ausschnitt. So weit man auch geht, stets begegnen einem in schier endloser Wiederholung diese sich immer gleichbleibenden kleinen Ausschnitte. Die Größe des chinesischen Kontinents kommt also in einer an Abwechslung armen, vage monotonen Stimmung zum Ausdruck.

Mit anderen Worten: In der Berührung mit diesem Kontinent entdeckt der Japaner sich selber als jene ins Weite sich verlierende Monotonie. Die Menschen, die seit Generationen in diesem Klima gelebt haben, fanden sich immer so vor und haben gar keine Möglichkeit, sich anders zu verstehen. Unter diesen Bedingungen verwandeln sich die passiv-resignierenden Eigenschaften des Menschen der Monsunregionen in *eine Zähigkeit des Willens, um dieser leeren Monotonie standhalten zu können, in einen Verzicht auf Emotionen*. Diese Eigenschaften führen zu einem *beharrlichen Festhalten an der Tradition* und zu einem *ausgeprägten Sinn für Geschichte*. Diese Haltung stellt schlechthin die Antithese zur indischen dar, denn wenn der Charakter des Inders bestimmt ist durch eine Überfülle an Gefühl, dann der des Chinesen durch die Unbewegtheit des Gefühls.

Ich will hier nicht behaupten, daß allein der *Jangtse* repräsentativ für das chinesische Klima sei. Das Klima der nördlichen Hälfte des Kontinents sollte am Beispiel des Gelben Flusses erläutert werden, doch kann ich nicht aus eigener Anschauung von diesem Fluß und der Landschaft, die er durchfließt, berichten, wobei die unvermittelten Eindrücke bei der Untersuchung eines Klimas von entscheidender Bedeutung sind. Da ich über keine eigenen Beobachtungen des *Huangho* verfüge, bleibt mir nichts weiter übrig, als die vorausgegangenen Betrachtungen durch Informationen aus zweiter Hand zu ergänzen.

Es gibt ein altes Sprichwort, in dem es von China heißt: „Im Süden Schiffe, im Norden Pferde." Anders gesagt: Das *Jangtse*-Becken ist sehr wasserreich, das *Huangho*-Becken sehr trocken. In jüngerer Zeit wird die Eigenschaft „Schiffe im Süden" durch Dampfer und Kriegsschiffe auf dem *Jangtse* dokumentiert, während der *Huangho* überhaupt keine Rolle für die Entwicklung der Wasserwege spielt. Das *Jangtse*-Becken ist eine Reisanbaugegend, im *Huangho*-Becken wird Weizen angebaut. Dies wird verständlich aus der Tatsache, daß der *Huangho* in der Wüste entspringt und folglich das Bindeglied zwischen Wüste und Monsunregion darstellt.

Diese Erklärung gilt auch für die Beschaffenheit der gelben Erde (Löß) in der *Huangho*-Ebene. Die feinen Partikelchen, aus denen der Boden besteht, sollen sich durch die Kälte in der Wüste gebildet haben. Diese Körnchen werden zunächst vom Wind weitergetragen, dann vom Wasser. Bedenkt man, daß dieses Wasser wiederum aus dem Pazifik stammt, dann ist der Lößgürtel um den *Huangho* das Ergebnis eines Zusammenwirkens von Wüste und Monsun. Mit dem Gelben Fluß hat dieses Zusammenspiel konkrete Form angenommen.

Der Chinese hat also durchaus eine Beziehung zum Wüstenhaften. Er besitzt eine beträchtliche Fähigkeit zur *Willensanspannung*, die unter seinem passiv-resignierenden Charakter etwas durchaus *Kämpferisches* zum Vorschein bringt. All dies weist deutlich auf eine Verbindung von Monsunhaftem und Wüstenhaftem hin. Daraus kann man jedoch nicht ableiten, daß der Chinese von dem für Wüstenbewohner typischen Widerstandsgeist beseelt sei. Hier handelt es sich vielmehr um eine besondere Form des Monsuncharakters, denn der Chinese kennt jenen absoluten Gehorsam, der den Wüstenbewohner kennzeichnet, nicht. Dies hat etwas mit dem sogenannten „unbeugsamen Charakter" des Chinesen zu tun: Er beugt sich keinerlei Zwang, es sei denn, dieser sei ihm durch Blutsbande oder räumlich-soziale Bindungen auferlegt. „Er lehnt die Besteuerung durch den Staat ab; er versucht, dem Militärdienst zu entgehen; er ignoriert Verordnungen, und Gesetze sind seiner Meinung nach nicht das Papier wert, auf dem sie geschrieben stehen; er frönt dem Glücksspiel und dem Opium – kurz, er entzieht sich jeglicher staatlichen Kontrolle und tut, was er will" (Fumio Kotake, Zur Wirtschaftsgeschichte des Modernen China, S. 25). Freilich beugt er sich jeder Macht, gegen die Widerstand nicht sinnvoll wäre. Dabei handelt es sich jedoch lediglich um eine äußerliche Einwilligung, um eine scheinbare Unterwerfung; sein Herz bleibt ungezähmt. Dafür legen Redewendungen wie „vorne folgen, hinten widerstehen" oder „zu beiden Seiten ja sagen" Zeugnis ab. Die „ungehorsame" Resignation des Chinesen hängt unmittelbar mit der Unbewegtheit seines Gefühls zusammen.

Ich hatte ähnliche, wenngleich flüchtige Eindrücke, als ich mich im Jahre 1927 in *Hongkong* und *Shanghai* aufhielt. Unser Schiff ging auf der *Kowloon*-Seite *Hongkongs* vor Anker. Dort sah man hinunter auf unzählige Dschunken, die sich um die ausländischen Schiffe drängten, um Waren an Bord zu bringen oder zu entladen. Auf diesen Dschunken, so schien es, waren jeweils mehrere Familien zu Hause; anmutige kleine Kinder spielten scharenweise auf dem Deck; junge und alte Frauen gingen ihrer Arbeit an den Tauen nach – ein wahrhaft friedlicher Anblick. Auf den zweiten Blick entdeckte ich jedoch, daß diese Dschunken an Bug und Heck mit altertümlichen Kanonen bestückt waren, welche wohl zur Verteidigung gegen Seeräuber dienten, die die Dschunken mit ebensolchen Waffen angriffen. Da waren also alle diese Menschen auf ihren gebrechlichen Booten mit dem Transport von Waren beschäftigt und arbeiteten die ganze Zeit über unter der Bedrohung und in Erwartung von Artilleriekämpfen mit Seeräubern. Ich kam aus dem Staunen nicht heraus, denn das Entladen und den Abtransport von Frachtgütern angesichts eines möglicherweise bevorstehenden Artilleriegefechts kann man beim besten Willen nicht als friedliche Tätigkeit bezeichnen. Für diese chinesischen Arbeiter schien dies jedoch etwas ganz Alltägliches zu sein, denn – Frauen und Kinder an ihrer Seite – verrichteten sie ganz gelassen ihre Arbeit. Ich bezweifle, daß an irgendeinem anderen Ort der Welt solche Menschen zu finden sind.

Angesichts dieser Arbeiter hatte ich das Gefühl, etwas vom Wesen der Chinesen erkannt zu haben. Sie leben in einer so festgefügten verwandtschaftlichen Gemeinschaft, daß sie sich selbst bei drohendem Kanonenbeschuß nicht trennen. Zweifellos gibt es auch einen landsmannschaftlichen Zusammenhalt, so daß die Dschunken im Falle eines Angriffs einander zu Hilfe eilen. Doch abgesehen davon existieren keinerlei Schutzmaßnahmen, denn von der Macht des Staates ist in den chinesischen Hoheitsgewässern nichts zu spüren. Um sich zu schützen, sind diese Menschen allein auf sich selbst angewiesen. Sie leben ein an kein Gesetz gebundenes Leben, ohne je zu hoffen oder gar zu beanspruchen, der Staat solle ihnen Sicherheit gewähren. Auf diese Weist ist ihre so enge familiäre und landsmannschaftliche Gemeinschaft entstanden sowie ihre Resignation, irgendeiner Macht, die stärker ist als ihre kleine Gruppe, Widerstand entgegenzusetzen. Daraus ergibt sich auch die Einstellung des *mei fa su* – „nichts zu machen!". Dies zeigt einerseits eine passiv-resignierende Haltung, andererseits aber auch einen unergründlichen Trotz. Diese Lebenseinstellung äußert sich darin, daß man zusammen mit der Familie ruhig und gelassen auf den mit Kanonen bestückten Dschunken lebt. Zwar besteht Gefahr, daß die gesamte Familie vernichtet wird, deshalb ist das Boot bewaffnet; aber man könnte schließlich gar nicht leben, wenn man wie gebannt auf eine mögliche Gefahr starrte. Man rechnet mit ihr, also werden Kanonen installiert, und damit hat es sich. Schließlich nimmt die Gefahr nicht dadurch ab, daß die Angst die Oberhand gewinnt. Solange die Gefahr einem nicht unmittelbar auf den Leib rückt, bleibt man gleichmütig, denn Gleichmut ist das beste Mittel zur Selbstverteidigung. Zugleich soll jedes eingegangene Risiko größtmöglichen Gewinn bringen, denn das Ansammeln von Geld ist gleich dem Ansammeln von Kräften zum Selbstschutz. Der beste Schutz gegen Gefahr ist, ihr ins Auge zu sehen. Diese Einstellung des anarchisch lebenden Menschen enthält nüchternen Selbsterhaltungstrieb und gefühlsmäßigen Gleichmut. Beides zusammen macht ihre Stärke aus.

Als ich mich im Februar 1927 in Shanghai aufhielt, wurde mir diese Stärke noch deutlicher bewußt. Der Einfluß des Russen *Borodin* in China hatte einen Höhepunkt erreicht. Die Armee *Chiang Kaisheks* war im Begriff, das *Jangtse*-Becken unter ihre Kontrolle zu bringen. Im Norden standen seine Truppen nur wenige Kilometer vor Shanghai; der Geschützdonner soll bereits in den Wohnvierteln der Vorstädte zu hören gewesen sein. Da beschlossen die Arbeiter Shanghais einen Sympathiestreik für *Chiang*: Die Postämter blieben geschlossen, keine Straßenbahn fuhr mehr, und es hieß, daß auch die Elektrizitäts- und Wasserversorgung jeden Augenblick unterbrochen werden könnten. Die Kommunisten sahen ihre Chance gekommen und überzogen die Stadt mit Propaganda und Agitation. Es schien, als würden die Massen losschlagen. Außer den Russen konnte kein Ausländer mehr ohne Lebensgefahr in den chinesischen Teil der Stadt gelangen. Da begann die Nordarmee, die Shanghai verteidigte, drastische Maßnahmen gegen die Kommunisten zu ergreifen. Verdächtige wurden zusammengetrieben und getötet; ihre abgeschlagenen Köpfe wurden an Laternenpfählen aufgehängt und zur Schau gestellt. Man munkelte, dies sei womöglich erst der Anfang derartiger Massaker. Die größte Furcht der Ausländer war, die Nordarmee, die zur Verteidigung Shanghais vor der Stadt lag, könnte von den Truppen *Chiangs* gezwungen werden, sich in die Stadt zurückzuziehen – eine Vorstellung, die ungeheure Bestürzung auslöste. Denn in diesem Falle, ganz gleich, welche Seite den Sieg davontrüge, würden bewaffnete, plündernde Horden über die Stadt herfallen und von Raub über Vergewaltigung bis zum Mord alle nur erdenklichen Gewalttaten verüben. So jedenfalls stellte sich die Situation für die Ausländer dar; angstvoll und beklommen hofften sie, daß ihre jeweiligen Regierungen sie schützen würden. Und ihre Erwartungen wurden nicht enttäuscht: Kriegsschiffe aller Herren Länder machten in Shanghai fest und setzten Landekorps aus, damit wengistens der den Ausländern überlassene Bezirk geschützt werden konnte. Aber man befürchtete, daß der Schutz sich nicht auf Häuser erstrecken würde, die außerhalb dieser Gebiete lagen. Also war die Rede davon, die Familien in einen sicheren Bereich innerhalb dieses Bezirks nahe dem Hafen zu bringen. Durch das Prestige und die Macht ihrer

Heimatländer fühlten sie sich gestützt und beruhigt. Wenn es zum äußersten kam, konnten sie dieses unruhige Land ja verlassen und nach Hause zurückkehren, wo die staatlichen Behörden ihnen vollkommenen Schutz garantierten. Zu diesem Behufe warteten bereits große Passagierschiffe im Hafen. Die solchermaßen nervösen Ausländer, so sehr an Schutz von seiten des Staates gewöhnt, fühlten sich angesichts der Möglichkeit, außer Reichweite dieses Schutzes zu geraten, verlassen und hilflos.

Wie aber stand es um die Chinesen, für die es von vornherein keine Möglichkeit gab, sich hilfesuchend an den Staat oder gar an eine Kuliarmee zu wenden, die sich jeden Augenblick in eine Horde bewaffneter Strolche verwandeln konnte? Selbstverständlich waren einige Läden geschlossen und verbarrikadiert; aber es hieß, dies sei – wie seinerzeit der Streik der Arbeiter – mehr als Sympathiekundgebung für General *Chiang* zu verstehen. Von dieser Tatsache abgesehen verriet nichts in den Gesichtern der Chinesen Unruhe oder Besorgnis. Wenn man das Leben in den Straßen betrachtete, sah man die Chinesen kommen und gehen wie immer und mit undurchdringlicher Miene ihre Waren verkaufen: da war keine Spur von Aufgeregtheit, vielmehr zeigten sie Ruhe und Gelassenheit. Auch an der Börse, wo Gerüchte im Umlauf waren, daß der Kurs für den japanischen Yen demnächst kontrolliert werde, drängten sich die Chinesen wie eh und je und waren eifrig am Spekulieren. Es ließ sich kein Anzeichen irgendeiner Befürchtung erkennen, daß man womöglich noch am selben Tag durch eine grausame Gewalttat ums Leben kommen könnte. Solange die Chance bestand, Gewinne zu machen, war der Ernstfall ja noch nicht eingetreten. Sollte er sich dennoch einstellen, dann mußte man Geld und Waren verstecken, sich irgendwie unsichtbar machen oder mit aller zu Gebote stehenden List fliehen. Solange nichts geschah, hatte es keinen Sinn, sich aufzuregen und sich verrückt zu machen. Mit einer solchen Gefühlsverschwendung könne man in China nicht leben – das stand deutlich in ihren Gesichtern zu lesen. Da die Chinesen gar nicht mit staatlichem Schutz rechnen, bedeutet ihnen auch die Möglichkeit, sie könnten diesen Schutz verlieren, nichts und regt sie nicht auf.

Voller Erstaunen angesichts dieses so andersartigen Verhaltens verließ ich Shanghai. Abgesehen von jenen an Laternenmasten aufgehängten Köpfen der Enthaupteten fanden in der Folgezeit keine weiteren Unruhen statt, und die Situation entwickelte sich entsprechend der chinesischen Lebenseinstellung. Es war also völlig überflüssig gewesen, daß die hier lebenden Ausländer sich vom Kanonendonner vor der Stadt so sehr hatten erschrecken lassen und schließlich Opfer ihrer

Nervosität und Ängstlichkeit geworden waren. Noch einmal zeigt sich hier die Stärke eines Lebens jenseits der Gesetze. Für einen Japaner, dessen ganzes Leben auf den Staat ausgerichtet ist, wäre eine derartige Situation unvorstellbar.

Wenn hier von einer Unbewegtheit des Gefühls bei den Chinesen die Rede ist, soll das nicht heißen, sie hätten keinerlei Gefühlsleben. Es besagt lediglich, daß ihre Gefühle nicht so leicht erregbar, daß sie selber nicht sentimental sind. Derjenige, der in jener leeren Monotonie sich selbst erkennt, braucht nicht nach Abwechslung und Veränderung zu suchen, die das Gefühl bewegen und erregen. In dieser Hinsicht sind Chinesen und Japaner grundverschieden, denn der Japaner ist einer Fülle wechselnder Stimmungen unterworfen. Die Geschichte von dem Chinesen, der einen Vogelkäfig in der Hand, den ganzen Tag über in den Himmel guckt, ist seit altersher in Japan bekannt, wohl gerade deshalb, weil sie einem Japaner so völlig unbegreiflich ist. Ein derartiger langatmiger Lebensrhythmus, wie diese Geschichte ihn symbolisiert, scheint für japanische Augen einem Stillstand gleichzukommen. Positiv betrachtet weist diese Unbewegtheit auf eine Haltung ruhiger Gelassenheit hin, die selbst den einfachen Bauern und Händlern Chinas eigen ist und die zu erlangen für den stets betriebsamen und rastlosen Japaner geradezu ein Lebensziel darstellt. Man darf wohl sagen, daß der Japaner eher kleinlich und unruhig ist, der Chinese hingegen großzügig und gelassen. Seine Gelassenheit ist jedoch nicht von solcher Art, wie sie durch die Überwindung jener feinen, überempfindlichen Gemütsbewegung erreicht wird, nicht die durch Übung unerschütterlich gewordene. Die Chinesen sind von Natur aus durch nichts zu erschüttern, und so stellt diese Lebenshaltung kein moralisches Verdienst dar.

Die nämliche Eigenschaft ist auch kennzeichnend für die chinesischen Kunstwerke. Im allgemeinen besitzen sie eine Art weitläufiger Größe. Ungeachtet einer gewissen Grobheit sind sie treffend im Ausdruck. Andererseits lassen sie eine bestimmte Gefühlsleere spüren und jegliche Feinheit der Struktur vermissen. Besonders auffällig ist dies bei der in der Neuzeit entstandenen Palastarchitektur Chinas: Der Palast ist groß angelegt und vermittelt einen erhabenen Eindruck; die Details jedoch sind grob und fade, es lohnt kaum, sie zu betrachten – der Anblick der Erhabenheit stellt sich also nur aus der Entfernung ein. Nun kann man wohl nicht behaupten, es komme bei einem Kunstwerk – wenn es doch aus der Entfernung einen großartigen Eindruck vermittle – nicht aufs Detail an. Diese Vernachlässigung des Details ist ein weiterer Ausdruck der oben beschriebenen Unbewegtheit des Gefühls.

Selbstverständlich steht dieser Architekturstil nicht für die ganze zweitausendjährige Tradition chinesischer Kunst. Wie Ausgrabungsfunde aus der *Han*-Zeit in *Le Long* belegen, gibt es hier durchaus feingestaltete Details. Es waren vor allem die subtilen und doch kraftvollen Malereien auf Kästchen aus Schildpatt, die meine Vorstellung von der Kunst der *Han*-Zeit – die sich vornehmlich auf die Steinskulpturen bezog – völlig ins Wanken brachte. Auch die Rollenbilder von *Ku-Naichin* in einem Londoner Museum sind von großer Subtilität. In späterer Zeit gibt es z. B. unter den Felsenreliefs von *Datong, Yungang* und *Long Min* sehr fein empfundene und gestaltete Werke. Auch die Kunst der *Tang*-Dynastie weist in hohem Maße diese Feinheit der Gestaltung auf, die auch in der *Sung*-Dynastie noch nicht verlorengegangen ist. Zwei Punkte sollten bei der Betrachtung dieser großen Kunst nicht übersehen werden: Zum einen sind fast alle diese hervorragenden Kunstwerke in der Kulturlandschaft um den Gelben Fluß entstanden; angesichts dieser Tatsache müßte man, wenn man das Klima dieser Gegend nicht isoliert betrachtete, einen anderen Standpunkt in bezug auf die Kunst dieser Region einnehmen. Zum anderen ist diese Art der Kunst nach der *Sung*- und *Fan*-Zeit kaum noch ausgeübt worden und seit der *Ming*-Zeit völlig verschwunden. Dennoch gibt es etwas für die ganze chinesische Kunst Spezifisches, das von den frühen Bronzen der *Qin*-Zeit über die Werke der *Han*- und *Tang*-Zeit bis hin zur *Ming*- und *Qing*-Zeit zu beobachten ist. So ist der Einfluß der frühen *Qin*-Bronzen bis heute im Stil der Möbel und der Inneneinrichtung lebendig. Jene nur aus der Entfernung wirkende Leere und etwas grobe Palastarchitektur hat etwas gemeinsam mit den abstrahierenden Felsenmalereien der *Han*-Zeit und den großartigen, überdimensionalen steinernen Buddha-Figuren in *Datong-Yungang*. Die Bildhauerei der *Tang*-Zeit erweist sich als großformatig und recht grob; abgesehen von einigen hervorragenden Stücken sind die meisten Skulpturen eher mittelmäßig und nichtssagend und denen der *Ming*- und *Qing*-Zeit durchaus verwandt. Wollte man jedoch im heutigen China etwas finden, das in die Nähe der feinen und subtilen Details der *Han-*, *Tang*- und *Sung*-Zeit käme, dann suchte man vergebens. So darf man wohl mit einem gewissen Recht behaupten, daß die Unbewegtheit des Gefühls eine Eigenschaft ist, die in der gesamten chinesischen Kunst zutage tritt.

Dasselbe gilt für die riesigen Schriftensammlungen, die in China entstanden sind, wie die ›Vollständige Sammlung buddhistischer Schriften‹ oder ›Die ganze Schrift in vier Abteilungen‹. Indem sie dazu beigetragen haben, die Literatur Chinas zu erhalten, sind diese große Sammlungen von unschätzbarem Wert für die Nachwelt; in bezug auf die

Textgenauigkeit läßt sich dies allerdings nicht sagen. ›Die vollständige Sammlung buddhistischer Schriften‹ z. B. war der Versuch, *alle* der aus Indien nach China gebrachten und dort übersetzten buddhistischen Schriften zusammenzutragen; eine kritisch auswählende und ordnende Methode war dabei nicht am Werk. Später wurden dann auch die in China verfaßten Schriften in die Sammlung mitaufgenommen. Damals legte man zwar bereits strengere und kritischere Maßstäbe an, doch wurde das Kriterium der Genauigkeit nicht auf die übersetzten Teile des buddhistischen Kanons angewandt, sondern alle übersetzten Texte wurden wahllos aufgenommen. Erst in der *Tang*-Zeit kam diese große Sammlung zu einem Abschluß und wurde in der *Sung*-Zeit zum ersten Mal gedruckt. Ihr Titel lautet ›Mahayana- und Hinayana-Sutras, Verordnungen und Kommentare in 7 Hauptteilen, 1076 Artikeln, 5048 Bänden und 480 Unterteilungen‹. Zwar ordnete man die Schriften von Anfang an nach einem bestimmten Schema, diese Ordnung aber war lediglich wie ein Band, das den Inhalt äußerlich zusammenhielt, und kein System, das dem Kriterium inhaltlicher Einheit und Ordnung folgte und damit die Unterscheidung zwischen Echtem und Unechtem ermöglicht hätte. Von außen betrachtet erscheint alles wohlgeordnet, wendet man sich aber dem Inhalt zu, so steht man vor einem wahren Wust nichtklassifizierten, vermischten Schriftenmaterials. Mit der ›Ganzen Schrift in vier Abteilungen‹ wurde diese Tendenz bis zum äußersten getrieben. Dies führte dazu, daß die Sammlung keine praktische Funktion mehr hat.

Noch deutlicher zeigt sich diese für China typische Eigenschaft in der Struktur der einheitlichen Großreiche. In Europa hat nur das Römische Reich in seiner Blütezeit einen Stand an imperialer Zentralisation erreicht, wie ihn die chinesischen Großreiche besaßen, die von *Qin*- und *Han*-Zeit – sie reicht fast bis in die Gegenwart – aufeinanderfolgten. Betrachtet man nur diesen Aspekt, könnte man meinen, die Chinesen seien ein ausgesprochen politisch denkendes Volk. In Wirklichkeit waren diese Großreiche jedoch keineswegs so vollkommen zentralistische Staatsgebilde, daß ihre Autorität bis in jeden Winkel des Landes reichte. Auch wenn das chinesische Reich sich äußerlich als geordnet und durchstruktiert darstellte, lebten die Menschen im großen und ganzen ohne Gesetze. Stets belief die Zahl der Banditen sich auf eine, wenn nicht gar zwei Millionen. So also sah die Wirklichkeit des chinesischen Reiches aus.

Kotake zufolge, den ich oben zitiert habe, begünstigten die Verkehrsbedingungen der Ebenen die wirtschaftlichen Beziehungen; so arbeiteten bereits zur *Qin*- und *Han*-Zeit weite Landstriche wirtschaftlich zusammen. Diese Entwicklung war eine Folge des chinesischen Klimas und entsprach den natürlichen Gegebenheiten weit mehr als jene feudalistische Autonomie, die der Vereinigung zu einem Großreich vorausging. Die Feudalreiche traten von Anfang an als Städte in Erscheinung, die mit einer Burg befestigt waren und ihr Territorium durch künstliche Wälle schützten. Nun hätten die vielen kleinen Feudalreiche nicht nebeneinander bestehen können, wenn man sich nicht mit aller Kraft um eine Verteilung der Güter bemüht hätte. Besonders nach der *Sung*-Zeit habe die wirtschaftliche Verflechtung landauf, landab zugenommen. Der Chinese habe sich nicht auf den Staat verlassen, sondern jenen ausgedehnten Handel mit Hilfe regionaler Gruppierungen betrieben. Die Gesetzlosigkeit sei also kein Hindernis für das Zustandekommen einer wirtschaftlichen Einheit gewesen. Der Verwaltungsapparat habe keine Struktur dargestellt, die das ganze Volk umfaßt habe, er sei dem Volk übergeordnet und keine Organisation für das Volk gewesen. Ursprünglich hätten sich die Beamten aus den Adelsfamilien rekrutiert, seit der *Sung*-Zeit jedoch – durch Examensauslese – aus dem bürgerlichen Stand. Diese Beamten seien also keine Soldaten, sondern gebildete „Intellektuelle“ gewesen, die durch die Unterstützung der Herrscher ungeheuer mächtig waren, und hätten meistens ihre Macht dazu benutzt, sich die eigenen Taschen zu füllen. Während der *Sung*-Dynastie hätten Regierungen wie Beamte ihre Finger nicht nur im staatlichen Monopolhandel, sondern auch in zahlreichen anderen Wirtschaftsunternehmungen gehabt. „Es ist nicht zu leugnen, daß die gelehrten Beamten – so sehr sie auch den Händler und dessen Gewinnstreben verachteten – ihre eigenen Gewinne nicht nur in Landkäufe, sondern in vielerlei andere wirtschaftliche Unternehmungen investierten. Auch im heutigen China gibt es eine große Anzahl Beamter, ja, sogar Gelehrter, die Geschäfte machen – eine Tatsache, die uns in Erstaunen vesetzt“ (ibid, S. 30). So könnte man also sagen, sogar der Staat und seine Regierung seien gesetzlos.

Nach dem Zusammenbruch des letzten Kaiserreiches zerfiel die Bürokratie, und es bildeten sich wirtschaftliche und militärische Cliquen, die in dem Bestreben, sich zu bereichern, sich mit ausländischem Kapital verbanden. Die Tatsache, daß bis zum Ausbruch des jetzigen Krieges die Städte Shanghai und Hongkong den Lebensnerv Chinas bildeten, veranschaulicht diesen anarchischen Charakter des chinesischen Staates wohl zur Genüge. Die Macht der Politiker, die die Geschicke Chinas bestimmten, kam von den Banken in Shanghai und Hongkong, und selbst wenn einige dieser Banken nicht direkt in ausländischer Hand waren, standen sie doch alle unter dem Schutz fremder

Mächte. Der chinesische Staat regierte also das Volk nicht von innen, sondern war für das Volk etwas von außen Aufgezwungenes. Dieses aber, ohnehin nicht gewillt, sich staatlicher Macht zu beugen, fühlte sich durch diese Zustände nicht sonderlich beeinträchtigt. Nur wenige wache Führer, wie *Sun Yatsen*, waren sich dieser Verhältnisse schmerzlich bewußt. Er stellte 1924 fest, China sei in einem Ausmaße dem Druck der Großmächte ausgesetzt, daß es in jeder Hinsicht, nur nicht dem Namen nach, eine Kolonie sei. Mehr noch: Es befinde sich in einer wesentlich weniger vorteilhaften Lage als die wirklichen Kolonien. Das chinesische Volk hingegen schien sich aus dieser wirtschaftlichen Zwangslage nicht allzu viel zu machen. *Sun Yatsens* Diagnose war richtig, doch in dem Bemühen, China aus diesem Würgegriff zu befreien, verstrickten er und seine Mitarbeiter das Land noch tiefer in die Abhängigkeit vom ausländischen Kapital, so daß China schließlich zum Hauptschauplatz der weltweit miteinander im Wettstreit liegenden Kräfte des Kapitalismus wurde. Zwar mag dieser Verlauf eine gewisse Rolle bei der Entstehung eines chinesischen Nationalbewußtseins gespielt haben, aber solange die hinter dieser Bewegung stehenden Kräfte nur dazu beitrugen, den Kolonialstatus Chinas zu konsolidieren, konnte dieses nationale Erwachen nicht zu einer echten Befreiungsbewegung für China werden. Die Unbewegtheit ihres Gefühls hat die Chinesen, wie es scheint, schließlich in ihr größtes Unglück geführt.

Den eigenen Charakter klar erkennen heißt, den Weg erkennen, der über die Beschränkung des eigenen Charakters hinausführt; dies heißt auch, den Charakter derjenigen verstehen, die anders sind als wir selbst, und so die eigenen Schwächen durch die Stärken der anderen ergänzen.

Bis zur *Meiji*-Restauration haben die Japaner ihre eigene Kultur für unerheblich gehalten und die chinesische so verehrt, daß sie alles daransetzten, sich diese zu eigen zu machen – selbst in so alltäglichen Bereichen wie Küche, Hausbau, Kleidung und dergleichen. Doch am Ende war all dies deutlich verschieden von dem chinesischen Vorbild, und auch die von den Chinesen übernommene geistige Kultur war schließlich keine chinesische mehr. Denn der Japaner schätzt das Subtile und Feine; der für die chinesische Kultur charakterische große Schwung läßt ihn unberührt. Äußere Ordnung ist ihm nicht so wichtig wie die bis in den letzten Winkel reichende innere Verfeinerung, konventionelle Förmlichkeit nicht so sehr wie die Eingebungen des Herzens. So viel er sich von der chinesischen Kultur auch zu eigen gemacht hat, chinesischen Charakter hat er nicht angenommen. Nichtdestoweniger lebt in der japanischen Kultur der Geist, der die *Qin-* und *Sung-*Zeit beseelte. Wenn die Chinesen dies erkennen würden, könnten sie die Kraft und die Größe ihrer so edlen Vergangenheit wiedergewinnen, die dem heutigen China verlorengegangen sind. Darin könnte ein Ausweg aus der Sackgasse zu finden sein, in der die chinesische Mentalität sich heute befindet.

China muß zu neuem Leben erwachen. Es muß zur Größe der *Han-* und *Tang-*Zeit zurückfinden, denn für die Entwicklung der Weltkultur ist eine chinesische Renaissance unerläßlich. Jene Finanz- und Militärcliquen, die so hartnäckig bestrebt sind, China zu einer Kolonie ausländischer Mächte zu machen, sind die eigentlichen Feinde Chinas. Sobald das chinesische Volk sich klar und eindeutig auf seine eigene Kraft besinnt, wird die Renaissance des großen China anbrechen.

1929 verfaßt, 1943 überarbeitet.

2. *Japan*

a) Der Taifuncharakter

Die Lebensweise des Menschen ist in besonderem Maße geschichtlich und klimatisch; ihre jeweilige Ausprägung zeigt sich am deutlichsten an den klimatischen Mustern, wie sie durch die Gegebenheiten eines Klimas zustande kommen. Klima ist immer schon geschichtlich, und insofern sind die klimatischen auch immer geschichtliche Muster. Ich habe die Lebensweise des Menschen in den Monsunregionen „monsunhaft" genannt. Dies gilt auch für die Lebensweise des japanischen Volkes. Auch der Japaner ist „monsunhaft", nämlich *empfänglich-resignativ.*

Mit dieser Kategorie allein läßt sich der Charakter des Japaners jedoch nicht zulänglich beschreiben. Wenn man das Klima einmal abstrakt betrachtet, dann haben das japanische und das indische Klima auf den ersten Blick vieles gemeinsam: dank des Meeres ein üppiges Pflanzenwachstum, starke Sonneneinstrahlung und reiche Wasservorkommen. Doch während Indien im Norden durch hohe Berge und im Süden durch den Indischen Ozean abgeschirmt ist und mit äußerster *Regelmäßigkeit* von jahreszeitlich bedingten Winden heimgesucht wird, ist Japan – eingezwängt zwischen den riesigen mongolisch-sibirischen Kontinent und den noch größeren Pazifik – wechselhaften jahreszeitlichen Winden ausgesetzt. Beiden gemeinsam ist zwar, daß große Mengen Wassers, die aus dem Meer aufsteigen, über dem Land niedergehen. Diese Wassergüsse brechen über Japan jedoch in Form von Taifunen herein, die zwar *jahreszeitlich bedingt*, doch so *jäh und gewaltsam* sind, daß sie sich mit keinem ähnlichen Witterungsereignis auf der Welt vergleichen lassen. Im Winter gehen diese Wassermengen als Schnee herunter, was anderenorts in dieser Heftigkeit ebenfalls nur selten geschieht. Mit seinen *heftigen Regen- und Schneefällen* stellt Japan also einen Sonderfall innerhalb des Monsunklimas dar. Es hat eine Art Doppelcharakter, da es sowohl *tropische Elemente* wie solche der *Kältezonen* in sich vereint. Auch die gemäßigten Zonen weisen in gewissem Maße diesen Doppelcharakter auf, der jedoch nur in Japan derartig kraß zutage tritt. Am deutlichsten wird dies in der Pflanzenwelt. Tropische Pflanzen wie die Reispflanze sind das beste Beispiel dafür, denn sie benötigen Hitze und Feuchtigkeit, um zu gedeihen. In Japan sind sie weit verbreitet, so daß die sommerliche Szene sich hier kaum von der tropischer Gebiete unterscheidet. Andererseits gedeihen Pflanzen – Weizen etwa –, die Kälte und nur wenig Feuchtigkeit brauchen, in Japan ebensogut. So ist die Erde im Winter mit Weizen und Wintergräsern bedeckt, im Sommer aber mit Reis und Sommergräsern. Diejenigen Pflanzen, deren Wachstum nicht vom Wechsel der Jahreszeiten abhängt, tragen sozusagen diesen Doppelcharakter in sich. So ist schneebedeckter Bambus geradezu das Sinnbild der japanischen Natur: Da er sich daran gewöhnen mußte, auch die Last des Schnees zu tragen, wurde er zu dem geschmeidigen, gebogenen japanischen Bambus.

Merkmale wie diese, die auch bei abstrahierender Betrachtung auffallen, sind indes konkrete Bestandteile des menschlichen Lebens. Die Menschen bauen Reis und *tropische* Gemüse an, Weizen und Gemüse der *Kältezonen*. Also bestimmen Regen und Sonne, die unentbehrlich für das Gedeihen der Pflanzen sind, ihr Leben. Taifune können die Reisblüte zerstören und damit die Existenz des Menschen bedrohen. Auch wenn er *an eine Jahreszeit gebunden* ist, der Taifun bricht *unerwartet und plötzlich* herein, und mit dieser doppelten Beschaffenheit von *Jahreszeitlichkeit und Plötzlichkeit* verkörpert er sozusagen den Doppelcharakter des japanischen Lebens. Zusätzlich zu diesem Doppelcharakter des Monsunklimas, das durch seine überreiche Feuchtigkeit dem Menschen zwar Nahrung schenkt, sein Leben aber mit heftigen Stürmen und Überschwemmungen bedroht, zusätzlich zu jener *empfänglichen* und *resignativen* Lebensweise, die den Bewohnern des Monsunklimas insgesamt eigen ist, kennt Japan noch eine besondere Variante dieses Doppelcharakters, nämlich das Nebeneinander von *tropischen* Merkmalen und solchen, die den *Kälteregionen* zugehören, von *jahreszeitlich Bedingtem* und *unerwartet Plötzlichem*.

Die für das Monsunklima typische Empfänglichkeit ist beim Japaner von besonderer Art, denn in ihr treffen Merkmale der tropischen und der kalten Zonen zusammen. Man begegnet hier weder der monotonen Gefühlsfülle der Tropen noch der eintönigen Beständigkeit des Gefühls der kälteren Zonen, vielmehr einem *Gefühl, das sich voll verströmt und dennoch in allen Wechselfällen beständig bleibt.* Entsprechend dem *jähen Wechsel* der Jahreszeiten braucht die empfängliche Gestimmtheit des Japaners den *jähen Stimmungswechsel;* die kontinentale Gelassenheit fehlt ihm; charakteristisch für ihn sind vielmehr *emotionale Vitalität und Empfindsamkeit.* Diese Lebendigkeit und Sensibilität des Gefühls *ermüdet jedoch leicht und ist nicht von fester Dauer.* Erholung von derartiger Ermüdung findet nicht in dem reizarmen Zustand der Ruhe statt, sondern durch den Wechsel der Gefühle, der durch stets neue Reize und Ablenkungen der Stimmung hervorgerufen wird. Die Beschaffenheit des Gefühls selbst unterliegt jedoch weder in Zeiten der Erschöpfung noch in solchen der Erholung einer Veränderung, d. h. all diesen Gefühlsschwankungen liegt eine bestimmte zähe Dauerhaftigkeit zugrunde: Das Gefühl bleibt *in allen Wechselfällen* beständig. Jene Empfänglichkeit hat jedoch auch jahreszeitlich-plötzlichen Charakter. Zwar unterliegt das still fortdauernde Gefühl ständigen Schwankungen, im Grunde aber bleibt es stets dasselbe. Der Stimmungswechsel vollzieht sich weder nur mit jahreszeitlich bedingter Regelmäßigkeit noch unterliegt er allein dem jäh Zufälligen, das Gefühl *wird vielmehr im Augenblick des Wechsel mit der ihm innewohnenden Plötzlichkeit zu einem neuen Gefühl, welches durch das vorherige bestimmt ist.* Wie der jahreszeitlich bedingte Taifun kann auch der Wechsel von einer Stimmung zur anderen mit unverhoffter Heftigkeit stattfinden. Derartige Gefühlsaufwallungen äußern sich oft in jähen Ausbrüchen. Wir begegnen hier nicht der Stärke des hartnäckig andauernden Gefühls, sondern der des alles mit sich reißenden *nowaki*, des Taifuns des Spätsommers oder Frühherbstes. Dies mag auch eine Erklärung für das geschichtliche Phänomen sein, daß die Japaner gesellschaftliche Reformen nicht durch langwierige Kämpfe, sondern durch Umsturz zustande brachten; von daher ist auch die japanische Einstellung zu verstehen, die mit ihrer Vorliebe für jegliche Art gehobenen Gefühls aller Hartnäckigkeit abhold ist. So ist es im tiefsten Sinne zutreffend, wenn man das japanische Gemüt mit den Kirschblüten vergleicht: Sie erblühen plötzlich und mit großer Pracht, beinahe etwas zu aufwendig. Doch diese Pracht ist nicht von langer Dauer; so rasch und unbefangen sie sich entfaltet, vergeht sie auch.

Auch das monsunbedingte Element der *Resignation* ist in Japan von besonderer Art, denn es hat sowohl *tropischen* wie *kältezonalen* Charakter, das heißt, diese Resignation besteht nicht nur aus einer *unkämpferischen Haltung* der Entsagung, wie in den tropischen Regionen, aber auch nicht nur aus dem *zähen, geduldigen Ausharren* wie in den kalten Zonen: *Es ist eine bei allem Wechsel entsagungsvolle und aufbegehrende, hartnäckig-ungeduldige Resignation.* Die Gewalt der Stürme und die sintflutartigen Regenfälle lassen den Menschen letzten Endes resignieren, doch der Taifuncharakter dieser Stürme erregt zugleich eine kämpferische Stimmung. Der Japaner hat also eigentlich nicht den Wunsch, die Natur zu beherrschen, aber er möchte ihr auch nicht unbedingt Widerstand entgegensetzen. Doch angesichts seines kämpferisch-protestierenden Charakters ergibt sich daraus eine nicht eben konsequente Haltung der Entsagung. Das spezifisch japanische Phänomen der „Entschlossenheit aus Verzweiflung“ *(yake)* verdeutlicht die soeben erläuterte Art der Resignation. Auch diese Resignation ist *jahreszeitlich-plötzlicher* Natur. Eine Resignation, die Protest beinhaltet, wiederholt sich gerade aus diesem Grunde weder jahreszetilich-regelmäßig noch plötzlich-unverhofft, sondern sie *ereignet sich immer wieder neu als jähes, alles umfassendes Resignieren.* Das in der Resignation enthaltene Aufbegehren bricht oft so heftig los wie ein Taifun, doch sobald der Gefühlssturm sich gelegt hat, setzt ebenso unvermittelt stille Entsagung ein. In seiner Empfänglichkeit entspricht der jahreszeitlich-plötzliche Charakter genau dem der Resignation. Kampf und Widerstand werden um so mehr bewundert, je heftiger sie sind, aber sie dürfen nicht in zähes Verharren ausarten, denn ein plötzliches Entsagen läßt das heftige Aufbegehren noch bewundernswerter erscheinen. Anders gesagt: *Die unvermittelte Geste der Entsagung, das selbstlose Vergessen und Vergeben* galt und gilt dem Japaner als höchste Tugend. Diese Gemütsverfassung, deren Symbol die Kirschblüte ist, beruht zum Teil in dieser Fähigkeit zu plötzlicher Resignation, was am augenfälligsten wird in dem wie selbstverständlich anmutenden Hingeben des eigenen Lebens. In frühen Zeiten zeigte sich dies – zur Bewunderung und zum Erstaunen der Europäer – besonders deutlich bei der Verfolgung der japanischen Christen, in jüngerer Zeit im japanisch-russischen Krieg. Jedem Kampf und jedem Akt des Widerstandes liegt eine Anhänglichkeit ans Leben zugrunde. Aber gerade in dem Augenblick, in dem diese Anhänglichkeit am stärksten zum Ausdruck kommt, schlägt sie ins Gegenteil um und wird zum totalen Verzicht auf das Leben. Hier zeigt sich die japanische Einstellung zum Kampf in ihrer höchsten Form. Der Geist des japanischen Schwertkampfes z. B. beruht in der völligen Einheit von Schwert und meditativer Haltung, das heißt, der Kampfgeist wird sowohl durch das Verhaftetsein ans Leben wie durch dessen Überwindung gestärkt. Genau dies ist die Haltung, die wir als taifunbedingte Resignation bezeichnen.

Von daher kann die spezifisch japanische Lebensweise beschrieben werden als ein reich sich verströmendes Gefühl, das unter allem Wechsel und Wandel still fortdauert, jedoch im Augenblick des Wechsels zwischen Veränderung und Erdulden jäh zum Ausbruch kommen kann. Mitten im Aufbegehren kann dieses lebhafte Gefühl in gelassene Resignation versinken; unter dem Hochgefühl des Tätigseins taucht urplötzlich der lautlose Verzicht auf. Man könnte hier von „sanfter Leidenschaft" *(shimeyaka)*[1] oder auch von „kämpferischer Selbstlosigkeit" sprechen. In dieser Eigenschaft zeigt sich uns der Geist Japans. Da dieser Charakter sich erst im Laufe der Zeit ausgebildet hat, wird er am geschichtlichen Beispiel am deutlichsten.

Der Mensch existiert als Individuum *und* als gesellschaftliches Wesen, das heißt, erst im Zwischenbereich ist er „Mensch", ja, die eigentliche „menschliche" Lebensweise zeigt sich überhaupt erst im „Zwischenmenschlichen", in der Art und Weise der Gemeinschaftsbildung.

Das innigste „Zwischen" ist, wie schon Aristoteles sagt, dasjenige von Mann und Frau. Die Unterscheidung, die durch die Worte „Mann" und „Frau" gemacht wird, gibt dieser Grundbeziehung bereits Ausdruck, das heißt der Unterschied liegt im „Zwischen", in welchem der Mann eine bestimmte Rolle verkörpert, die Frau eine andere. Ein Mensch, der keine dieser Rollen verkörpert, ist weder Frau noch Mann geworden. Ganz gleich, wie viele Personen dieser Art in Beziehung zueinander stehen, das „Zwischen" von Mann und Frau stellt sich in solchen Beziehungen nicht ein. So kann eine „Person" durchaus ein „Individuum" sein, „Mann" und „Frau" indes können nicht unabhängig voneinander existieren.[2]

[1] Nur in Japan wird dem Wort „Liebe" das Adjektiv *shimeyaka* (traurig, sanft, feucht, still, wehmütig, trüb, melancholisch) beigefügt. In dieser Wortverbindung drückt sich eine stille, harmonische Verschmelzung zarter Gefühle aus. *Shimeyaka na gekijō* ist ein Gefühl, das plötzlich in Leidenschaft *(gekijō)* umschlagen kann; ein Gefühl, das nicht die Monotonie der Leidenschaft besitzt, wie sie uns in den Tropen begegnet und dort bis zur Sentimentalität ausufern kann. Es handelt sich dabei jedoch auch nicht um ein bloß gedämpftes, versunkenes Gefühl.

[2] Das Wort *dokushin* (ledig) bedeutet im alltäglichen Sprachgebrauch nicht „Selbständigkeit", sondern das Fehlen eines Ehepartners. Es bezeichnet einen Mangelzustand: Derjenige, durch den das Dasein eines Menschen erst vollständig wird, fehlt.

Wie aber hat das „Zwischen" von Mann und Frau sich in Japan ausgebildet? Eine Antwort darauf finden wir z. B. in der Liebeslyrik, etwa im ›Kojiki‹ und im ›Nihon Shoki‹ (8. Jh.) und in der Literatur anderer Epochen, in denen das Thema „Liebe" vorrangig behandelt wird. Wir begegnen in ihnen einem offensichtlich ausgeprägt japanischen Typus der Liebe, *der sich in Gestalt heftiger Leidenschaft kämpferisch und doch zugleich selbstlos-entsagungsvoll* zeigt. Diese offensichtlich für Japan typische Weise der Liebe, wie sie uns z. B. im ›Kojiki‹ in vielen naiven Geschichten von enttäuschter Liebe entgegentritt, ist einerseits sanftmütig und traurig – in nichts zu vergleichen mit dem, was wir aus dem Alten Testament oder den griechischen Epen kennen – und andererseits leidenschaftlich-kämpferisch und wild wie ein Taifun, ein Zug, wie wir ihn weder in der indischen noch in der chinesischen Literatur antreffen.[3] Am deutlichsten wird diese stille und selbstlos-entsagungsvolle Haltung im „Freitod der Liebenden".[4] Im Laufe der Zeit ist diese Naivität weitgehend verlorengegangen, doch noch in der *Heian*-Zeit (9.–13. Jh.) ist jene Weise der Liebe erkennbar, die als *mono no aware* (das wesenhaft Anrührende) erfahren wird. In der *Kamakura*-Zeit dann (Ende 13. – Mitte 14. Jh.) verbindet man die Liebe mit der Religion. Aber auch in der *Ashikaga*-Zeit (Mitte 14.–16. Jh.),[5] wo die Liebe als eine Urkraft verherrlicht wird, ist sie noch in der oben beschriebenen Weise deutlich. Der Buddhismus hat den Stellenwert der Liebe nie herabgesetzt, sondern sie mit der Lehre des *bonnō soku bodai* (irdische Leidenschaft gleich überirdische Wahrheit) vielmehr dem Gedanken einer Spaltung von Leib und Seele entgegengesellt. So beruht der „Freitod der Liebenden" – ein beliebtes Thema in der Literatur der *Tokugawa*-Zeit (16.–18. Jh.) – eben nicht nur auf dem Glauben an eine „andere Welt", sondern hebt *durch die Verneinung des Lebens die Bejahung der Liebe* hervor. Das Herz, das nach ewigwährender Liebe verlangt, nimmt im Hochgefühl des Augenblicks eine klare und durchsichtige Gestalt an. Zwar bedeutet es den Abschied vom „Weg des Menschen", wenn man der Mann-Frau-Rolle zuliebe mögliche an-

[3] Man vergleiche in diesem Zusammenhang *Helena,* die durch ihr Verhalten den Trojanischen Krieg heraufbeschwor, mit *Saho-Hime* im ›Kojiki‹. Für *Helena* ist die Liebe nur ein Spiel. Die Griechen beschreiben am Beispiel *Hektors* und *Odysseus'* die subtile eheliche Liebe, doch kommt in ihrer Literatur nie der Fall einer Liebe vor, für die einer sein Leben aufs Spiel setzt.

[4] Siehe T. Watsuji, Nihon Kodai Bunka (Kultur im alten Japan), Gesamtausgabe, Bd. III, S. 249ff.

[5] Hier bedeutet das Wort *yo-no-naka* (die Welt) in erster Linie das „Zwischen" von Mann und Frau.

dere Rollen ausschlägt, aber gerade darin zeigt sich die Eigentümlichkeit der japanischen Liebe.

In Japan gilt die Liebe mehr als das Verlangen nach Leben. Die Liebe steht also nicht im Dienst des Lebensverlangens, sondern umgekehrt, das Verlangen nach Leben steht im Dienst der Liebe. Was zählt, ist das „Zwischen", das sich durch das Lebensverlangen des einzelnen nicht aufheben läßt, jenes *unzertrennliche Band zwischen Mann und Frau.* Und mit dem Ausdruck „traurig-sanfte Liebe" ist eben genau dieses vorbehaltlose Verbundensein gemeint. Allerdings gehört zur Liebe auch immer die fleischliche Vereinigung; niemals ist sie nur geistig-seelische Verschmelzung.[6] Zu ihrer Verwirklichung bedarf sie des sinnlichen Verlangens, und damit wird die traurig-sanfte Liebe zugleich zur Leidenschaft. Jene Unzertrennlichkeit muß freilich zwischen getrennten Körpern verwirklicht werden, und gerade dann schlägt das Verlangen der Seele nach Ewigkeit wie ein Blitz ein in den Leib. So wird aus der Liebe die Tapferkeit, das eigene Leben hinzugeben. Die Kehrseite davon ist aber ein jähes Resignieren, das heißt, die plötzliche Einsicht, daß die vollkommene Liebe in diesem Leib nicht zu verwirklichen ist, und so kommt es dann zur selbstlosen Verneinung des Leibes. Dies zeigt sich nicht nur in jenem äußersten Fall, dem Freitod der Liebenden, auch sonst ist der Japaner, der die Liebe nie unkörperlich versteht, in seiner Sinnlichkeit recht selbstlos. Anders als diejenigen Weisen der Liebe, die behaupten, die Liebe sei etwas rein Seelisches, in Wirklichkeit aber von unverhohlener sinnlicher Zudringlichkeit sind, bewahrt sich die japanische ihr Zartgefühl.

Man würde sich einer abstrakten und einseitigen Betrachtungsweise schuldig machen, wollte man das „Zwischen" von Mann und Frau nur auf den Fall der nichtverheirateten Liebenden beschränken. Dieses „Zwischen" ist selbstverständlich auch zwischen „Eltern und Kindern" da. Mit letzterem ist jedoch nicht nur die Beziehung der Eltern zu den ihnen geborenen Kindern gemeint, sondern diese gilt auch umgekehrt, denn ein Mann und eine Frau werden ja erst durch Kinder zu Eltern; aber selbst wenn sie Eltern geworden sind, bleiben sie in bezug auf ihre eigenen Eltern doch stets Kinder. Der Mensch ist Mann oder Frau, zusätzlich auch noch Ehemann oder Ehefrau, Vater oder Mutter und Kind. Es gibt keinen Menschen, der nicht einmal in der Rolle des Kindes gewesen wäre. Alle diese „Zwischen" sind Ausdruck der Ge-

[6] Die sog. „platonische Liebe" ist nicht griechischen Ursprungs, sondern „made in England". In Japan hat es so etwas wie „platonische Liebe" nie gegeben; sie wurde aus Europa importiert.

meinschaft der Menschen *als* Familie. Erst durch die Familie als Ganzheit kommt dem Menschen die Rolle des Mannes oder der Frau, des Ehemannes oder der Ehefrau, von Eltern und Kindern zu und nicht umgekehrt; es ist nicht die Verbindung von Mann und Frau, zwischen Eltern und Kindern, die Familie entstehen läßt.

Das „Zwischen" des Menschen *als* Familie ist je nach Wiesen-, Wüsten- und Monsunklima auffallend verschieden. Die Kultur des Wiesenklimas nahm ihren Anfang mit dem Sich-Hinauswagen der Griechen aufs Meer: Abenteuerlustige *Männer* ließen die heimischen Weiden hinter sich, fuhren hinaus und griffen die ägäischen Küsten an. Als sie damit begannen, die ersten Stadtsiedlungen *(polis)* zu gründen, nahmen sie sich Frauen aus den eroberten Gebieten. Diese Familien wurden von *Männern*, die ihre früheren Familien verlassen hatten, und von *Frauen*, deren Familien gerade von diesen Männern umgebracht worden waren, gegründet. Dies sei, so heißt es, der historische Hintergrund für den Gattenmord, wie er uns in dieser griechischen Überlieferung häufig begegnet. Obwohl bei den Griechen ursprünglich der Ahnenkult weite Verbreitung hatte und auch der *Hestia*-Kult (*Hestia* – die Göttin des Herdes) tief verwurzelt war, schwand mit der Gründung der *polis* (dem allen gemeinsamen Herd) die Bedeutung des eigenen Herdes. „Familie" wurde verstanden als die Verbindung von Mann und Frau; was die Abstammung betraf, so wurde die jeweilige Herkunft allenfalls bis zum Vater zurückverfolgt, und es hieß dann von einem Mann, „er ist der Sohn des NN". Im Gegensatz dazu führte die Familie der Wüstenkultur sich über eine Kette von Vorfahren auf einen Urahn zurück.[7] Sogar Jesus, der ja von einer Jungfrau geboren sein soll, wird „der Sohn Abrahams aus dem Hause Davids" genannt. Im Leben in der Wüste wich jedoch der Primat der Familie zugunsten dem des Stammes, da bei den Nomaden nicht die Familie, sondern der Stamm die eigentliche Einheit ist. Unter den strengen Bedingungen der Stammessolidarität nahm die Bedeutung der engeren Familiengemeinschaft ab. Das größte Gewicht erhielt die Familiengemeinschaft, das „Haus", jedoch in den Monsunkulturen, vor allem in Japan und China. Wie in der Wüste verkörpert das „Haus" hier die Bindungen der Blutsverwandtschaft, geht aber nicht im Stamm auf.

„Haus" meint die Familie als Ganzes. Repräsentiert wird es durch das Familienoberhaupt, aber erst die Familie in ihrer Gesamtheit verleiht diesem Autorität. Ein „Haus" kommt nicht durch den Willen

[7] Im Europa von heute ist es eigentlich nur noch der Jude, der sich den Eltern gegenüber zu Dank verpflichtet weiß und die Tugend der Kindesliebe übt.

oder die Willkür des Familienoberhauptes zustande. Das Wesensmerkmal des „Hauses“ besteht vor allem darin, daß es als Ganzes geschichtlich aufgefaßt wird. Die jeweils in der Gegenwart lebende Familie trägt die Bürde eines historisch gewachsenen „Hauses“ und haftet deshalb für das aus fernster Vergangenheit bis in die Gegenwart reichende Ganze. So kann z. B. unter gewissen Bedingungen das Familienoberhaupt der „Ehre des Hauses“ aufgeopfert werden. Daher können die einzelnen Mitglieder des „Hauses“ sich nicht nur als Eltern und Kinder oder als Ehemann und Ehefrau verstehen; sie sind zugleich Nachkommen ihrer Vorfahren und selber Ahnen derer, die nach ihnen kommen. Das „Haus“ zeigt sehr deutlich, daß das Familienganze der Existenz der einzelnen Familienmitglieder *vorausliegt*.

Daß „Haus“ in diesem Sinne charakteristisch für die Lebensweise der Japaner ist, geht auch daraus hervor, daß dieses Familiensystem als Brauchtum hochgeachtet wird. Worin aber liegt seine Besonderheit, und wäre es denkbar, daß mit dem Verfall dieses Familiensystems auch die für Japan charakteristische Lebensweise allmählich verschwindet?

Was von der Eigenart der japanischen Liebe gesagt wurde, gilt auch für die familiäre Lebensweise, allerdings ist damit nicht das „Zwischen“ von Mann und Frau, sondern das von Ehemann und Ehefrau, von Eltern und Kindern und den Geschwistern untereinander gemeint. Dieses „Zwischen“ zeigt sich als jene traurig-sanfte Liebe, die das vollkommene, abstandslose Miteinanderverschmelzen anstrebt. Wenn die Alten in ihrer ungekünstelten Weise von Streitigkeiten oder von Eifersucht zwischen Eheleuten erzählen, kommt diese warmherzige und rückhaltlose familiäre Zuneigung deutlich zum Ausdruck.[8] So ist das folgende zarte Gedicht des ›Man-yo‹ Dichters *Okura* (Man-yo-shu, Bd. 5) dem Japaner aus dem Herzen gesprochen: „Silber, Gold und Edelstein – nichts ist so kostbar wie mein Kind.“ Noch anschaulicher

[8] Man vergleiche die Beschreibungen ehelichen Lebens in der Geschichte von *kuni-umi* (die Schöpfungsgeschichte des Landes) im ›Kojiki‹, die von dem Gott *Izanagi* und der Göttin *Izanami* erzählt, und in der Geschichte von *Adam und Eva*. Im erstgenannten Fall wird unmißverständlich deutlich, daß das eheliche Leben nicht mit einem Sündenfall beginnt, sondern damit, daß die Gatten einander als Ergänzung und Vervollkommnung verstehen. Der Tod der Gattin wird hier nicht als Folge der Sünde gewertet, er stürzt den Gatten vielmehr in tiefe Trauer. Seine Trauer ist so groß, daß er der Gattin in die Unterwelt folgt. Bei der nachfolgenden Schilderung der ehelichen Auseinandersetzungen in der Unterwelt handelt es sich eigentlich nicht um Kämpfe zwischen den Ehegatten, sondern um den Kampf zwischen Leben und Tod. Zum Problem „Eifersucht“ lese man im ›Kojiki‹ die Gesänge ›Yachihoko no kami‹ und ›Iwa no hime‹.

und eindrücklicher wird uns *Okuras* Familienliebe in einem anderen seiner Kurzgedichte: „Das weinende Kind auf dem Rücken der Mutter und seine Mutter – beide warten sie auf mich." Dieses Gedicht ist auch heute noch sehr volkstümlich.

Selbst bei den Kriegern der *Kamakura*-Zeit, die einen großen gesellschaftlichen Umbruch herbeiführten, ist diese sanfte Zärtlichkeit zu erkennen. Ein Beispiel dafür ist die religiöse Umkehr *Kumagaya Naozanes* aus Liebe zu seinem Kind.[9] Im ›Nō-Gesang *(yō-kyoku)* der *Asikaga*-Zeit wird die Liebe zwischen Eltern und Kindern als tiefe, ursprüngliche Macht besungen. Daß für die Literatur der *Tokugawa*-Zeit das Thema der Liebe zwischen Eltern und Kind schlechthin *das* Mittel war, um das Publikum zu Tränen zu rühren, braucht wohl kaum erwähnt zu werden. Zu allen Zeiten war der Japaner bestrebt, für das familiäre „Zwischen" jeglichen Egoismus aufzuopfern. Hier ist der Gedanke der „Nicht-Zweiheit zwischen Selbst und Anderem" in unvergleichlicher Weise verwirklicht. Und doch ist diese sanft-traurige Liebe bei aller Zärtlichkeit zugleich voller Leidenschaft. Diese traurige Sanftheit verkörpert nicht nur das in Schwermut versunkene Gefühl, sondern auch die Dauerhaftigkeit des Gefühls, die dem Gefühlsreichtum und dem daraus entspringenden Wechsel der Gefühle zugrunde liegt. Solche Ruhe ist jedoch nur durch eine Läuterung jener heftigen Gefühle zu erreichen. Die Kraft, die auf die vorbehaltlose Einheit der Familie gerichtet ist, mag zwar nach außen hin als Ruhe in Erscheinung treten, im tiefsten Grunde ist sie jedoch äußerst lebhaft und stark. Das Hintanstellen des individuellen Egoismus ist nicht nur zweckdienlich, sondern wird auch bis zum äußersten durchgehalten. Sobald diese stille Zärtlichkeit einem Hindernis begegnet, verwandelt sie sich in flammende Leidenschaft, die so mächtig wird, daß der einzelne hinter der Ganzheit des „Hauses" völlig zurücktritt.

Das „Familienzwischen" zeigt sich auch in der Form einer heroischen und kämpferischen Haltung, die nicht vor dem Opfer des eigenen Lebens zurückschreckt. Der Gedanke, Blutrache um der Eltern willen zu üben, wie er z. B. in der Geschichte der ›Brüder Soga‹ zu finden ist, hat die Japaner immer begeistert. Ein Mann war stets bereit, für seine Eltern und für den „guten Namen des Hauses" sein Leben zu opfern, und ein solches Selbstopfer gereichte ihm zu höchster Ehre. Dies jedenfalls war die Einstellung der *samurai*, die bereit waren, alles für die „Ehre des Hauses" dahinzugeben. Das „Haus" als Ganzes war wichtiger als der einzelne, der bereit war, für das „Haus" ruhig und

[9] Heike-Monogatari, Nagato-Fassung.

gelassen sein Leben zu geben. Immer wieder begegnen wir in der japanischen Geschichte dieser Bereitschaft, das Leben für die Eltern oder die Kinder oder für das „Haus“ in die Waagschale zu werfen, denn jenes stille Zugehörigkeitsgefühl zur Familie beinhaltet eben die Aufopferung des Egoismus. Tapferkeit um der Familie willen setzt voraus, daß man nicht verbissen am eigenen Leben hängt.

Die japanische Lebensweise als „Haus“ ist also nichts anderes als die familiäre Verwirklichung jenes für Japan charakteristischen „Zwischen“ im Sinne einer Verschmelzung von traurig-sanfter Liebe und kämpferischer Selbstlosigkeit. Erst dieses „Zwischen“ ermöglichte jenes für Japan typische Verständnis des „Hauses“. Die traurig-sanfte Liebe erlaubt nicht, den Menschen abstrakt zu betrachten, und folglich ist sie ungeeignet zur Bildung größerer Gemeinschaften, welche auf dem Bewußtwerden des Individuums beruhen. So erhält der Begriff „Haus“ in Japan – sozusagen als „Gemeinschaft der Gemeinschaften“ – eine einzigartige Bedeutung. Dieses Verständnis ist wesentlich für die japanische Lebensweise und stellt den Wurzelgrund für das japanische Familiensystem dar, eine Grundlage, wie keine Ideologie sie bieten könnte.

Nun wird man ohne Umschweife zugeben müssen, daß das japanische Familiensystem heute nicht mehr so stabil ist wie in der *Tokugawa*-Zeit, aber es wäre wohl zuviel gesagt, wollte man behaupten, das japanische Leben habe sich vom „Haus“ gelöst. Der moderne europäische Kapitalismus will den Menschen als Individuum verstehen; folglich wird auch die Familie als Zusammenschluß von einzelnen mit unterschiedlichen wirtschaftlichen Interessen angesehen. Ist es aber auch in Japan, das dieses europäische kapitalistische System eingeführt hat, schon dahin gekommen, daß der einzelne nicht mehr als dem „Haus“ gehörend, sondern das „Haus“ als gemeinsames Haushalten verschiedener Individuen verstanden wird? Wir können diese Frage nicht einfach bejahen.

Es ist für den Japaner selbstverständlich, das „Haus“ als *uchi* (innen) und die Welt draußen als *soto* (außen) zu betrachten. Innerhalb des *uchi* ist *die Unterscheidung zwischen den einzelnen aufgehoben*. Eine Ehefrau nennt ihren Mann *uchi* oder *uchi no hito* (Mann des Innen), ein Ehemann seine Frau *kanai* (Inneres des Hauses). Die Familienmitglieder heißen *uchi no mono* (die Menschen drinnen). Sie werden streng unterschieden von „denen draußen“, „drinnen“ aber erlischt jede Unterscheidung. Mit dem begriff *uchi* ist also die Ganzheit der Familie als „distanzloses Zwischen“ gemeint und scharf abgegrenzt gegen die Außenwelt als *soto*. Eine vergleichbare sprachliche

Unterscheidung wie die von *uchi* und *soto* gibt es in den europäischen Sprachen nicht; dort ist allenfalls die Rede von „innerhalb" oder „außerhalb" in bezug auf eine Wohnung oder ein Zimmer, diese Worte beziehen sich jedoch nicht auf die innerfamiliäre Beziehung.[10] Sinngemäße Gegensätze zwischen „innen" und „außen", die dem japanischen Wortgebrauch von *uchi* und *soto* einigermaßen entsprechen, sind: 1. Der Gegensatz zwischen dem „Inneren" und „Äußeren" des Herzens; 2. „drinnen" und „draußen" bei einer Wohnung und 3. „innerhalb" und „außerhalb" eines Landes oder einer Stadt.[11] Hier wird die Aufmerksamkeit auf den Gegensatz von Seele und Körper, von Menschlichem und Naturhaftem und auf den von größeren menschlichen Gemeinschaften gelenkt; das familiäre „Zwischen" zum Maßstab der Unterscheidung zu machen, ist undenkbar. So darf man wohl zu Recht sagen, daß der Sprachgebrauch von *uchi/soto* unmittelbar zum Verständnis der japanischen Lebensweise führt.

Was zum einen durch Worte zum Ausdruck gebracht wird, zeigt sich zum anderen in der Hausarchitektur. Das „Haus" als menschliches „Zwischen", spiegelt sich auch in der Bauweise.[12]

1. Das Innere des Hauses drückt seiner Struktur nach „Vereinigung ohne Distanz" aus. Keines der Zimmer ist durch Schlösser oder Riegel vom anderen getrennt, was ja den Wunsch nach Absonderung zum Ausdruck bringen würde; die Abgrenzungen sind vielmehr aufhebbar und beweglich. Selbst wenn ein Raum durch eine dünne Schiebetür *(shōji)* oder durch eine Stellwand *(fusuma)* abgeteilt wird, so sind diese Elemente nicht Bestandteile der Baustruktur, sondern Ausgrenzungsmöglichkeiten *innerhalb des Vertrauens der Bewohner zueinander;* sie demonstrieren keine „Ablehnung". Erst das Gefühl des distanzlosen Einsseins erlaubt überhaupt das Abteilen eines Raumes durch eine Schiebetür oder eine Stellwand. Daß ungeachtet jenes rückhaltlosen Einsseins auch Abgrenzungen nötig sind, weist auf die in diesem Einssein enthaltene Leidenschaftlichkeit hin. Diese Trennwände zeigen, daß innerhalb des „Hauses" durchaus Gegensätze vorhanden sind.

[10] In Europa ist es der Engländer, der die Familie *(home)* am meisten schätzt. Das Wort "home" bedeutet aber eigentlich „Heim", „Wohnung", „Land" und hat nichts zu tun mit der Bedeutung „innen".

[11] Im Englischen nennt man die Regierungspartei "ins" und die Oppositionspartei "outs".

[12] Es bedarf keiner besonderen Erwähnung, daß es sich hier um eine klimatisch bedingte Struktur handelt, schließlich geht es in unseren Überlegungen um klimatische Besonderheiten.

Entfernt man die Trennwände, ist wieder die unverstellte, selbstlose Offenheit da, die weder Distanz noch Abgrenzung kennt.

2. Das Haus ist unmißverständlich abgegrenzt gegen die Außenwelt. Auch wenn keines der Zimmer ein Schloß besitzt, so ist die Tür, die nach draußen führt, stets verschließbar. Häufig ist das Haus auch noch von einem Zaun, einer Mauer oder gar von einer schützenden Hecke oder Wassergraben umgeben. Wenn ein Japaner von draußen nach Hause kommt, zieht er im Hauseingang die Schuhe aus und setzt damit ein Zeichen der Unterscheidung zwischen innen und außen.

So besteht das „Haus" in Japan auch heute noch weiter und ist nicht nur äußerlich bestimmend für die Lebensweise des Japaners.[13] Das Besondere an dieser Lebensweise wird deutlich, wenn man sie mit der europäischen vergleicht. In Europa ist ein Haus aufgeteilt in einzelne voneinander unabhängige Räume, die durch dicke Wände oder feste Türen getrennt sind. Alle Türen haben komplizierte Schlösser und sind abschließbar. Nur derjenige, der den passenden Schlüssel besitzt, kann kommen und gehen, wie er will.[14] Grundsätzlich kann man dies als *trennende* Bauweise bezeichnen. Die Unterscheidung zwischen „innen" und „außen", die sich in Europa in erster Linie auf das Herz des einzelnen bezieht, spiegelt sich in dieser Struktur und zeigt sich als das „Innen" und „Außen" eines Zimmers. Einen Raum betreten oder verlassen hat also in Europa dieselbe Bedeutung wie das Betreten oder Verlassen des „Hauses" in Japan. Ist man allein, so kann man, wenn man möchte, innerhalb eines Zimmers nackt umherlaufen. Verläßt man sein Zimmer und begibt sich unter die Familie, muß man jedoch ordentlich angezogen sein. Sobald man einen Fuß vor das Zimmer setzt, ist es eigentlich nicht mehr von Belang, ob man ins Eßzimmer des eigenen Hauses oder ins Restaurant in die Stadt geht. Anders ausgedrückt: Bereits das Eßzimmer für die Familie entspricht im japanischen Sinne dem „Außen", während das „Außerhalb" in Europa, ein Restaurant oder die Oper etwa, die Rolle eines Teezimmers *(cha no ma)* oder eines gemeinsamen Wohnzimmers *(ima)* spielt. Einerseits schrumpft

[13] Den Ort, an dem man die Schuhe nicht auszuziehen braucht, empfindet man nicht als „Innen". So betritt man eine öffentliche Anstalt z. B. mit schmutzigen Straßenschuhen, ja, sogar mit den klappernden Holzschuhen.

[14] Die Entwicklung von Schloß und Schlüsseln in Europa und in Japan ist höchst unterschiedlich. Die Subtilität und Präzision selbst mittelalterlicher Schlösser und Schlüssel in Europa ist nicht zu vergleichen mit der in Japan, auch nicht mit der im modernen Japan. Die japanischen Riegel und Schlösser wirken daneben fast primitiv.

das „Haus" im japanischen Sinne auf ein verschließbares Privatzimmer zusammen, andererseits dehnt sich in Europa der Familienkreis, wie wir ihn in Japan verstehen, auf die ganze Gemeinschaft – einer Stadt etwa – aus. In Europa ist der einzelne *als einzelner* gesellig, eine abstandlose Geselligkeit im „Zwischen" gibt es hier nicht. Der Ort der Geselligkeit ist lediglich in bezug auf das Zimmer ein „Außen", im Sinne des Gemeinschaftslebens gehört er ebenso zum „Innen" wie die Parkanlagen oder die Straßen einer Stadt. Was beim japanischen Haus der Mauer oder dem Zaun entspricht, reduziert sich in Europa einerseits auf das abschließbare eigene Zimmer, dehnt sich aber andererseits bis an die Stadtmauern oder den Stadtgraben aus; das Stadttor entspricht dem *genkan*, dem Hauseingang des japanischen Hauses.[15] Deshalb hat in Europa das „Haus", als ein Mittelding zwischen Zimmer und Stadtmauer, keine große Bedeutung. Der Europäer ist in extremem Maße Individualist; bei aller *Absonderung* liebt er jedoch durchaus die Geselligkeit, das *distanzierte Miteinander.* Mit anderen Worten: Das „Haus" ist nicht verbindlich für ihn.

Von außen her betrachtet scheinen die Japaner die europäische Lebensweise angenommen zu haben, solange sie jedoch unfähig sind, ihr gesellschaftliches und öffentliches Leben individualistisch zu gestalten, kann man nicht eigentlich davon sprechen, daß sie sich das Europäische zu eigen gemacht hätten. Wäre es denn vorstellbar, daß ein Japaner in Strümpfen auf einer Straße einherginge, auch wenn es sich um eine gepflasterte Straße handelte? Welcher Japaner würde Schuhe als eine Fußbekleidung empfinden, mit der man die *tatami*-Matten (Strohmatten, mit denen die Zimmer ausgelegt sind) betreten könnte? Anders gesagt: Welcher Japaner kann das „Hausinnere" mit dem „Stadtinneren" gleichsetzen? Es ist nicht europäisch gedacht, wenn man die „Stadt" als etwas dem „Haus" völlig Fremdes und außerhalb Liegendes betrachtet. Solange er weiter in seinem offenen Haus lebt, bleibt der Japaner zutiefst bestimmt durch das „Haus".

Wir dürfen also davon ausgehen, daß die Eigenart des japanischen Volkes sich in seiner Lebensweise „als Haus" besonders deutlich zeigt. Und dieser Begriff des „Hauses" als einer Ganzheit war es, der die Japaner auf den Weg führte, den Menschen als ein Ganzes zu verstehen. Die Ganzheit des Menschen wurde zunächst als *kami* (Gottheit) aufgefaßt; *kami* wiederum war aber nichts anderes als der „Ahnengott",

[15] Heute ist das Stadttor durch die Staatsgrenze ersetzt worden, doch seine Bedeutung ist noch nicht ganz verlorengegangen. In Italien z. B. wird der Warenverkehr in die Vororte auch heute noch an den Stadttoren kontrolliert.

der die Ganzheit des „Hauses“ mit seiner Geschichte verkörperte. Es war dies in alter Zeit ein recht schlichtes und anheimelndes Verständnis der Ganzheit, das jedoch erstaunlicherweise bis in unsere Tage lebendig geblieben ist. So war die *Meiji*-Restauration das Ergebnis eines Prozesses der Selbstbewußtwerdung, der in dem Ausruf „Verehrt den Kaiser, verjagt die Fremden!“ zum Ausdruck kam. Dieses nationale Erwachen erwuchs aus einer Wiederbelebung des Mythos von Japan als dem Land der *kami*. Dieser Glaube wiederum entstand aus der Verehrung der Gottheit, welcher der Kult des *Ise*-Schreins galt, einer Gottheit, die der Inbegriff aller Familiengottheiten war. Für das Phänomen, daß ein urzeitliches religiöses Ganzheitsverständnis in einer hochentwickelten Kultur noch zur treibenden Kraft bei einem sozialen Umbruch werden konnte, läßt sich wohl keine Parallele finden. So versuchte man in der *Meiji*-Zeit dieses während der Kriege gegen andere Völker aufflammende Nationalbewußtsein auch nicht theoretisch zu begründen, sondern interpretierte es in Analogie zum „Haus“: Die Japaner seien die Großfamilie, an deren Spitze die *Tennō*-Familie stehe; das Volk in seiner Gesamtheit sei nichts anderes als das große „Haus“, das dieselbe Herkunft wie jedes kleine „Haus“ habe, da alle von demselben Urahn abstammten. Folglich sei der Staat das „Haus der Häuser“ und die Staatsgrenzen der Zaun dieses Hauses. Im Inneren des Staates solle – wie im Inneren jedes Hauses – die distanzlose Einheit verwirklicht werden. Auf den Staat bezogen, werde die Tugend *kō* (die Kindesliebe den Eltern gegenüber), wie sie innerhalb des „Hauses“ herrscht, zu *chū* (Loyalität), deshalb seien *kō* und *chū* ihrem Wesen nach identisch, insofern sie das Individuum den Interessen des Ganzen unterordneten.

Die Behauptung, daß *chū* und kō identisch seien, enthält sowohl in theoretischer wie in historischer Hinsicht ein gerüttelt Maß an Ungereimtheiten. Die Ganzheitlichkeit des „Hauses“ darf nicht ohne weiteres mit der des Staates gleichgesetzt werden. Als unmittelbare Lebensgemeinschaft ist die Familie *die erste*, als geistige Gemeisnchaft der Staat *die letzte Ausformung* menschlichen Gemeinwesens; die Familie bildet die *unterste*, der Staat die *höchste* Einheit menschlichen Zusammenschlusses. Die Art der Solidarität ist in beiden Fällen verschieden, und deshalb ist es falsch, die Familie, die sozusagen die Verfassung des Menschen verkörpert, mit dem Staat gleichzusetzen. Auch historisch gesehen sind mit der Tugend *kō*, der Kindesliebe (die vor allem in der *Edo*-Zeit eine große Rolle spielte), längst nicht alle Verpflichtungen des einzelnen in bezug auf seine Zugehörigkeit zum „Haus“ erschöpft. In China wurde das „Zwischen“ von Vater und Sohn *shin* (Vertrautheit) genannt; in der *Edo*-Zeit wurde *kō* jedoch umgedeutet als die Verpflichtung zum Dienst an den Eltern. So bezeichnete *chū* auch nur das persönliche Verhältnis zwischen Feudalherrn und Lehnsmann und bezog sich nicht auf das Staatswesen als Ganzes. Deshalb hat die Verehrung des *Tennō*, die das Symbol für die Zugehörigkeit zum Staatsganzen ist, auch eine andere Bedeutung als die Tugend *chū* in der *Edo*-Zeit. Daß es eine Entsprechung zwischen Kindespflicht und Lehnspflicht gibt, heißt noch nicht, daß *chū* im Sinne der Verehrung des *Tennō* (d. h. eben nicht als eine individuelle Beziehung, sondern als Ausdruck der Zugehörigkeit des Individuums zum Staatsganzen) der Kindesliebe, als dem Bestimmtsein des einzelnen durch das Familienganze, entspräche.[16]

Und doch wollen wir einräumen, daß die Behauptung, *chū* und *kō* seien identisch, ihre historische Bedeutung hat: Die Analogie zum Haus diente dazu, sich des Staates als eines Ganzen bewußt zu werden. Hier zeigt sich wieder die für den Japaner typische Auffassung, den Menschen in einem ganzheitlichen Zusammenhang zu verstehen. Die Tatsache, daß es zu jener spezifischen und einzigartigen Lebensweise kommen konnte, weist darauf hin, daß diese sich in der Lebensweise als „Haus“ am typischsten äußert und somit auch in der Lebensweise als Nation reflektiert wird.[17]

Auch in Japan wurde die Einheit des Volkes früher in einem *religiösen Sinne* aufgefaßt, was bei einer primitiven Gesellschaft nur vom Mythos her zu verstehen ist. In dieser Gesellschaft vermochte der Mensch noch nicht, als Individuum zu denken oder zu handeln. Das herrschende Bewußtsein war ein Gruppenbewußtsein. Alles, was dem Leben der Gruppe hätte schaden können, schränkte das Handeln und Denken des Einzelnen in Form von Tabus ein. In einer solchen Gesellschaft trat Menschsein als mythische Kraft ins Bewußtsein; das Verbundensein mit dieser Kraft war damit zugleich die Hinwendung zum Volk in seiner Ganzheit, und der religiöse Ritus war Ausdruck des Vollzuges dieser Ganzheit. Diejenigen, die dem Ritus vorstanden, wurden als Repräsentanten der Ganzheit daher mit einer Art göttlicher Autorität ausgestattet. Der Regenmacher wird zu Zeus. Diese Tendenz findet

[16] Aus diesem Grund bestreitet ein Wissenschaftler mit Nachdruck, daß der Begriff *chū* inder *Tokugawa*-Zeit richtig verwendet worden sei; folglich könne er nur gegenüber dem *Tennō* gelten.

[17] Das „Haus“ macht deutlich, in welchem Verhältnis der einzelne zum Ganzen steht, nämlich in einem Verhältnis der Zugehörigkeit. Das Besondere des „Hauses“ besteht darin, daß es diese Zugehörigkeit des einzelnen zum Ganzen aufdeckt.

sich zwar in allen primitiven Religionen, in Japan aber begegnet sie uns in geradezu musterhafter Form. *Amaterasu Ōmikami* (die Urgottheit Japans) ist Göttin und Veranstalterin des Ritus zugleich. Dies wird deutlich in dem Wort *matsurigoto*, das sowohl die Bedeutung von „ein Fest veranstalten" wie von „Verwaltung" oder „Politik" hat.

Die japanische Urgesellschaft war also eine durch den Ritus gesicherte und verbürgte *religiöse Gemeinschaft*. Wiewohl es mit der militärischen und wirtschaftlichen Organisation haperte, schuf die religiöse Verbundenheit eine so starke Solidarität, daß man in der Lage war, erhebliche Streitkräfte bis nach Korea zu entsenden. Grabfunde aus der *Konfun*-Zeit zeigen, daß Spiegel, Edelstein und Schwert Kultgegenstände waren. Und eine solche Gemeinschaft von Menschen, wie diese religiöse Gruppierung, oder auch wie die des „Hauses", beruhte auf einer *gefühlsmäßigen Verbundenheit*, die von ihren Mitgliedern kein Bewußtsein ihrer Identität als Individuen verlangte. So verkörperte dieser religiöse Zusammenschluß die japanische Lebensweise schlechthin.

Im japanischen Mythos finden sich zahlreiche Spuren primitiver Glaubensweisen; jedoch gelang mit Hilfe eines einzigen Ritus eine Vereinheitlichung, für die es weder im griechischen noch im indischen Mythos eine Parallele gibt. Vergleichbar damit wäre allenfalls der alttestamentarische Mythos, in dem zwischen Mensch und Gott allerdings eine scharfe Trennung herrscht, während im japanischen Mythos die Beziehung zwischen Mensch und Gott eine vertraute ist, die als eine Art Blutsverwandtschaft zu verstehen ist. Der Gott des Alten Testaments, als Inbegriff der Ganzheit des Menschen, tritt dem Menschen betont willentlich und voller Autorität entgegen. Wenn die japanische Gottheit sich dem Menschen naht, dann nie befehlend oder verordnend, sondern stets gefühlvoll und liebevoll. Dies wird in der Beschreibung der *Amaterasu Ōmikami*, der Sonnengöttin, deutlich. Dies ist nicht mehr und nicht weniger als der Beweis dafür, daß das menschliche „Zwischen" in der religiösen Gemeinschaft die Eigenschaft der *distanzlosen Vereinigung* und der traurig-sanften Liebe besitzt. In ihrer Nähe zum Menschen sind die Götter Griechenlands den japanischen nicht unähnlich, doch zeigt sich bei ihnen eine andere Art des „Zwischen", das sich auf den Intellekt und auf eine demokratische Politik gründet. Anders ausgedrückt: An den griechischen Göttern wird ersichtlich, daß die Griechen nicht imstande waren, sich unter einem einzigen Ritus zu einen.

Die distanzlose Vereinigung durch einen religiösen Akt wurde in Japan, anders als in der christlichen Kirche, nicht als eine rein geistige, sondern sowohl als eine geistig-religiöse wie körperlich-leibhafte Vereinigung zwischen den Menschen erfahren. So wurde sie nicht als Kirche eines die nationalen Spaltungen transzendierenden Gottes, sondern als nationale Einheit verwirklicht. In der Kirche ging es bei *matsurigoto*, dem Festakt, ausschließlich um Belange der Seele, nicht aber um die „politischen" Aspekte des irdischen Lebens. Im Gegensatz dazu war *matsurigoto* innerhalb der nationalen Gemeinschaft einerseits zwar durchaus ein religiöser Akt, hatte jedoch auch zugleich einen politischen Bezug, wie der Papst repräsentierte der *Tennō* die Ganzheit, anders als jener war er aber zugleich auch der Souverän des Staates. Folglich wurde die distanzlose Vereinigung der religiösen Gemeinschaft, die sich ja aus Menschen aus Fleisch und Blut zusammensetzte, gerade im Einhalten der Distanz verwirklicht. Damit war es unvermeidlich, daß auch die Leidenschaften auf den Plan traten. *Amaterasu Ōmikami*, die Urgottheit in ihrer sanften Liebe, konnte dann zur entschlossenen, zornigen Feuer- oder Donnergottheit werden. Hier zeigt sich der Doppelcharakter des japanischen Volkes mit seiner „traurig-sanften Leidenschaftlichkeit".

Obwohl die Gemeinschaft religiös fundiert war, war sie nicht so sehr jenseitig ausgerichtet, sondern durch und durch irdisch. Erst dadurch wird die distanzlose Vereinigung *in der Distanz* möglich, weil sie immer auch Gegensätzliches in sich enthält, das heißt, kämpferischen Charakter besitzt. Bereits unter den Göttern fanden Kämpfe statt; der Mythos ist voll von derartigen Kampf- und Kriegsgeschichten. Und so kam auch die religiöse Gemeinschaft der Menschen nicht etwa durch eine kampflose Fusion zustande. Und im Zusammenhang mit diesem kämpferischen Charakter war seit jeher die Rede vom martialischen Geist der Japaner.

Dieser kämpferische Geist aber führte beim japanischen Volk nicht zur Spaltung in einzelne *polis*. Durch den Kampf hatte man zu einem einenden Ritus gefunden, und der Kampf wiederum wies den Weg zur distanzlosen Vereinigung, was erst möglich wurde durch die Selbstlosigkeit, die dem kämpferischen Geist innewohnte. Die Kämpfe, von denen der Mythos berichtet, wurden gelassen und selbstlos ausgetragen, was nicht heißen soll, sie seien leidenschaftslos geführt worden, sondern daß die Erbitterung des Kampfes jäh umschlagen konnte in ruhige Gelassenheit. Auch hier begegnen wir also einem Doppelcharakter, dem der „kämpferischen Selbstlosigkeit", der charakteristisch ist für die Lebensweise des Volkes.

Wie wir gesehen haben, ist die religiös begründete nationale Einheit im alten Japan von einer besonderen Art, die erst durch die Analogie zum Haus zu verstehen ist. Es muß noch einmal hervorgehoben werden, daß es sich dabei um eine leidenschaftliche und zugleich sanfte Vereinigung, um einen kämpferischen und zugleich gelassenen Verschmelzungsprozeß handelte. Dies führte dazu, daß der Japaner selbst mitten im Kampf im Gegner noch den Bruder zu sehen vermochte; es war nicht seine Art, den Feind von Grund auf zu hassen. Darin liegt der Ursprung der japanischen Moral. Ehe sich jedoch eine Begrifflichkeit der Moral ausbildete, wurden Gesinnung und Handlungsweise des Menschen als „edel" und „rein" oder als „schmutzig" und „niedrig" eingestuft. Diese Weise der Einschätzung spiegelt bereits den Charakter des Volkes wider.

Bei dieser Art der Bewertung sind drei Punkte besonders hervorzuheben: 1. Der religiöse Glaube, der das Volk zu einer religiös fundierten Gemeinschaft werden ließ. Adel wurde hier in erster Linie der Gottheit, *kami*, zuerkannt, die dem Ritus vorstand; das heißt, das Zugehörigkeitsgefühl des Volkes zur Ganzheit war Ursprung aller Werte. Dies könnte man als *das den Tennō verehrende Herz* bezeichnen. 2. Der Wert, der dem distanzlosen Verbundensein der Menschen zugemessen wurde, ein ruhiges, gelassenes Herz, erfüllt von der Wehmut sanfter Liebe, galt als unentbehrliches Attribut des Helden. Dies bezog sich nicht nur auf die zärtliche Zuneigung, die im häuslichen Bereich herrschte, sondern war die Grundlage für das menschliche Miteinander innerhalb des ganzen Volkes. Dafür steht der Begriff *jihi*, der einerseits *das liebende Mitfühlen und Mitleiden mit den anderen Lebewesen* meint und damit die Achtung vor den Mitmenschen, andererseits aber auch das Empfinden für *soziale Gerechtigkeit* weckt. 3. Die Hochachtung vor dem Adel, die auf der kämpferischen Selbstlosigkeit beruhte. Tapferkeit galt als edel und schön, Feigheit als gemein und schmutzig. Bloße, rohe Stärke wurde als häßlich und unschicklich erachtet, Grausamkeit als das Häßlichste überhaupt. Denn selbst wenn man solchen Eigenschaften das Attribut der Tapferkeit nicht absprechen konnte, haftete ihnen doch der Makel eigensüchtiger Begierde an, wohingegen der Adel der Tapferkeit ja gerade in der Fähigkeit liegt, von sich selbst absehen zu können. Kämpferischer Geist mußte Unerschrockenheit und den Mut zur Selbstaufgabe in sich vereinen. In diesem Sinne spielte eine adelige oder eine gemeine Gesinnung eine wichtigere Rolle als das Leben selbst.

Mythos und Überlieferung belegen, daß dies die drei Haupttugenden im alten Japan waren und aus dem urtümlichen Glauben erwuchsen, daß das Volk als solches erst durch die Gemeinschaft in der religiösen Anschauung entstanden sei. Ist aber dieser Urglaube in einer rasant sich entwickelnden Kultur heute noch wirksam und erkennbar? Kann denn überhaupt noch von einer distanzlosen Einheit der Nation die Rede sein, wenn es bereits zu einer so deutlichen Ausprägung individuellen Bewußtseins gekommen ist?

Die durch Mythos und Überlieferung geprägte Zeit, von der wir oben gesprochen haben, ist die sog. *Kofun*-Periode (1.–7. Jh.), die mit dem Bau großartiger Hügelgräber und in militärischen Auseinandersetzungen mit Korea ihren Höhepunkt erreichte. Es war diese Epoche, in der Japan durch einen verbindlichen religiösen Ritus geeint wurde.[18] Allerdings war dies auch die Zeit des ersten gesellschaftlichen Umbruchs in der japanischen Geschichte. So wollen wir uns auch im folgenden des Merkmals der sozialen Umwälzung bei der Klassifizierung der späteren Epochen bedienen. Eine zweite soziale Revolution erfolgte mit der *Taika-Reformation* im Jahre 646. Die erste Revolution, eben jene nationale Einung unter dem religiösen Ritus, führte zu einer Feudalgesellschaft auf religiöser Basis. Die Feudalherren waren Repräsentanten der religiösen Autorität des *Tennō* – das heißt der Autorität, die durch Spiegel, Edelstein und Schwert symbolisiert wurde. Damit repräsentierten sie das Volk als Ganzes in ihrem jeweiligen Herrschaftsbereich. Durch den Kontakt mit den Chinesen und der chinesischen Kultur in Korea verlor der ursprüngliche Glaube allmählich an Frische, und an die Stelle religiöser Autorität trat militärisch-ökonomische Macht, kraft deren die Feudalherren ihr Gebiet beherrschten. An diesem Punkt mußte der religiös einende Ritus nun auch eine politisch einende Funktion erhalten. Dieser Prozeß ging mit der Zentralisierung der Macht, das heißt der Stärkung der *miyake* (Stützpunkt oder Zweigstelle der Verwaltung der Zentralregierung), in den verschiedenen Regionen einher, und so wurde die chinesische Kultur, die drohte die bisherige religiöse Autorität zu untergraben, zum Mittel einer neuen politischen Einung. *Im Verlauf dieser Entwicklung verwandelte sich die erste primitive Feudalgesellschaft zum zentralistischen Staat.* In der *Taika-Reformation* dann wurde ein quasi staatssozialistisches Gesellschaftssystem eingeführt, welches auf dem Prinzip beruhte, daß alles Land Gemeineigentum sei. Und aufgrund der religiösen Autorität, die das Rückgrat der ökonomischen Macht bildete, konnte selbst eine so einschneidende Reform ohne jeglichen zivilen Aufstand durchgeführt werden.

[18] Siehe T. Watsuji, Kultur im alten Japan, insbesondere das Kapitel ›Überblick über die älteste Geschichte‹. *Kofun*-Zeit ist die Zeit zwischen dem 1. bis 2. Jahrhundert und der Zeit, in der der Buddhismus die japanische Geschichte zu prägen begann.

Die dritte der großen Umwälzungen brachte ein Wiederaufleben des Feudalismus in Gestalt der *Kamakura*-Shogunatsregierung. Ein Gesellschaftssystem, das auf einer Sozialisierung des Landbesitzes beruhte, konnte den natürlichen Trieb nach privatem Besitz nicht befriedigen, und so versuchten die gesellschaftlich Stärkeren und Mächtigeren, dem „Krebsschaden des Gemeinschaftsbesitzes“, dem *Shoen*-System (Gutsbezirke), entgegenzuwirken und den Privatbesitz wieder einzuführen. Die militärischen Kräfte, die von diesen Gütern erhalten wurden, führten schließlich das zweite Zeitalter des Feudalismus herauf, das von einem *Shogun* und den von ihm abhängigen Herrenhäusern getragen wurde. Und obwohl die Gesetze hinsichtlich des gemeinsamen Landbesitzes nicht aufgehoben wurden, entstand ein anderes Gesellschaftssystem, in dem die militärische Befehlsgewalt der *Shogune* gesetzgebende Funktion hatte.

Die vierte gesellschaftliche Revolution fällt in die *Sengoku*-Zeit, das Zeitalter der Bürgerkriege (15.–16. Jh.). Obwohl die Feudalstruktur selbst nicht angetastet wurde, wurde die herrschende Klasse zu Fall gebracht und durch eine Macht aus dem Volk ersetzt, die aus der *Ikki*-Bewegung (Aufstand der Bauern) erwachsen war. In dieser Zeit entstand auch eine städtische Kultur, und die wirtschaftliche Macht der städtischen Bevölkerung gewann langsam, aber unaufhaltsam die Oberhand über das Militär.

Die fünfte Umwälzung, die *Meiji*-Restauration, brachte noch einmal einen Umsturz des Feudalsystems und führte zu einer neuerlichen Zentralisierung des Staates. Der *Tennō*, der in der langen Zeit des Feudalismus keine tatsächliche politische Macht besessen hatte, erwies sich nun – wie in alter Zeit – als dem *Shogun* überlegen und wurde wieder zum Symbol für das Staatsganze. Es zeigte sich, daß der primitive Urglaube des alten Japan doch überlebt hatte.

Diese Umwälzungen spiegeln den Geist der Zeitalter, in denen sie stattfanden, und in diesem Spiegel können wir erkennen, in welcher Weise die oben erwähnten Eigenschaften des japanischen Volkes und seine aus ihnen sich ergebenden Moralvorstellungen wirksam geworden sind. *Das den Tennō verehrende Herz,* die treibende Kraft, die zur Einheit der religiösen Gemeinschaft führte, war auch die treibende Kraft, die hinter der *Meiji*-Restauration stand. Die Feudalherren, die militärischen Widerstand zu leisten versuchten, vermochten nicht, die Kräfte, die im Dienst dieser Restauration standen, aufzuhalten und das Land zu spalten [19] und gingen wieder in der Ganzheit des Volkes

[19] In Deutschland beherrschten noch vor 60 Jahren Feudalherren ihre

auf. So trat bei der vierten gesellschaftlichen Umwälzung auch der Adel, wie er im alten Japan verstanden wurde, in Gestalt des *bushidō*, dem „Weg des Kriegers“, wieder in sein Recht. Die Haltung des *bushidō* besteht darin, des Beschämenden gewahr zu sein, das heißt, angesichts von Gemeinheit, Feigheit, Niedrigkeit und Kriecherei Scham zu empfinden. In ihr begegnen wir nicht dem moralischen Urteil von „gut“ und „böse“, vielmehr der Vorstellung einer „edlen“ oder „niedrigen“ Lebensführung. In der Zeit des *Kamakura*-Shogunats wiederum taucht die Tugend der mitfühlenden Zuneigung, wie wir sie aus dem alten Japan kennen, mit den immer mehr an Einfluß gewinnenden buddhistischen Grundsätzen der Barmherzigkeit und des Mitleidens wieder auf. Der Begriff der distanzlosen Vereinigung wurde hier als die Verwirklichung der „Nicht-Zweiheit von selbst und Anderem“, als Praxis des Erbarmens, welches das eigene Leben uneigennützig aufs Spiel setzt, als höchstes Lebensziel verstanden. Diese Haltung des Mitleidens und der aus ihr sich ergebende Sinn für soziale Gerechtigkeit kommen in der zweiten Revolution, der *Taika-Reformation,* im Prinzip des gemeinschaftlichen Grundbesitzes zum Tragen. Zusammen mit dem Gedankengut des gerade eingeführten Buddhismus und Konfuzianismus bestärkte dieses Prinzip die religiös verfaßte Einheit des Volkes, und so versuchte diese Reform, alle diese Idealvorstellungen in die Praxis umzusetzen.

Wir können an dieser Stelle nicht umhin, dem oben erwähnten moralischen Denken besondere Aufmerksamkeit zu widmen. Auch wenn es keineswegs als etwas spezifisch Japanisches bezeichnet werden kann, hat es doch das japanische Beuwßtsein in besonderem Maße geprägt. Und nur auf dem Boden von nationalen Eigenarten, wie der traurig-sanften Liebe oder der kämpferischen Selbstlosigkeit konnte ein solches Bewußtsein entstehen.

1931 verfaßt.

b) Das Merkwürdige *(mezurashisa)* an Japan

Wenn man mich nach meinem ersten Aufenthalt in Europa fragen würde, ob mir dort irgend etwas merkwürdig erschienen sei, müßte ich mit einem glatten „Nein“ antworten. Zwar war mir vieles begegnet, das mir tiefen Eindruck gemacht hatte, doch an Außergewöhnlichem

jeweils eigenständigen Ländereien. Spuren davon sind selbst heute noch zu finden.

und Merkwürdigem hatte Europa nichts zu bieten, das etwa mit der ägyptischen oder arabischen Wüste vergleichbar gewesen wäre, die ich unterwegs kennengelernt hatte. Unmittelbar nach meiner Rückkehr dann wurde ich mir zutiefst der Merkwürdigkeiten in unserem Lande bewußt, die in nichts hinter dem Eindruck, den die arabischen Wüsten hervorgerufen hatten, zurückstehen und Japan zu etwas Einzigartigem in der Welt machen. Ich will hier versuchen, dem nachzugehen, was mir an Japan so befremdlich erschien.

Das Wort *mezurashii* (merkwürdig, seltsam, ungewöhnlich, außergewöhnlich) soll sich von *mezuru* (schätzen, achten, lieben) herleiten; der alltägliche Gebrauch des Wortes *mezurashii* läßt jedoch keine Verbindung zu *mezuru* erkennen. Auch wenn z. B. in dem Satz: „Für einen Wintertag ist es heute ungewöhnlich warm" ein gewisses Wohlgefallen an der Wärme zum Ausdruck kommt, so erstreckt dieses Wohlgefallen sich keineswegs auf die Kälte, wenn man, dasselbe Wort verwendend, sagt: „Heute ist es ungewöhnlich kalt." Es besteht wohl doch ein deutlicher Unterschied zwischen *mezurashii* und *mezuru*, zwischen Befremdlichkeit und Wertschätzung. Die Grundbedeutung von *mezurashii* ist „ungewöhnlich", „selten". Ausgehend von dem „Gewöhnlichen" oder „Normalen" bezeichnet dieses Wort das „Ungewöhnliche" oder „Aus-der-Regel-Herausfallende" und daher „Merkwürdige". Es muß ein gewisses Vorverständnis für das „Gewöhnliche" und „Alltägliche" vorhanden sein, um das Ungewöhnliche und Befremdende erkennen zu können, denn man könnte es nicht entdecken, wenn alles so wäre, wie man es vorzufinden gewöhnt ist. Die Wüste z. B. wäre einem Menschen, der nichts anderes kannte, als daß die Erde mit Gräsern und Blumen bedeckt ist, sonst nicht als etwas derartig Ungewöhnliches erschienen. Gleichzeitig hatten die europäischen Städte für jemanden, der mit der Architektur europäischer Häuser durch Gebäude europäischen Stils in Japan bereits vertraut war, nichts Befremdliches. Solange ich nur aus Büchern wußte, daß es in der Wüste weder Gräser noch Bäume gibt, hatte ich noch keinerlei Ahnung, was Wüste eigentlich ist. Durch die Bekanntschaft mit westlicher Architektur in den japanischen Städten hingegen waren mir die städtischen Bedingungen in Europa bereits in konkreter Weise anschaulich geworden. Der Eindruck des Befremdetseins, der mir nach meiner Rückkehr in Japan widerfuhr, konnte zweierlei bedeuten: Entweder hatte Japan, das Land, in dem ich so lange gelebt hatte und an dessen Anblick meine Augen so gewöhnt waren, während meiner Abwesenheit andere Eigenschaften als die mir vertrauten angenommen, oder aber Japan war unverändert geblieben und lediglich mein Verständnis des Gewohnten war ein anderes geworden. Doch vielleicht traf beides zu. Anders gesagt: Der vertraute Zustand, in dem ich gelebt und an dessen Anblick ich mich im Laufe der Jahre gewöhnt hatte, war derselbe geblieben; und doch kam nun etwas, das unter dieser Oberfläche lag, zum Vorschein, das mir bis dahin entgangen war und das mich, im Gegensatz zu dem, was mir vorher als gewöhnlich und normal erschienen war, als ungewöhnlich und einzigartig anmutete.

Ich will dies an einem einfachen Beispiel erläutern. Autos und Straßenbahnen gehören in Japan zum alltäglichen Straßenbild. Sie sind inzwischen etwas so Selbstverständliches, daß wohl kaum ein Japaner angesichts solcher aus Europa stammender Importe oder Nachbauten mehr in Erstaunen geriete. Kommt er dann nach Europa, haben Autos und Straßenbahnen folglich nichts Besonderes für ihn; vielmehr ist er verwundert darüber, wie schmutzig die Taxis und wieviel kleiner die Straßenbahnen dort sind. Abgesehen von der Qualität der Fensterscheiben machen die Straßenbahnen in allen europäischen Städten sogar einen schäbigeren Eindruck als die japanischen. Auch die Untergrundbahnen scheinen kleiner und weniger stabil als die japanischen S-Bahnen. Ob sie tatsächlich kleiner und leichter gebaut sind, steht hier nicht zur Debatte. (Womöglich sind sie es; jedenfalls erscheinen mir die Wagen der europäischen Untergrundbahnen immer niedriger als die japanischen. Einen Bogie-Wagen habe ich nirgendwo gesehen.) Lassen wir dies dahingestellt. Die Tatsache bleibt, daß dieser Eindruck zustande kam und keineswegs etwas Befremdendes oder Sonderbares hatte. Als ich wieder nach Japan zurückgekehrt war und die Autos und Straßenbahnen dort sah, hatte ich jedoch das Gefühl, als tobten Wildschweine durch ein Weizenfeld. Wenn eine Straßenbahn durch Straßen donnert, die von kleinen niedrigen Holzhäuschen gesäumt sind, dann hat man den Eindruck, als duckten sich diese Häuschen, als sänken sie demütig zu Boden wie Bauern beim Einzug eines Feudalherrn und seines Gefolges. Die Straßenbahn ist höher als ein einstöckiges Haus, länger als eine Hausfront und so robust gebaut, daß man sich ohne weiteres ausmalen könnte, wie sie Kleinholz aus den schwachen Häuschen machen würde, wenn sie einmal einen Tobsuchtsanfall bekäme. Wenn sie vorbeirast, ist von den Häusern hinter ihr nichts weiter zu sehen als der blaue Himmel, der sich über ihnen wölbt. Selbst ein Auto hat hier bedrohliche Ausmaße; in einer engen Straße wirkt es wie ein Walfisch, der einen Kanal verstopft. Und häufig ist es tatsächlich höher und breiter als eine Hausfassade. In Europa degegen nehmen sich diese Verkehrsmittel geradezu zwergenhaft vor den Häusern aus und sind nichts weiter als das, wozu sie gedacht sind: Mittel, Instrumente der

Fortbewegung, Vasallen des Menschen. Und ihre Erscheinung entspricht ihrem Status vollkommen. Anders in Japan: Dort überwältigen und beherrschen diese Werkzeuge, diese eigentlich dienstbaren Instrumente, den Menschen und treiben ihr Unwesen. Gerade weil sie ihrer Form und Größe nach in Japan und in Europa annähernd gleich sind, ist der merkwürdige Unterschied im Gleichgewicht oder – richtiger gesagt – das Ungleichgewicht zwischen beiden, das vorher nicht wahrgenommen wurde, so auffallend. Und auch in Europa, wo man diese Gegenstände in den ihnen angemessenen Proportionen sieht, empfindet man sie lediglich als klein, nimmt aber nicht wahr, daß hier eine wesentliche Änderung des Gleichgewichts eingetreten ist. Und das besagt, daß man im Rahmen des Vertrauten das Ungleichgewicht nicht wahrnimmt, besagt aber auch, daß man sich des eigentlichen Gleichgewichts bereits bewußt gewesen ist. Nach meiner Rückkehr also hatte ich ein Ungleichgewicht wahrgenommen und als befremdend empfunden und erkannte nun, daß mir, wiewohl ich um das eigentliche Gleichgewicht immer schon gewußt hatte, der tatsächliche Mangel an solchem Gleichgewicht entgangen war. Man entdeckt also den offensichtlichen Mangel an etwas erst aufgrund von etwas, das man bereits gewußt hat.

Die Wahrnehmung, daß das nun empfundene Ungleichgewicht der Wirklichkeit der japanischen Stadt genau entspreche, mußte also längst in dem inneren Eindruck enthalten gewesen sein, daß die Zivilisation des modernen Japan als Ganzes ein chaotisches Durcheinander darstelle. Nur haben wir uns noch nicht eingestanden, daß sich dies allerorten in geradezu grotesker Weise zeigt. So haben wir die Probleme des Straßenbaus und der Entwicklung der Verkehrsmittel lediglich unter den Gesichtspunkten der Bequemlichkeit und der Nützlichkeit betrachtet, mit dem Ergebnis, daß das Mißverhältnis zwischen Verkehrsmitteln und Häusern nun auf die gesamte Stadt ausgedehnt worden ist. Unsere neue „Stadtplanung“ beschert uns immer breitere und schönere Straßen, die so gut ausgebaut und gepflastert sind wie in jeder europäischen Stadt. Allein, in Europa stehen an solchen Straßen hohe, lange Mietshäuser, die aus vielen einzelnen Wohnungen bestehen, so daß auf ca. 50 m Straßenlänge etwa hundert Wohnungen kommen. Das Verhältnis von Straßenfläche zu Wohnfläche ist also sehr klein. In Japan stehen an einer Straße vergleichbarer Länge nur etwa 10 bis 12 Holzhäuser. Sie liegen flach und niedrig auf der Erde, und nur die Straße breitet sich sozusagen bis in den Himmel aus, so daß ihre augenfälligste Funktion die zu sein scheint, dem Wind freie Bahn zu verschaffen, der dann Wolken von Sand und Staub zusammenfegt und hoch aufwirbelt. Selbst in den Städten Europas, in denen es viel weniger Regen und Wind gibt, der Schmutz und Staub aufwirbeln könnte, bedarf es eines beträchtlichen finanziellen Aufwandes, die Straßen so sauberzuhalten wie einen Hausflur, trotz des günstigen Verhältnisses von Straßenfläche zu Haus. In Japan, wo es heftige Regenfälle und folglich auch viel Schlamm gibt, wo durch die große Feuchtigkeit viel Kehricht entsteht und wo das Verhältnis von Straßenfläche zu Haus viel ungünstiger ist als in Europa, würden diese Kosten bestimmt das Zehnfache betragen. Luxuriös sind sie, diese breiten, weit unter offenem Himmel dahinführenden Straßen mit ihren kleinen, wie verloren wirkenden Häuserzeilen – Japans schöne, vielleicht allzu schöne Straßen –, die nun nicht mehr der Verkehrsbewältigung dienen, sondern verschwenderischer Selbstzweck geworden sind, der das an den Rand gedrängte menschliche Leben geradezu kläglich erscheinen läßt.

Bei näherer Betrachtung zeigt sich, daß an dieser Entwicklung des Straßenbaus die zu weitläufige Anlage der japanischen Städte und die vorherrschende Flachbauweise schuld sind. Wenn New York das Beispiel dafür ist, daß eine Stadt durch Höhenwuchs krank werden kann, dann ist Tokyo das beste Beispiel für eine Stadt, die krank wird durch Breitenwachstum. Die bebaute Fläche von Tokyo soll um das Mehrfache größer sein als die von Paris; selbst wenn jedoch die bebauten Flächen gleich groß wären, so wäre die für eine Stadt wie Paris angemessene Kanalisation angesichts der unterschiedlichen Niederschlagsmengen im Falle Tokyos auch nicht entfernt ausreichend. Da nun die Fläche Tokyos um ein Mehrfaches größer ist als die von Paris, würde es auch ein Mehrfaches an öffentlichen Einrichtungen benötigen, wenn es denselben Standard wie Paris erreichen wollte. Das heißt, daß Tokyo nur unter ungeheuren finanziellen Anstrengungen die für eine moderne Großstadt nötigen und unentbehrlichen Anlagen würde errichten können. Anders gesagt: Die auswuchernde Bauweise Tokyos läuft den Erfordernissen einer modernen Großstadt total zuwider. Dabei geht es hier nicht allein um die Frage der Kanalisation. Da sind auch noch das weitläufige Straßennetz mit seinen Straßenbahnlinien, die langen Strecken an Elektro- und Gasleitungen, die verlegt werden müssen, der Aufwand an Zeit und Nervenenergie für den täglichen Arbeitsweg – alle diese Mehrbelastungen haben ihre Ursache in dem Auswuchern der Stadt. Je größer eine Stadt in Japan ist, desto unbequemer ist es also, in ihr zu leben. Das Leben in der Stadt erfordert sowohl in ökonomischer wie in seelischer Hinsicht einen unverhältnismäßig großen Aufwand, und dennoch wird es dadurch nicht angenehmer. All diese Erschwernisse sind letzten Endes Folgen des Ungleichgewichts zwischen Stadtfläche und Einzelhaus.

Weshalb aber ist es bis heute dabei geblieben, daß die japanischen Häuser, die im Vergleich zu Autos und Straßenbahnen, auch angesichts der Straßen und im Stadtzusammenhang so klein, ja geradezu grotesk klein wirken, weiterhin am Boden entlangkriechen? Man könnte ökonomische Gründe dafür verantwortlich machen und sagen, Japan sei nicht so reich wie Europa und deshalb könne Tokyo sich keine Hochhäuser leisten. In Anbetracht der ungeheuren Kosten, die den japanischen Großstädten durch ihre Flächenausdehnung erwachsen, wirkt dieses Argument allerdings nicht sehr überzeugend. Rechnet man einmal die Bau- und Grundstückskosten für 50–60 solcher winzigen Häuschen zusammen und zählt noch die oben erwähnten durch eine solche Bauweise entstehenden Mehrkosten hinzu, fiele es wohl schwer zu sagen, was billiger wäre – der Bau von Holzhäuschen oder der Bau von imposanten Hochhäusern aus Eisenbeton. Der Grund dafür, daß solche Hochhäuser in Japan nicht gebaut werden, liegt also nicht in der Unfähigkeit, dergleichen zu finanzieren, sondern in der Unfähigkeit zu einer städtischen Lebensweise auf öffentlicher und gemeinschaftlicher Basis. Damit erhebt sich die Frage, weshalb die Japaner eine solche öffentliche gemeinschaftliche Lebensweise ablehnen, die doch mancherlei Bequemlichkeiten und Annehmlichkeiten mit sich bringen würde und zudem die einzige Weise wäre, ein Leben zu führen, das dem Sinn und der Bedeutung der Stadt entspräche.

Der Grund dafür liegt meines Erachtens im japanischen „Haus“. Deshalb lautet die nächste Frage: Wie ist das japanische Haus beschaffen und was bedeutet es eigentlich?

In den meisten europäischen Städten ist das Haus kein Gebäude, das ein einzelner für sich bewohnt, es sei denn, er wäre reich. Wenn man ein solches Gebäude betritt, findet man rechts und links einzelne „Wohneinheiten“: Man steigt eine Treppe hinauf, und wieder befinden sich auf der rechten und auf der linken Seite Wohnungen, die jeweils mit einer eigenen Eingangstür versehen sind. In einem fünfstöckigen Gebäude befinden sich zehn, in einem sechsstöckigen zwölf solcher hausähnlichen Wohnungen. Auf der Rückseite des Gebäudes führt eine andere Tür über einen Innenhof zu einem weiteren Gebäude, dem sog. Hinterhaus, das ebenso aufgeteilt ist wie das Vorderhaus, also ebenfalls einen Gang und ein Treppenhaus hat. Der Hausgang stellt sozusagen ein verlängertes Stück Straße dar, nein, er ist die Straße, der Weg *ō-rai* („Gehen und Kommen“) im eigentlichen Sinn des Wortes. Geht man auf diesem Weg zum Eingang einer Wohnung, dann kommt man hinter der Wohnungstür wieder auf einen Gang, von dem die einzelnen Zimmer abgehen. Jede Zimmertür, auch die Verbindungstür zu einem anderen Raum, ist mittels eines Schlüssels abschließbar und kann so durch einen Handgriff zu einem unabhängigen separaten „Haus" werden. Man kann also auch als Nichtangehöriger einer Familie in einem Zimmer innerhalb einer Wohnung wie in einem Haus wohnen, ohne die anderen Bewohner in irgendeiner Weise zu behelligen. So gesehen kann auch der Gang innerhalb einer Wohnung *ō-rai*, Straße werden. Der Briefträger z. B. betritt das Gebäude durch den Hausgang und bringt dann über den Wohnungsgang einem Untermieter die Post. Dasselbe gilt für den Botenjungen eines Buchladens oder Kaufhauses oder für die Arbeiter einer Spedition. Der „Gang" hat also stets die Bedeutung einer Straße. Was dem japanischen *genkan* (Flur oder Vorhalle) entspräche, befindet sich hier im Privatzimmer, und so kann man sagen, daß das einzelne Zimmer unmittelbar an die Straße und damit an die Stadt angrenzt.

Man kann das Ganze auch umgekehrt sehen: Der Bewohner eines Zimmers betritt den Flur in der Wohnung mit denselben Kleidern, die er auch in seinem Zimmer trägt, geht dann mit oder ohne Hut weiter ins Treppenhaus durch den Hausgang zur Haustür hinaus auf den Gang außerhalb das Gebäudes, das heißt auf die Straße. Die asphaltierte Straße draußen wird jeden Morgen mit Wasser abgespült, ist also nicht schmutziger als der Hausgang (es kommt sogar vor, daß der Gang innerhalb eines Gebäudes schmutziger ist als die Straße). Der einzige Unterschied zwischen diesen beiden Gängen besteht darin, daß auf der Straße der Himmel zu sehen ist und man sie im Winter nicht heizen kann. So geht ein Mensch über die Straße in ein Restaurant oder in ein Café, um sich ein wenig Musik anzuhören oder Karten zu spielen. Dieser Weg unterscheidet sich eigentlich nicht von dem aus dem eigenen Zimmer über den langen Flur ins Eß- oder Wohnzimmer. Und dies gilt nicht nur im Falle eines allein lebenden Menschen, sondern ist auch innerhalb der Familie die Regel. So wie die japanische Familie im *chanoma* (Wohnzimmer) zusammenkommt und sich miteinander unterhält oder Radio hört, geht eine europäische Familie ins Café, um Musik zu hören oder Karten zu spielen. Ein Café ist ein Wohnzimmer, eine Straße ist ein Gang. So gesehen ist die ganze Stadt ein „Haus". Wenn also jemand seine Tür von außen abgeschlossen und damit die Grenze überschritten hat, die ihn von der Gesellschaft trennt, findet er außerhalb ein gemeinsames Eßzimmer, ein gemeinsames Wohnzimmer, eine gemeinsame Bibliothek, einen gemeinsamen Garten. Der Gang ist also bereits die Straße und die Straße noch der

Gang; eine bestimmte Grenze zwischen beiden gibt es nicht. Anders gesagt: Das „Haus“ schrumpft einerseits auf die Größe eines kleinen Privatzimmers zusammen, andererseits dehnt es sich auf die ganze Stadt aus. Das „Haus“ als solches hat also keine wirkliche Bedeutung. Was zählt, sind das Individuum und die Gesellschaft.

In Japan hingegen, wo es undenkbar wäre, daß der Gang zur Straße oder die Straße zum Gang würde, hat das „Haus“ als solches ganz offensichtlich eine Bedeutung. Die Abgrenzung, sei es der Hauseingang oder die Eingangstür, stellt eine eindeutige Grenze zwischen Haus und Straße, zwischen Innen und Außen dar. Ein Japaner muß beim Betreten des Hauses die Schuhe *ausziehen* und kann sie erst beim Verlassen des Hauses wieder *anziehen*. Der Briefträger oder der Botenjunge dürfen die genannte Grenze nicht überschreiten. Cafés und Restaurants gehören zum „Draußen“ und werden nie als Entsprechung zum Wohn- oder Eßzimmer empfunden. Letztere gehören ausschließlich in die Privatsphäre des Hauses und haben keinerlei öffentlichen Charakter.

Dies ist die Art Haus, in dem der Japaner wohnen möchte, allein hier fühlt er sich geborgen und kann sich entspannen. Es kann noch so klein sein, doch es muß diese Bedingungen erfüllen. Worin aber liegt die Anziehungskraft eines Hauses, das derartige Bindungen schafft? Stellen wir uns also noch einmal die Frage: Was ist ein japanisches Haus? Nach außen hin ist es scharf abgegrenzt gegen die Stadt, im Inneren jedoch gibt es keinerlei Abgrenzungen zwischen den einzelnen Räumen. Trennwände und Schiebetüren (*fusuma* und *shōji*) dienen zwar als Raumteiler, werden aber nicht als Zeichen eines abweisenden oder konfrontierenden Distanz-halten-Wollens empfunden, wie es im Umdrehen eines Schlüssels zum Ausdruck kommt; sie sind dazu in der Tat auch nicht beschaffen. Wenn einer sie zu öffnen wünscht, können sie keinen Widerstand leisten. Ihre Funktion, Distanz zu schaffen, ist abhängig von der Rücksichtnahme der anderen, also davon, daß diese den Wunsch nach Zurückgezogenheit respektieren, wenn er in dieser Weise bekundet wird. Mit anderen Worten: Innerhalb des Hauses empfindet der Japaner nicht das Bedürfnis, sich vor den anderen zu schützen oder sich von ihnen zu unterscheiden. Ein Schloß an der Tür ist Ausdruck des Verlangens, sich den Wünschen anderer entziehen zu können, während die unverschließbaren Schiebetüren und Trennwände Zeichen dafür sind, daß man nicht auf Abstand zu den anderen gehen will. Ausgehend von der Voraussetzung der Distanzlosigkeit, sollen diese Vorrichtungen lediglich der Raumteilung dienen. Sie bedeuten nicht mehr als ein Wandschirm in den westlichen Ländern. Der individuelle Wille, mit Hilfe eines Schlüssels sich die anderen fernzuhalten, kommt innerhalb des Hauses zum Erliegen. Das Charakteristikum des japanischen Hauses besteht also darin, daß es im Inneren völlig offen ist, sich nach außen hin aber in jeder nur erdenklichen Weise durch Hecken, Zäune, Gräben oder gar furchteinflößende Barrikaden *(sakamogi)* verschließt. Die Anziehungskraft dieses Hauses liegt also darin, daß es inmitten der großen Welt draußen eine kleine Welt distanzloser Innigkeit darstellt.

Hier erhebt sich nun die Frage, ob solch eine kleine Welt nicht auch innerhalb eines Mietshauses europäischen Stils zu bewahren wäre. Sie muß verneint werden, denn diese Art Gebäude verlangt von den Bewohnern schon beim Bau und später dann bei der Erhaltung der Wohnungen eine auf Gemeinschaft ausgerichtete Gesinnung. Auch wenn ein Zimmer nicht auf einen Korridor führt und auch keine direkte Verbindung zur Nachbarschaft hat, ist es immer schon Bestandteil einer größeren Struktur, die nur gemeinschaftlich zu organisieren ist. Heizung, Heißwasserzubereitung, Fahrstuhl und dergleichen sind Funktionen, die gemeinsam-gemeinschaftlich genutzt und unterhalten werden. Gerade eine derartige Mitbeteiligung anderer aber beunruhigt den Japaner in höchstem Maße, gibt es für ihn doch keine größere Distanz als die zwischen Haus und Außenwelt. In Europa war die Stadtmauer einst die schärfste Trennungslinie, heute ist es die Staatsgrenze. In Japan gab und gibt es weder das eine noch das andere. Zwar entstanden in der *Momoyama*-Zeit (zweite Hälfte des 16. Jh.) auch in Japan Städte, die von Gräben und Dämmen umgeben waren, sie waren jedoch nur als Verteidigungsanlagen gegen feindliche Truppen gedacht und keineswegs Ausdruck eines Wunsches der Stadtbewohner, zwischen sich und anderen Städten eine Barriere zu errichten. Was in Japan der europäischen Stadtmauer entspricht, ist also die Hecke oder der Graben, die das Haus umgeben, bzw. das Schloß an der Eingangstür. So wie die Verhaltensweisen und Disziplinen des Europäers lange Zeit bestimmt waren durch die Welt innerhalb der Stadtmauern, so ist der Japaner geprägt worden durch die kleine Welt innerhalb des Zaunes. Innerhalb der Stadtmauern schlossen sich die Menschen gegen einen gemeinsamen Feind zusammen und schützten mit vereinten Kräften ihr Leben. Jede Gefährdung der gemeinsamen Interessen stellte nicht nur eine Gefährdung der Existenz des Nachbarn, sondern auch der eigenen dar. Gemeinschaft bildete so die Grundlage des Lebens und bestimmte alle Einzelheiten der Lebensführung. Dies führte dazu, daß das Pflichtbewußtsein Vorrang vor allen anderen moralischen Werten hatte. Die Gemeinsamkeit aber, die einerseits dazu neigte, sich die Interessen des einzelnen unterzuordnen, rief andererseits ein so starkes individuelles Bewußtsein hervor, daß die Beanspruchung individueller Rechte – Kehrseite des Pflichtbewußtseins – schließlich gleichbedeutend neben dem Pflichtbewußtsein stand. „Stadtmauer" und „Schlüssel" sind also Symbole dieser Lebensweise. Die Gemeinsamkeit innerhalb des Zaunes in Japan dagegen war nicht gegen einen gemeinsamen Feind gerichtet, der das Leben drinnen hätte gefährden können; sie ergab sich vielmehr aus der häuslich-natürlichen Liebe, die ohne weiteres bereit ist, die eigene Person hintanzustellen und sich für den anderen zu opfern. In der Beziehung zwischen Mann und Frau, zwischen Eltern und Kindern, zwischen den Geschwistern steht nicht das Pflichtbewußtsein an erster Stelle, sondern die Liebe. Der einzelne ist gerne bereit, von sich abzusehen und erfährt in diesem Aufgeben seiner selbst eine tiefe Erfüllung. Wenn die Entwicklung von Gemeinschaft Hand in Hand geht mit der Entwicklung des Individuums, dann ist es nur natürlich, daß sie sich innerhalb jener kleinen Welt, in der der einzelne so bereitwillig von sich selbst absieht, nicht entwickeln konnte. Keiner pochte hier auf seine Rechte, entwikkelte somit aber auch kein Pflichtbewußtsein gegenüber der Gemeinschaft als solcher. Statt dessen bildeten sich in dieser Umgebung subtilere Gefühle aus, wie *omoiyari* (teilnahmsvolles Mitgefühl), *hikaeme* (Zurückhaltung) oder *itawari* (erbarmendes Mitleiden). Diese galten jedoch nur der kleinen Welt innerhalb des Zaunes und nicht der weiten, lieblosen Welt draußen. Umgekehrt erwuchs daraus ein Argwohn gegenüber der Gesellschaft, der dazu führte, daß man bereits mit dem ersten Schritt über die Schwelle des Hauses auf Feindseligkeiten aller Art gefaßt war. Deshalb habe ich oben davon gesprochen, daß jener Zaun die Entsprechung für Stadtmauer und Schlüssel in Europa sei. Je stärker also der Wunsch nach Distanzlosigkeit innerhalb des Hauses wird, desto heftiger wird die Ablehnung jeder Art von Gemeinsamkeit mit der Welt draußen.

Eine Europäisierung oder Amerikanisierung der japanischen Gesellschaft ist nur allzu offensichtlich. So augenfällig diese aber auch sein mag, diese Gesellschaft bleibt im Grunde innerhalb ihres traditionellen Rahmens und nimmt nicht Abschied von der Vergangenheit, solange das japanische Haus sich in den Städten beharrlich „am Boden kriechend" weiter ausbreitet, das heißt, solange jenes in der Welt einzigartige Ungleichgewicht existiert. Die Japaner kleiden sich europäisch; sie gehen in westlichem Schuhwerk über asphaltierte Straßen; sie fahren mit Autos und Straßenbahnen und arbeiten im soundsovielten Stockwerk eines Bürogebäudes europäischen Stils, das mit westlichen

Möbeln, elektrischer Beleuchtung und Dampfheizung ausgestattet ist. Man ist geneigt zu fragen: „Was bleibt denn dann noch von Japan?" Allein, nachdem man im Büro den Federhalter benutzt und sich europäischer Buchführungsmethoden befleißigt, nach getaner Arbeit kehrt man doch wieder ins japanische Haus zurück. Aber, so könnte man einwenden, auch dieses Haus sei doch bereits im europäischen Stil gebaut. Von außen gesehen könnte dies zutreffend erscheinen. Dies Haus hat jedoch ein Tor, einen Zaun oder eine Hecke, zuweilen auch einen Graben und einen *genkan* (Flur), in dem man sich – so seltsam es anmuten mag – immer noch die Schuhe auszieht. Keine der für das japanische Haus charakteristischen Eigenschaften ist also verlorengegangen, wobei hier nicht die Größe, sondern die Wesensart des Hauses gemeint ist. Wollte man ein vergleichbares Haus in einer europäischen Stadt bewohnen, dann müßte man zumindest recht wohlhabend sein. Wie ist es dann möglich, daß ein Japaner mit einem Einkommen, das ihm in Europa lediglich eine Wohnung in einem nicht gerade erstklassigen Mietshaus gestatten würde, ohne allzu große Anstrengungen ein derartiges Haus bewohnen kann? Die Antwort ist einfach: Dieses sogenannte europäische Haus ist im Grunde gar nicht europäisch.

Folgen wir einmal dem europäisch gekleideten Bewohner in sein europäisch gebautes Haus. Im Vorgarten seines Hauses hat er einen Rasen und Blumenbeete angelegt, ab und zu läßt er sogar einen Gärtner zur Pflege des Gartens kommen, denn der Garten ist für ihn und seine Familie eine Freude. Für den Stadtpark zeigt er allerdings nicht das geringste Interesse, denn der liegt ja außerhalb seines Hauses und gehört „anderen". Und so denken alle: Der Stadtpark gehört irgend jemandem, nicht „mir", und daher läßt man ihm weder Pflege noch Fürsorge angedeihen; dies ist Aufgabe des städtischen Personals. Niemand fühlt sich zur Pflege des Stadtparks verpflichtet, da dieser ja mit öffentlichen Mitteln von der Stadt unterhalten wird. Städtische Angelegenheiten rufen bei den Bürgern gewöhnlich keinerlei Interesse hervor und werden somit einer Handvoll nicht gerade ehrlicher Politiker überlassen. Die Mißstände können noch so groß sein, wenn sie sich außerhalb seiner vier Wände abspielen, gehen sie den Mann, der da in seinem europäischen Haus lebt, nichts an. Als moderner Mensch hat er „neue" Interessen, wie z. B. die Erziehung seiner Kinder. Hat etwa sein Kind sich etwas zuschulden kommen lassen, dann ist er mit ganzem Herzen bei der Sache und zutiefst betroffen. Die Unredlichkeit eines Politikkers in öffentlichen Angelegenheiten hingegen ruft nicht einmal ein Hundertstel jener Betroffenheit hervor. Auch wenn der Mann sich durchaus bewußt ist, daß die Gesellschaft, die von solchen Politikern regiert wird, rapide auf eine Krise zusteuert, bezieht er keine klare Stellung, denn schließlich geht es um Dinge, die sich außerhalb seines Hauses abspielen. Und so gibt er sich mit dem Gedanken zufrieden, zweifellos werde irgend jemand irgendwo schon die Verantwortung übernehmen. Mit anderen Worten: Die Belange der Gesellschaft sind nicht die seinen; und dies zeigt, wie wenig er von der europäischen Denkweise durchdrungen ist.

Die Tatsache, daß der von Anfang an europäisch gewandete Parlamentarismus Japans auch heute noch einer gewissen Lächerlichkeit nicht entbehrt, hat zum einen ihre Ursache in der allgemeinen Interessenlosigkeit gegenüber Fragen der Öffentlichkeit, zum anderen darin, daß man einen Regierungsstil imitiert, der bestimmt wurde durch die Disziplin kommunalen Lebens innerhalb der Stadtmauern, daß man diese Disziplin aber nicht zur Kenntnis nimmt. Für den Japaner war das „Haus" sein ein und alles. Die Feudalherren konnten wechseln; solange sein Haus durch einen solchen Machtwechsel nicht unmittelbar bedroht war, berührten ihn derartige Veränderungen nicht im geringsten. Wenn die Verhältnisse doch bedrohlich wurden, verhinderte seine resignative Einstellung, daß sie ihm wirklich auf den Leib rückten. Auch wenn er zu niedrigster Sklavenarbeit gezwungen wurde, berührte dies die distanzlose Innigkeit seines Familienlebens nicht. Innerhalb der Stadtmauern bedeutete Resignation angesichts einer Bedrohung für den einzelnen, daß er alles verlor. Die einzige Methode zum Schutz seiner Individualität bestand darin, innerhalb der Gemeinschaft mit vereinten Kräften Widerstand zu leisten. Im erstgenannten Fall ging die Resignation einher mit der Gleichgültigkeit gegenüber öffentlichen Belangen; im letztgenannten ging die starke Teilnahme an allen öffentlichen Angelegenheiten einher mit der Achtung vor den Rechten des Individuums. Nur dies ermöglichte Demokratie, denn nur hier hatte die Wahl von Abgeordneten eine wirkliche Bedeutung, nur hier konnte überhaupt so etwas wie öffentliche Meinung entstehen. Wenn z. B. am Tag einer kommunistischen Demonstration bei einem Hausbewohner die rote Fahne, am Tag einer nationalistischen Demonstration bei seinem Nachbarn die kaiserliche Fahne zum Fenster heraushängt, dann zeigt dies, daß die Bürger eine klare Stellung beziehen; indem sie übrigens auch an derartigen Demonstrationen teilnehmen, stellen sie ihre Bereitschaft, ihren Bürgerpflichten nachzukommen, unter Beweis. Dies sind unentbehrliche Bedingungen für die Demokratie. Dem japanischen Volk fehlt jedoch ein derartiges Engagement. Die Folge ist, daß der Beruf des Politikers ein Spezialberuf für machtgierige Menschen geworden ist. Eines der bemerkenswertesten Beispiele in diesem Zusammenhang ist die sog. proletarische Bewegung, die in Wirklichkeit nur eine Bewegung ihrer „Führer“ ist, da sich innerhalb dieser Bewegung kaum oder jedenfalls nur sehr wenige „Geführte“ finden lassen. Das soll nicht heißen, daß diese Bewegung völlig unbedeutend sei, aber hier zeigt sich einmal mehr, daß das japanische Volk Öffentlichkeit als *yoso-no-mono*, als etwas Fremdes und Außenstehendes, empfindet, was ja auch in dem lieblosen Umgang mit öffentlichen Parkanlagen zum Ausdruck kommt. Alle öffentlichen Belange, wie etwa die Veränderung eines Wirtschaftssystems – die ja ein Problem wäre, das die Gemeinschaft als Ganzes anginge –, stoßen nicht auf echtes, inneres Interesse. Alles, was das Leben innerhalb der eigenen vier Wände angeht, wird hingegen mit geradezu überschwenglichem Interesse bedacht. So wie das Parlament nicht wirklich die öffentliche Meinung widerspiegelt, so sind die proletarischen Bewegungen strenggenommen nur Bewegungen ihrer Anführer und können nicht als Hinweis darauf gedeutet werden, daß sich innerhalb des Proletariats etwas wie eine öffentliche Meinung gebildet habe. Hier tritt eine russische Eigenart deutlich zutage. Rußland war seit jeher eine Diktatur, und eine Beteiligung des russischen Volkes an der Regierung ist nie politische Wirklichkeit geworden. Von daher gesehen besteht zwischen jener russischen Eigenart und der japanischen Wirklichkeit, daß nämlich das japanische Volk sich Fragen der Öffentlichkeit gegenüber gleichgültig verhält und ein gemeinsam-gemeinschaftliches Leben gar nicht kennt, eine Wesensverwandtschaft. Das oben genannte Beispiel einer Bewegung, die nur aus Anführern besteht, ist also ein typisch japanisches Phänomen, das wohl nur aus der Trennung zwischen „Haus“ als *uchi* und Welt als *soto* zu erklären ist.

Es ließen sich noch viele Beispiele dieser Art aufzählen. Alle diese Phänomene stehen in Zusammenhang mit dem japanischen Haus; und letzten Endes haben sie alle einen Bezug zu der anfangs geschilderten Szene, die sich bietet, wenn man die seltsam winzig anmutenden Häuser betrachtet, die vor den wie Wildschweinen durch die Straßen tobenden elektrischen Bahnen in Deckung zu gehen scheinen. Für den Japaner ist dies ein alltägliches Bild. Ganz gleich aber, ob er sich der ganzen Bedeutung dieses Anblicks bewußt ist oder nicht, im Grunde seines Herzens empfindet er gewiß das Beklagenswerte einer solchen Szene.

1929 verfaßt.

IV. DER KLIMABEDINGTE CHARAKTER DER KUNST

„Aus allen Zeiten und Völkern dringt eine bunte Formenmenge auf uns ein und scheint jede Abgrenzung und jede Regel aufzulösen. Zumal aus dem Osten überflutet uns elementare, formlose Dichtung, Musik und Malerei, halb barbarisch, aber von der herzensrohen Energie solcher Völker, die noch die Kämpfe des Geistes in Romanen und zwanzig Fuß breiten Gemälden auskämpfen ... In dieser Anarchie ist der Künstler von der Regel verlassen, der Kritiker zurückgeworfen auf sein persönliches Gefühl als den allein zurückbleibenden Maßstab der Wertbestimmung. Das Publikum herrscht. Die Massen, die in kolossalen Ausstellungsgebäuden, in Theatern aller Größen und Arten, wie in Leihbibliotheken sich drängen, machen und vernichten den Namen der Künstler.

Diese Anarchie des Geschmacks bezeichnet stets Zeiten, in denen eine neue Art, die Wirklichkeit zu fühlen, die bestehenden Formen und Regeln zerbrochen hat und nun neue Formen der Kunst sich ausbilden wollen; sie darf aber niemals andauern, und es ist eine der lebendigen Aufgaben der heutigen Philosophie, der Kunst- und Literaturgeschichte, das gesunde Verhältnis zwischen dem ästhetischen Denken und der Kunst wiederherzustellen."

Mit diesen Zeilen beginnt Wilhelm Diltheys Buch ›Die Einbildungskraft des Dichters‹, das in den 80er Jahren des vorigen Jahrhunderts entstand, immerhin 30 Jahre nach dem Erscheinen von Flauberts ›Madame Bovary‹ und fast zwanzig Jahre nach Tolstois ›Krieg und Frieden‹. Cézanne, Protagonist der Maler des 19. Jahrhunderts, hatte schon die Vollkommenheit seines Stils erreicht. „Die neuen Formen der Kunst", die Dilthey herbeisehnte, gab es also bereits. Inzwischen jedoch scheinen diese „neuen Formen der Kunst" schon der Vergangenheit anzugehören. Ja, die Nivellierung der Unterschiede und feststehenden Regeln in den einzelnen Kunstformen heute läßt keinen Vergleich mehr mit dem Zustand der Künste vor vierzig Jahren zu. In diesen zurückliegenden vierzig Jahren hat eine in der Geschichte der Menschheit beispiellose Entwicklung stattgefunden. Da die Kommunikation heute weltweit und sehr einfach geworden ist, nehmen Politik und Wirtschaft überall auf der Welt direkten Einfluß aufeinander. In der nämlichen Weise durchdringen alle Kulturen einander, färben aufeinander ab, klingen voneinander wider. Selbst in der alten Kultur Europas gehört die einst führende Rolle des griechisch-römischen Kulturkreises der Vergangenheit an. Die Schaufenster der Kaufhäuser sind mit kuriosen und barbarischen afrikanischen Zaubergegenständen oder im Geschmack ungeschlachter steinzeitlicher Geräte dekoriert. Das Interesse am Fernen Osten, an Japan, China und Indien geht, ungeachtet ihrer alten Traditionen, nicht über die Lust am Exotischen hinaus, und so stehen Gegenstände aus diesen Kulturen Seite an Seite mit allem übrigen. Angesichts solch chaotischer Zustände, wie sie sich heutzutage zeigen, mögen die kritischen Äußerungen Diltheys zutreffender erscheinen als vor vierzig Jahren. Und deshalb erhält die Frage, die er zu beantworten versucht, für uns neue Bedeutung. Diltheys Frage: „Wie bringen die in der Natur des Menschen gegründeten, sonach überall wirkenden Vorgänge diese verschiedenen Gruppen von Poesie, getrennt nach Völkern und Zeiten, hervor?" bezieht sich auf das Problem der Geschichtlichkeit des Geisteslebens, wie es in den verschiedenen Kultursystemen in unterschiedlicher Weise zutage tritt. „Wie ist die hier in den Gleichförmigkeiten sich äußernde Selbigkeit unseres menschlichen Wesens verknüpft mit seiner Variabilität, seinem geschichtlichen Wesen?"

Die Frage enthält offenkundig zwei Probleme: das Problem der verschiedenartigen Manifestationen von Kunst in bezug auf die „Zeit" und in bezug auf den „Ort". Die dem „Ort" entsprungene Kunst weist natürlich einen dem jeweiligen „Ort" eigenen Stil auf. Die beiden Faktoren „Ort" und „Zeit" durchdringen einander jedoch aufs innigste und bedingen den besonderen Charakter eines Kunstwerks. Durch die enge Berührung aller Kulturen untereinander scheint in unserem Zeitalter die ganze Welt in einen einzigen „Ort" verschmolzen, so daß heute nur noch ein Problem, und zwar das Zeitproblem in der Kunst, in den Vordergrund tritt. Aber gerade weil die ganze Welt, wie es scheint, zu einem einzigen „Ort" zusammengeschrumpft ist, läßt sich um so leichter erkennen, wie verschiedenartig die Kunst zu einer Zeit war, als die Welt noch aus einer Vielzahl an „Orten" bestand, und in welchem Maße diese innerste und kraß zutage tretende Vielfalt die jeweiligen Kunstformen bestimmte. So ließe sich zweifellos auch zeigen, daß Kunstwerke, welche die jeweilige Verschiedenheit des „Ortes" außer acht lassen, lediglich Transplantate, nicht auf dem Boden des wirklichen Lebens gewachsen sind. Dieses Problem betrifft uns Menschen im Osten in besonderer Weise, denn für uns müssen die lokalen Verschiedenheiten im Mittelpunkt des Interesses stehen, wenn wir die lange Tradition unserer Kunst bewahren wollen. Auch in Europa wird die aus Kunst- und Literaturgeschichte entstandene Kunstwissenschaft sich in zunehmendem Maße der Bedeutung des „Ortes" bewußt, obwohl sie zunächst das Problem der Zeit für grundlegend hielt und die Frage nach der je eigenen Ausdrucksweise eines bestimmten Volkes als sekundär ansah. Damit wird in der Diskussion um die jeweilige Besonderheit des künstlerischen Impulses den Verschiedenheiten von Zeit und Ort derselbe Stellenwert eingeräumt, was zweifellos jener neu entstandenen Situation zu verdanken ist. So wollen auch wir das Problem eingrenzen und fragen: „Wie bringt die in der Natur desselbigen Menschen gegründete kunstschaffende Kraft jeweils nach dem Ort andersartige Kunstwerke hervor?" Damit stellt sich womöglich zugleich die Frage nach der Bedeutung des Ortes im geistigen Leben des Menschen überhaupt.

Wenn wir das Problem in dieser Weise einengen, begegnen wir einem Sachverhalt, auf den Dilthey nicht hinauswollte. Als er nach einer Kunsttheorie suchte, welche die künstlerischen Prinzipien der Literatur der naturalistischen Epoche erhellen sollte, befand die Theorie dieser Literatur sich noch in einer kindlich-primitiven Verfassung. Hinsichtlich seiner theoretischen Grundlagen verharrte der Naturalismus freilich in jener kindlich-primitiven Haltung. Die theoretischen Bestrebungen, von dieser „Primitivität" loszukommen, entstanden zusammen mit der Reaktion gegen den Naturalismus und wurden zu Wegbereitern der modernen Kunst. Diese neue Kunsttheorie besagt, die Kunst solle nicht das Einmalig-Zufällige, sondern die Gesetzmäßigkeit zum Ausdruck bringen. Landschaften, die der Jahreszeit oder der Witterung entsprechend ein anderes Aussehen annähmen, seien lediglich Erscheinungen, die mit der Zeit vergingen und verschwänden und sollten nicht zum Gegenstand der Kunst werden. Der Maler solle danach streben, die unveränderliche Struktur einer Landschaft festzuhalten – eine Aufgabe, die mehr als nur Beobachtungsgabe verlange –, sie aus der Tiefe seiner künstlerischen Erfahrung heraus auffassen. Es gehe nicht mehr um das naturgetreue Abbilden, die eigentliche Aufgabe bestehe vielmehr darin, jene künstlerische Erfahrung zum Ausdruck zu bringen. Der Künstler sei der Natur nicht untertan, vielmehr entstehe Natur überhaupt erst aus seiner Erfahrung. „Alles Sinnliche ist nur ein Gleichnis . . ." Diese Theorie, die vermutlich von der Kunsttheorie Diltheys beeinflußt war, brachte letzten Endes jedoch keine großen Kunstwerke hervor, sondern wurde Metaphysik und Erkenntnistheorie. So stolz man auch auf den Versuch sein mag, von einer metaphysischen Grundlage aus den bloß äußerlichen Charakter der Dinge zu überwinden, darf man doch nicht einen Augenblick meinen, dies sei der modernen europäischen Kunst auch gelungen. Als beide, Kunsttheorie und Kunstwerk, blühten, wie Dilthey es sich wünschte, stand es um das Verhältnis zwischen Kunst und Kunsttheorie immer noch so, wie vierzig Jahre zuvor, das heißt, es gab keine gesunde Gefährtenschaft dieser beiden, wenn auch aus den entgegengesetzten Gründen wie vierzig Jahre vorher. Dilthey schwebte eine Verbindung nach dem Muster der Schiller-Goethe-Zeit vor. Leider muß man sagen, daß er dieses Ziel verfehlte. Und ob das moderne Europa genügend künstlerische Kreativität aufbringt, um ein solches Ziel erreichen zu können, bleibt einigermaßen zu bezweifeln. Wenn wir unseren Blick weiten und die Welt, von der Europa schließlich nur ein Teil ist, als Ganzes betrachten, dann gewinnt ein anderes Ziel an Bedeutung, das für Dilthey nicht von Belang war. Sobald man einmal von der europäischen Kunst absieht, treffen die europäischen Kunsttheorien – mit geringfügigen Modifikationen – auch auf manche der östlichen Künste zu. Wir fragen also, weshalb die neue Kunsttheorie, die als Reaktion auf den „Abscheu" gegen den „Fluch" des Naturalismus entstand, sich auf die Europa so fremde Kunst des alten Ostens anwenden läßt. Was macht überhaupt das Besondere dieser Kunst des Ostens, ja, das Besondere jenes Geisteslebens aus, das eine derartige Kunst hervorbrachte?

Für Dilthey, der die Kunst des Ostens „primitiv", „formlos" und „halb barbarisch" nannte, stellte sich diese Frage natürlich nicht. Aber stellt sie sich denn heute, vierzig Jahre nach Dilthey? Was er unter „Osten" verstand, bleibt unklar; er mag dabei die langen Romane Tolstois und Dostojevskis gemeint haben, die ihm zwar halb barbarisch erschienen, jedoch erfüllt von einer jenen Menschen und Völkern eignenden herzensrohen Energie. Auch Hermann Hesse bewunderte selbst nach dem Ersten Weltkrieg noch bei Dostojevski den großen Geist des „Ostens". Diese Beispiele machen augenfällig, wie vage Begriffe wie „Osten" oder „nichteuropäisch" verwendet wurden. Der „Osten" ist der Ort der herzensrohen Energie und bleibt „halb barbarisch". Wer sich dorthin sehnt, liebt ihn einzig und allein seiner halb barbarischen Eigenschaften wegen. Er mag sich fragen, was denn eigentlich so bekömmlich an jener Betriebsamkeit, die wir „modern" und „zivilisiert" nennen, sein mag; wenn Scharen von Autos hin- und herrasen, als wären sie hinter etwas Sinnvollem her, und dabei lebensmüde Menschen ins Grab hetzen; wenn grell leuchtende Nachrichtenbänder sinn- und bedeutungslose Informationen als etwas Unerläßliches an den Mann bringen; wenn die verrückte Tanzerei zu Jazzmusik lediglich dazu beiträgt, das Leben noch hektischer zu machen; und wenn selbst der selten gewordene Augenblick der Muße und stillen Zurückgezogenheit unterbrochen wird durch das Radio? In solcher Betriebsamkeit geht jede Tiefe, gehen die Schönheit und die Sanftheit im Leben verloren; was übrig bleibt, ist eine mechanisierte Existenz. Könnte man nur ausbrechen aus dem hektischen Leben einer zivilisierten Stadt und nach Afrika, Asien oder auf eine Südseeinsel fliehen, dann fände man aus zivilisiertem Raffinement gewiß zurück zu einem stillen, gesunden Leben – eben zum ursprünglichen Leben – in dem Menschsein sich noch in seiner Tiefe und Schönheit entfaltet, denn dort gäbe es ja noch „Leben" im eigentlichen Sinn des Wortes ... Diese Sehnsucht mancher Europäer ist zwar nicht unverständlich, im Grunde aber zeigt sich darin lediglich ein vergebliches Hoffen der unter einem mechanisierten Leben leidenden Europäer auf irgend etwas „Nichteuropäisches"; diese Sehnsucht ist keineswegs Ausdruck einer positiven Einschätzung oder gar eines Verständnisses „östlicher" Lebensweise. Wieso hält man das „Nichteuropäischsein" gleich für „elementar"? Das japanische Leben zum Beispiel hat zweifellos schon weit mehr an „Urtümlichkeit" verloren als das europäische; eine „Kindlichkeit", wie sie beim Europäer trotz der Mechanisierung seines Lebens in nicht unerheblichem Maße anzutreffen ist, sucht man heute beim Japaner vergeblich. So gesehen, hat der Europäer sich einen viel größeren Vorrat an „elementarer Vitalität" bewahrt. Dafür aber ist beim Japaner der Hang zu *shibumi* (Raffinement) und *kotan*, die elegante Einfachheit, die seinen Geschmack in bezug auf Kleidung, Nahrung und Wohnung kennzeichnet, sowie das Gefühl für *hikaeme* und *yukashisa*, für Zurückhaltung und Bescheidenheit, ungleich dominanter als beim Europäer. Nun ist Japan dabei, Europa hinsichtlich der Mechanisierung des Lebens nachzueifern; im Hinblick auf Geschmack und Lebensmoral jedoch könnte man eher den Europäer als barbarisch bezeichnen als den Japaner, auch wenn der Europäer dies nicht ohne weiteres gelten lassen mag – er, der trotz seiner Liebe zum „Nichteuropäischen" im Grunde seines Herzen Europa eben doch für den „Mittelpunkt der Welt" hält. Und solange es immer noch an Verständnis fehlt, wird das Problem der Eigenart der Künste anderen Ursprungs nicht in angemessener Weise zur Kenntnis genommen.

Unsere Frage lautet: Wie bringt die in der Natur des Menschen gegründete, sonach überall wirkende kunstschaffende Kraft dem jeweiligen „Ort" entsprechend andere Kunstwerke hervor? Ich möchte diese Frage noch unterteilen: a) In welcher Weise sind diese anderen Kunstformen verschieden? b) Wie verhält sich die Besonderheit eines Kunstwerkes zur Besonderheit des „Ortes", und wie bestimmt die spezifische Eigentümlichkeit des Entstehungsortes die künstlerische Kreativität?

An dieser Stelle wäre es wohl am besten, diejenigen Kunstwerke nebeneinanderzustellen, welche die größte Verschiedenartigkeit untereinander aufweisen, Kunstwerke, die repräsentativ für Europa und solche die es für Ostasien sind; ihre auffälligsten Charakteristika wollen wir vergleichen, so daß die Verschiedenheit deutlich zutage tritt.

Der wichtigste Gesichtspunkt für unseren Vergleichsversuch ist die „Regelmäßigkeit". Regelmäßigkeit ist eben das, was seit Beginn der neuzeitlichen Philosophie Kunst ausmacht. Dem cartesianischen Gedanken folgend, daß die ästhetische Freude an sinnlichen Eindrücken auf „Rationalität" und „Logik" beruhe, versuchte auch Leibniz, der Vollender der rationalen Ästhetik, die sinnliche Freude von dem Verstandesmäßigen abzuleiten, das hinter der sinnlichen Wahrnehmung verborgen ist: der logische Charakter der Gedichtformen, insbesondere die Einheit in der Vielfalt, sei der Grund der ästhetischen Freude an Gedichten. Die Schönheit entstehe aus der Ordnung. Die Anordnung der Klänge in der Musik, die Regelmäßigkeit der Bewegung im Tanz, die methodische Abfolge langer und kurzer Silben im Gedicht – all dieses Regelmaß gewähre uns ästhetische Freude. Nicht anders verhalte es sich mit der Freude an der „Proportion" in der bildenden Kunst. Das künstlerische Schaffen sei, neben dem denkerischen Vermögen durch konstruktive Vereinheitlichung die Ordnung des Kosmos zu erfassen, die Fähigkeit, einen Gegenstand nachzuerschaffen und nachzubilden, der eine solche Ordnung besitzt; es sei sozusagen eine geistige Kraft, die wie „Gott" schöpferisch sei. So sei die Schönheit Ausdruck des „Logischen" im sinnlichen Bereich und die Kunst sinnlicher Ausdruck der harmonischen Weltzusammenhänge. Der Künstler sehe diese Weltzusammenhänge nicht logisch, sondern sinnlich, mit schöpferischen, lebendigen Gefühlen. Und wenn er diese mit seinen freien Schaffenskräften zum Ausdruck bringe, dann unterstehe er – weil diese rational seien – von selbst der „Regel".

In dieser rationalen Ästhetik spiegeln sich die gesellschaftlichen Verhältnisse und die Einstellung des 17. Jahrhunderts in Europa – besonders die Frankreichs –, wo der Rationalismus blühte. Aber auch nachdem die rationalistische Färbung verblichen war und dem Bereich der Schönheit und der Kunst eine Eigenständigkeit zugestanden wurde, bestand weiterhin die Tendenz, in der Kunst das Rationale und Regelmäßige zu erkennen. So erkannten auch die Empiristen des 18. Jahrhunderts in der „Einheit in Vielfalt", in der „Symmetrie", der „Proportion" oder der „Zusammensetzung gleich konstruierter Teile" (das Verschmelzen der Teile ins Ganze) die Hauptelemente der ästhetischen Wirkung. Trotz der Gegenbehauptung, daß ein Kunstwerk nicht aus dem Zusammensetzen der verschiedenen Elemente entstehe, ja, daß die ästhetische Wirkung vielmehr von vornherein ein einheitliches Moment sei, erhob sich immer noch kein Einwand gegen die frühere Befürwortung des ästhethisch formalen Prinzips. Als im 19. Jahrhundert die historische Methode der Kunstwissenschaft, die nach den schöpferischen Kräften im Menschen fragte und anfing, die Psychologie für die Interpretation empirischer Phänomene heranzuziehen, die ästhetischen Schaffenskräfte zu analysieren begann, konzentrierte sich die Aufmerksamkeit immer stärker auf die Tiefe des Erlebens, welche bloßer Rationalismus nicht zu erhellen vermag. Trotz des Bestrebens, mit Hilfe der aus der Analyse der Geschichtlichkeit der Kunst gewonnenen Begriffe abstrakte Theoreme wie „Einheit in Vielheit" oder „Ordnung" zu ersetzen, wurden „Einheit" und „Ordnung" jedoch weiterhin als der Kreativität eines Genies übergeordnete *Gesetze der Kunst* anerkannt. Das einzige, worauf es ankam, war die Geschichtlichkeit des Stils eines Kunstwerks, seine jeweilige Eigenart, wie sie sich in der Komposition zeigte; die Kriterien blieben jedoch nach wie vor jene Prinzipien von Einheit in Vielheit, von Symmetrie und Proportion. Als dann weitgehend die psychologische Methode der Erforschung des ästhetischen Bewußtseins angewandt wurde, erkannte man das Prinzip der Einheit nicht mehr in der rationalen Ordnung des Universums, sondern in der Einheit des Seelenlebens. Aber es handelte sich dabei nur darum, wie das ästhetische Formprinzip zu begründen wäre; die Allgemeingültigkeit dieses Prinzips selbst wurde nie in Frage gestellt. Erst in jüngerer Zeit wurde versucht, das Wesen der Kunst unabhängig von den ästhetischen Formprinzipien zu betrachten und es in einer dem „Gefühl entsprechenden Form" zu entdecken.

Wir wollen uns hier mit dem Problem beschäftigen, ob die für ein Kunstwerk charakteristische Komposition die oben genannten Prinzipien über Gebühr in Anspruch nimmt. Wie immer man auch die Kunstform betrachten mag, daß das der Kunst zugrundeliegende Prinzip die Einheit in der Vielheit ist, ist zweifellos nicht zu bestreiten. Zu fragen bleibt jedoch, ob eine solche Einheit sich allein aus der Regelmäßigkeit ergibt, ob „Ausgewogenheit" lediglich durch „Symmetrie", „Proportion" und dergleichen entsteht. Und ob eine derartige Frage überhaupt gestellt werden kann, hängt ab von der Besonderheit des jeweiligen Kunstwerks, schließlich hinkt die Kunsttheorie dem Kunstwerk selbst stets hinterher.

Die für die europäische Kunst repräsentativen Werke sind so stark rational geprägt, daß sie gar nicht umhin konnten, Gesetzmäßigkeiten zu entsprechen. Das unübertroffene Genie der Griechen brachte die mathematischen Wissenschaften hervor und schuf zugleich exemplarische Kunstwerke; das eine führte zum anderen. Die Kunst Griechenlands ist mit keiner anderen zu vergleichen, und in ihr ist das Rationale dominant. Geschlossene Form entsteht aus Ordnung, Ausgewogenheit durch Symmetrie und Proportion. Man könnte meinen, daß das Exemplarische geradezu das Wesen dieser Kunst ausmache. Wir sind jedoch der Meinung, daß die Überlegenheit der griechischen Kunst gerade nicht in der Geschlossenheit der Form beruht. So wollen wir zunächst einmal darüber nachdenken, worin diese Überlegenheit eigentlich besteht, ehe wir die auf diesem Formprinzip sich gründende Geschlossenheit als einen besonderen Stil zu verstehen suchen.

Nehmen wir als Beispiel die Skulptur Griechenlands. Der *Doryphoros* des Polyklet galt schon von alters her als „Kanon" der Proportion des menschlichen Körpers. Polyklet lebte zu der Zeit, als die Pythagoräer die unendlich tiefe Bedeutung mathematischer Zusammenhänge erkannten und versuchten, die Anziehungskraft der Musik und die Symmetrie in den Kunstwerken auf mathematische Relationen zurückzuführen. Es heißt, daß der Bildhauer auf der Suche nach der absoluten Proportion des menschlichen Körpers jenen „Kanon", das absolut gültige Gesetz der Proportion, fand und es in der Figur des *Doryphoros* verwirklichte. Es ist zweifelhaft, ob diese Erforschung der Proportionsgesetze den kreativen Impuls auslöste, in der Tat ist dieses Kunstwerk aber von so vollkommenen Proportionen, wie die Sage überliefert. Leider ist das Original verlorengegangen. Marmorkopien, die im Vatikan und in Neapel stehen, lassen vermuten, daß diese – zumindest hinsichtlich der Proportionen – originalgetreu sind. Wie so viele andere Kopien aus römischer Zeit hinterlassen sie aber einen eher schwachen Eindruck und haben nichts von der lebendigen, strahlenden Eindringlichkeit, wie sie nur das Original aufweist. Die Vollkommenheit geometrischer Porportion allein geht nicht zu Herzen. Vergleichen wir diese Kopien einmal mit der „Tochter Niobes" im Thermenmuseum in Rom. Die Skulptur fängt just den Augenblick ein, in dem die junge Tochter Niobes, vom Pfeil Amors in den Rücken getroffen, ein Knie auf den Boden stemmt und mit beiden Händen versucht, den Pfeil wieder herauszuziehen. Ihr Gesicht ist gen Himmel gerichtet; das Gewand, von den Schultern heruntergerutscht, läßt sie fast nackt erscheinen. Diese Arbeit stammt aus der Mitte des 5. Jahrhunderts v. Chr., ist also früher als der Parthenon und stellt somit die erste uns bekannte nackte Frauengestalt dar. Freilich weist dieser kühne Versuch, eine ungewöhnliche und heftige Bewegung darzustellen, noch Spuren archaischer Steifheit und Unausgereiftheit und mehrere Mängel in der Ausführung auf; vor allem der linke Arm zeigt eine anatomisch unmögliche Haltung. Doch sieht man einmal von diesen Mängeln ab, dann macht dieses Werk zweifellos die Großartigkeit der griechischen Kunst deutlich. Die Lebendigkeit dieses Werks geht in der Tat zu Herzen. Ich würde es zusammenfassend beschreiben als „die restlose Offenbarung des Innen ins Außen“. Das „Innen“ wird hier zum „Außen“; dies spüren wir in jedem Detail. Es ist nicht so, daß die Figur etwas Inneres umhüllt und zugleich bestimmte nach außen weisende Oberflächen hat, sie besteht vielmehr aus von innen aufsteigenden Wellen von großer Zartheit. Der Linie, die von den Brüsten zur Taille läuft, können wir nur mit stockendem Atem folgen, ihre Schönheit ist einfach unbeschreiblich. Indem diese zarten Wellen das Innere restlos ins Äußere übersetzen, entsteht auch nicht der Eindruck von einer begrenzenden Kontur. Zwar werden diese Wellen, betrachtet man sie von der Seite, zu Linien; diese Linien selbst bewegen sich aber nicht seitwärts, sondern sind Fortsetzungen von innen her aufsteigender Punkte. Was jeden dieser Punkte miteinander verbindet, ist das von innen hervorquellende Leben. Wenn wir versuchsweise diese Figur einmal umkreisen, nehmen wir in den endlosen Variationen dieser Wellen nicht etwa seitwärts fließende Bewegungen, sondern einen Wechsel der Wellenbewegung selbst wahr, als Rhythmus des von innen nach außen strömenden Lebens. Dieser Eindruck wird noch durch die Spuren der Meißelführung des Bildhauers verstärkt. Die Falte des Gewandes, die den rechten Fuß umhüllt, scheint – wider normales Erwarten – nicht herabzufließen. Die deutlichen Meißelspuren zeigen, daß der Künstler die Unebenheit der Oberfläche betonen möchte und sich die Freiheit nimmt, die Bedingungen (der Schwerkraft in der Darstellung des Gewandes) zu vernachlässigen. Die grob gemeißelte Tiefe hat keine gleitende Verbindung zur Höhe. Offensichtlich versucht der Künstler hier, einem Leben, das anderer Art ist als das des Körpers, das von innen nach außen strömt, Ausdruck zu verleihen. Das in Falten fließende Gewand, das den Leib zwar umhüllt, zugleich aber die Rundungen des Körpers hervorhebt, stellt sich als etwas ganz anderes heraus als ein Gewand. Die Kopien aus römischer Zeit lassen dies überhaupt nicht erkennen. Die Spuren des Meißels auf der Haut sind nicht so deutlich wie die auf dem Gewand, aber sie sind dennoch als feine Linien oder Punkte zu sehen. Doch so zart sie auch sind, der Künstler zeigt sie in aller Offenheit; sie legen Zeugnis ab für seine Absicht, eine Unebenheit darzustellen. Sie lassen die Haut nicht als eine fließende Oberfläche, sondern als etwas sanft von innen sich Hervorhebendes erscheinen.

Dieses Charakteristikum konnten wir bei fast allen griechischen

Originalen entdecken, meist verbunden mit Symmetrie und Proportion. Die sogenannte *Geburt der Venus*, ein Relief am Thron des Ludovisi, zum Beispiel, kann als beispielhaft für die Anmut der Symmetrie gelten. Zwei Nymphen stehen gebückt am Meeresstrand und ziehen die soeben geborene Venus aus den Fluten. Die Körperhaltung der beiden Nymphen – die eine rechts, die andere links – ist nahezu gleich, ihre Gewänder haben annähernd denselben Faltenwurf. Die Venus streckt die Arme nach rechts und links aus und läßt sich von den Nymphen stützen; auch die Nymphen strecken jeweils einen Arm aus, im anderen ein Tuch, das die Venus umhüllen soll. Das Zueinander der sechs Arme und die drei einander sich zuneigenden Körper befinden sich genau in Proportion. Der runde Kopf der Venus, der die Mittellinie anzeigt, wird von den Körpern der beiden Nymphen flankiert und der stumpfe Winkel, den die ausgestreckten Arme der Venus zum Rumpf bilden, entspricht genau dem stumpfen Winkel der gebeugten Knie der Nymphen an ihrer Seite. Besonders schön ist die Rundung der Brüste der Venus in ihrer Entsprechung zu derjenigen der ineinander verschlungenen Arme. Alle anderen Details folgen streng dieser vorgegebenen Proportion: die Fersen der Nymphen, die kleinen runden Kiesel unter ihren Füßen, das Gewand, das von den Schultern herab über die Hüfte und die Knie fließt. Dieses Kunstwerk ist ein ausgezeichnetes Beispiel für die Brillanz, mit der die symmetrische Konstruktion besticht. Allein der Kern der Schönheit besteht nicht in der Symmetrie als solcher, sondern in der Weise der Bearbeitung des Steins, die das Innere der in der Symmetrie zusammengehaltenen Einzelheiten nach außen offenbart. Wie herrlich die einzelnen Formen als von innen hervorströmende Wellen aufgefaßt sind! Da ist in einer Ecke ein runder Kieselstein – viel abgeschliffener, dazu von einer sanften Rundheit, wie sie in Japan nicht zu finden ist; in Rom sieht man zum Beispiel auf den Parkwegen überall solche Steine. Selbst dieser Kiesel stellt nicht bloß eine leblose Äußerlichkeit ohne inneren Gehalt dar; was der Stoff des Steins spürbar werden läßt, ist eine Art Hervorquellen. Der deutliche Unterschied in der Behandlung des Steins zwischen dem nassen *Chiton* (Kleidungsstück im Griechenland der Antike), das sich um den Körper der Venus schmiegt, und den trockenen Gewändern der Nymphen über den erhobenen Armen der Venus, zeigt, wie das innerste Wesen der verschiedenen Stoffe vom Künstler offenbargemacht wird. In der schlichten Bearbeitung der Körper wird bei aller Einfachheit die Fülle der Fähigkeiten des Künstlers deutlich, eine innere Bewegung sichtbar zu machen.

Auch der Fries und die Giebelskulpturen des *Parthenon* weisen eine solche Technik der Steinbearbeitung auf. Niemand kann umhin, die Schönheit der Gewänder zu bewundern. Sie sind in einer klar zutage tretenden, rauhen Meißeltechnik ausgeführt; offensichtlich bestand gar nicht die Absicht, eine glatte, fließende Oberfläche zu schaffen. Die Vertiefungen sind auf einfachste, wenn nicht gar kunstlose Art gemacht, äußerste Sorgfalt aber gilt der Abstufung der Vertiefungen. Dies ist ein klarer Hinweis darauf, daß es einzig darum ging, jener Wellenbewegung Ausdruck zu geben. So stehen der wellenartige Fluß der Gewänder und der der Körper zwar in innigem Zusammenhang, sind aber klar voneinander zu unterscheiden. Auch bei den berühmten *Drei Grazien*, einer Gruppe von Figuren, denen der Kopf fehlt, umspielen die weichen Gewänder wellenförmig den üppigen Leib der Frauen, sind aber deutlich von der Wellenbewegung der Körper zu unterscheiden. „Die Offenbarung des Inneren ins Außen“ ist es, welche die Überlegenheit der griechischen Skulptur ausmacht. Es gibt keinen anderen „Inhalt“ als denjenigen, der außen offen zutage tritt. Diese Eigenschaft ist bei den römischen Kopien vollständig verlorengegangen, denn für die Nachahmer war die Oberfläche, an die diese wellenförmige Bewegung aus dem Inneren hervorsteigt, eben nur glatte Oberfläche, welche sie sorgfältig nachbildeten. Während so die Oberfläche herrlich ebenmäßig wurde, geriet sie zugleich zu etwas, das die Funktion hat, einen verschlossenen Inhalt zu umhüllen. Das griechische Original *umhüllt* nichts, das heißt, die Oberfläche, die normalerweise etwas umhüllt, steht für sich. Genau deshalb vermitteln diese Kopien den Eindruck der Leere. Ja, als man schließlich derartige Kopien ihrer geometrisch genauen Proportion und ihrer Symmetrie wegen bewunderte, wurden diese formalen Qualitäten, die ursprünglich wenig mehr als ein Ausdruck des innewohnenden Lebens waren, von der Mitte dieses Lebens abgelöst betrachtet, wurden zum Selbstzweck.

So ist es in der europäischen Kunst dazu gekommen, daß der Befolgung von Gesetzmäßigkeiten – ganz gleich, ob es sich um ein hervorragendes Kunstwerk oder um Schund handelte – größter Wert beigemessen wird. Dies gilt auch für die Architektur und die Literatur. Die Größe der griechischen Tempelarchitektur liegt darin, daß sie das Material, den Stein, als etwas durch und durch Lebendiges behandelt. Der Tempel ist nicht nur eine technische Konstruktion, sondern ein organisches Ganzes. Das Detail lebt aus diesem Leben als Ganzem. Nur bildeten die Griechen diese lebendigen Bauwerke nach einer geometrisch exakten Form. Auch wenn es wohl nicht die Befolgung mathematischer Gesetze war, welche diesen Bauwerken Leben verlieh, führte die Anerkennung solcher Gesetzmäßigkeiten dazu, ihnen eine eigenständige Bedeutung zu verleihen. In der Folgezeit entstanden zahlreiche Bauwerke nach eben diesen Gesetzmäßigkeiten, aber keines von ihnen war mehr so lebendig wie die griechischen Vorbilder. Auch die Größe der griechischen Literatur liegt in ihrer lebendigen Direktheit; sie brachte die Zustände und Bewegungen des menschlichen Herzen klar und anschaulich zum Ausdruck. Da die Griechen dies aber in Form strenger Metrik und nach einheitlichen Regeln taten, sah man das Wesen der Dichtkunst schließlich in diesen Gesetzen. Dies beflügelte die Entstehung einer Unmenge minderwertiger Dichtung, die sich freilich an die Regeln hielt.

Dies zeigte sich in Europa erst in der Zeit der Renaissance mit der Wiederbelebung der griechischen Kultur. Aber so, wie die neuzeitlichen Wissenschaften, indem sie das griechische Erbe antraten, eher den mathematischen als den künstlerischen oder hermeneutischen Aspekten den Vorrang gaben, traten auch in der Kunst die mathematischen Seiten in den Vordergrund. Eben dies ist bezeichnend für die europäische Kultur der Neuzeit, und von daher gilt es, die Anordnung eines Kunstwerkes aufgrund des ästhetischen Formprinzips zu verstehen. Der Europäer von heute hat sich zwar von der griechischen Kultur genährt, aber er empfing diese Nahrung aus den praktischen Händen der Römer und verdaute sie entsprechend seiner Veranlagung, nämlich entsprechend seiner *Vorliebe zur Abstraktion*. Die Europäer konnten also nicht ahnen, daß der künstlerische Genius der Griechen, sobald er ein Volk anderen Schlages als das europäische beflügelte, bei diesem ganz andere Früchte hervorbringen würde.

Im Gegensatz zu der oben erläuterten Eigenschaft der europäischen Kunst als Gesetzmäßigkeit stoßen wir in der Kunst des Ostens auf eine Kunst, in der keinerlei rationale Gesetzmäßigkeit zu erkennen ist. Selbstverständlich weist auch sie eine Art geschlossener Form auf, welche einer gewissen Gesetzmäßigkeit untersteht. Aber es handelt sich hier nicht um eine rationale Gesetzmäßigkeit, wie sie in zahlenmäßigen oder quantitativen Berechnungen zum Ausdruck kommt. Was aber könnte man dann als das Wesen dieser abgeschlossenen Form bezeichnen?

Um Antwort auf diese Frage zu finden, wollen wir uns in einer Art Überbrückung der Kunst des Gartenbaus zuwenden. Die alten Griechen haben uns hier kein Vorbild hinterlassen; aber in der Zeit des Hellenismus legte man in den großen Städten des Ostens mit großer Kunstfertigkeit öffentliche Gärten an, und die Kunst des Gartenbaus wurde im Römischen Reich bei den kaiserlichen Palästen, den Villen und dergleichen noch weiter entwickelt. Freilich handelte es sich hierbei nicht so sehr um reine Gärten, sondern eher um Vergnügungsorte, die mit allerlei Einrichtungen versehen waren. Sie waren aufs Komplizierteste angelegt – mit künstlich getrimmten Bäumen, geometrisch gestalteten Blumenbeeten und symmetrisch angeordneten Wassergräben und Teichen; den Rahmen, das Gerüst oder den Mittelpunkt bildete stets etwas Architektonisch-Bildhauerisches. Daß der Garten in dieser Weise von den Römern vervollkommnet wurde, erscheint uns von großer Bedeutung in bezug auf die Frage nach dem Garten.

Die Griechen legten wohl nur deshalb keine künstlerisch gestalteten Gärten an, weil das Leben in der engen *polis* ein derartiges Bedürfnis gar nicht aufkommen ließ. Damit ist jedoch nicht gesagt, daß sie den Schönheiten der Naturlandschaft gleichgültig gegenübergestanden hätten. Butcher sagt dazu: „Nie hat es ein Volk gegeben, das sich so tief von der Schönheit der Natur hat beeindrucken lassen." Diese Behauptung wird bestätigt durch die Lage der *polis*; fast immer verfügt sie über eine herrliche Aussicht. Jeder weiß von der Hoheit der Akropolis und dem herrlichen Blick, den sie gewährt; aber auch die griechischen Siedlungen in Italien und Sizilien, wie Paestum, Taormina, Siracusa, Agrigento, Segesta usw., sind so angelegt, daß sie eine schöne Aussicht auf das Meer, die Berge und die Felder haben. Daß all diese Orte in einiger Entfernung vom Meer auf Anhöhen erbaut wurden, hatte zweifellos auch verteidigungstechnische Gründe; doch kommen wir den wahren Motiven der Städtegründer auf die Spur, wenn wir feststellen, daß sie unter anderen ebenso oder gar besser geeigneten Lagen in der unmittelbaren Nachbarschaft stets diejenige mit der schönsten Aussicht wählten. Von der Küste aus betrachtet, scheint Taormina z. B. vom Standpunkt der Verteidigung aus alles andere als ideal gelegen. Es beschleichen einen vielmehr Zweifel, weshalb man diese nur halbwegs günstige Stelle wählte. Sobald man aber einmal in die Stadt hinaufgestiegen ist und sich umblickt, erkennt man sofort, daß es gar keine andere Wahl geben konnte; um den Fuß des Berges schmiegt sich die weiße Küste; darüber erhebt sich der weiße Ätna, der in seiner Anmut in Europa nicht seinesgleichen hat. Diese vollkommene Aussicht wäre bereits gestört, wenn man die Stadt nur um 400 oder 500 m versetzt hätte. In diesem Land, wo es von Natur aus nichts Wildes oder Grobes gibt, wo Felder und Küsten immer schon gepflegt aussehen, setzt die Landschaft sich sozusagen aus einer Folge von in sich geschlossenen Aussichten zusammen. Und dies bestimmte die Griechen bei der Wahl des Standortes ihrer Städte. Falls diese Erklärung noch nicht überzeugend genug ist, dann zitieren wir als zusätzlichen Beweis die Lage des Theaters der *polis*. Das griechische Theater überrascht zunächst durch seine raffinierte Akustik. Hinsichtlich des relativ kleinen Theaters in Taormina braucht dies nicht eigens erwähnt zu werden, aber selbst in dem viel größeren Theater in Syracusa fanden wir es außerordentlich leicht, uns in normaler Lautstärke, noch dazu unter freiem Himmel, zu verständigen, wenn einer von uns hoch oben von der letzten Sitzreihe aus mit dem anderen unten im Orchesterraum sprach. Noch mehr überraschte uns allerdings die herrliche Aussicht vom Zuschauerraum aus. Beim Theater von Taormina ist die Aussicht durch Anbauten aus römischer Zeit zwar ein wenig gestört, aber wenn man von seinem Sitzplatz aus über den Tempel blickt, der die Welt des Spiels abgrenzt, sieht man – beinahe wie in einem gerahmten Bild – das ferne Meer, die weiße Küste und die anmutige Bergspitze des Ätna. Auch in Syracusa, das im offenen Land liegt, ist das Theater auf einen Hügel gebaut, den im Süden die See umspült und von dem aus man auf eine wohlgeordnete Landschaft aus schönen Ebenen, Meer und vorspringenden Landzungen blickt. Das Theater von Segesta gar liegt auf einem Hügel, der höher ist als der, auf dem der Tempel steht, etwa 15 km von dem schönen Gadella-Tal entfernt, ganz dem offenen Meer zugewandt. Solange man sich in der Nähe des Tempels aufhält und auf die Berge blickt, die diesen Ort umgeben, kann man sich nicht vorstellen, daß das Meer in Sichtweite ist. Erst wenn man zum Theater hinaufsteigt, eröffnet sich eine weite, großartige Landschaft. Bauweise und Standort des Theaters zeigen, daß man alles andere wollte, als das Publikum von Eindrücken der Außenwelt abzuschirmen, damit es sich ganz auf das Spiel hätte konzentrieren können. So wie die Japaner sich in früherer Zeit an Festtagen auf eine Anhöhe mit einer schönen Aussicht begaben, um dort in Gemeinschaft mit der Gottheit zu essen, zu trinken und zu tanzen, wollten auch die Griechen der Antike das Schauspiel – welches seinen Ursprung im religiösen Kult hat – in einer durch die Schönheit der Natur angereicherten, heiteren Stimmung genießen. All dies beweist, daß für die Griechen die Schönheit der Landschaft unentbehrlich war und daß das Leben in der *polis* das Verbundensein mit der Natur keineswegs beeinträchtigte. Sie empfanden lediglich nicht das Bedürfnis, über die Liebe zu dieser Landschaft hinaus landschaftliche Schönheit zu idealisieren.

Demgegenüber besaßen die Römer, wie ihre Erfindungen des Amphitheaters oder des öffentlichen Badehauses zeigen, die Fähigkeit, ohne Rücksicht auf irgendwelche Naturschönheiten in einer künstlichen Umgebung zu genießen. Die Aquädukte Roms sind ein Symbol für die Leistung, die natürliche Beschränkung, welche nicht erlaubte, die Städte über ein gewisses Maß hinaus zu vergrößern, durch künstliche Kräfte zu überwinden. Die Freude am Künstlichen zeigt sich besonders stark an den vor den Toren der Stadt liegenden kaiserlichen Villen. Dort stand den Kaisern das ganze Aufgebot an Vergnügungen, die eine Stadt zu bieten hatte, zur privaten Verfügung: Tempel, Theater, Badehaus, Bibliothek, Stadion, Poikile und dergleichen. Dazu gehörte ein ganz und gar künstlicher, in geometrischen Mustern angelegter Garten. Das Vergnügen am Garten war somit nichts anderes als das Vergnügen am Künstlichen, das sich die Natur unterwirft. Kein Zweifel, auch der Italiener der Neuzeit steht in dieser Tradition, denn seine Kunst des Gartenbaus besteht darin, daß er in die natürliche Landschaft eine regelmäßige Form einfügt. Weil in dieser Zeit das Interesse für die biologische und zoologische Forschung zur Einrichtung botanischer und zoologischer Gärten führte, wurde auch unter Landschaftsgärtnerei nicht viel anderes verstanden, als ein Zurechtschneiden der Natur nach geometrischen Regeln. Man rühmt den Garten der Villa d'Este in Tivoli, einem Vorort Roms, als einen der schönsten aus der Zeit der Renaissance. Er liegt an einem lieblichen Hang mit Blick auf die Felder der Campagna, die sich in der Ferne abzeichnen; der Boden ist fruchtbar und Wasser ist reichlich vorhanden. Aber eigentlich gilt das Lob der Tatsache, daß in diesem Garten alle Wege streng geometrisch sind und durch eine Gerade oder einen Kreis Erdreich und Pflanzen unterteilen; daß die Steinstufen, die den Hang begehbar machen, mit ihrer geometrischen Präzision den Garten beherrschen; daß die Springbrunnen, die auf etwa 100 Meter hintereinandergereiht stehen oder mit Skulpturen versehen sind, den Betrachter damit beeindrucken, daß die Herrschaft des Künstlichen bis in den letzten Winkel des Gartens zu spüren ist. Hier kann man wahrlich von Gekünsteltheit sprechen. Aber könnte man auch sagen, die Schönheit der Natur werde durch eine solche Behandlung sublimiert und idealisiert? Daß die kerzengerade hintereinandergepflanzten Bäume, die eine schnurgerade Allee säumen, diese als rechtwinkligen, dreidimensionalen Graben erscheinen lassen, besagt lediglich, daß man diese geometrische Figur mit Bäumen und nicht mit Steinen gemacht hat. Die Schönheit der so aufgestellten Bäume wird durch dererlei Anstrengungen freilich nicht sublimer. In Italien sind Pinien und Zypressen schon von Natur aus regelmäßig geformt; jede weitere Verfeinerung dieser Regelmäßigkeit hieße, die Bäume geometrisch stutzen. Ihre von Natur aus regelmäßige Form läßt uns gerade wegen der noch vorhandenen kleinen Unregelmäßigkeiten die hier der Natur innewohnende Ordnung stärker empfinden. Beseitigt man diese Unregelmäßigkeiten auf künstlichem Wege, dann verstärkt sich das Empfinden, von der Natur abgesondert zu sein, das Empfinden, etwas Gekünsteltes vor sich zu haben. Und dies ist etwas ganz anderes als die Aufgabe, welche die Griechen sich stellten, nämlich der proportionalen Regelmäßigkeit des menschlichen Körpers Ausdruck zu geben. Es mag sein, daß die Griechen die Schönheit des menschlichen Körpers sublimierten und idealisierten, aber sie ließen sie nicht zu etwas Gekünsteltem werden. So gesehen sind die natürlichen Wiesen und Olivenhaine, die nicht so künstlich ausgerichtet und gestutzt, aber in angemessener Weise eingefaßt sind, viel schöner als die Renaissancegärten. Die Hadrians-Villa in der Nähe von Tivoli zum Beispiel – sieht man einmal von der Faszination der Ruinen ab – nimmt uns als natürliche Landschaft innerhalb eines festgelegten Rahmens viel stärker gefangen als die „Villa d'Este". Als in alter Zeit noch die verschiedenen Stile römischer Architektur zu sehen waren, konnte man zweifellos erkennen, daß hier die Hand des Menschen am Werk gewesen war. Nun, da alles Künstliche zerstört ist und an seiner Stelle Weizenfelder, grüne Wiesen und wilde Olivenbäume wachsen, stellt die Natur wieder ihre eigene Schönheit zur Schau, die alles Künstliche übertrifft. Einen künstlichen Garten anlegen heißt also nichts anderes, als die Schönheit der Natur ersticken.

Anders der japanische Garten: Hier begegnen wir einer Sublimierung und Idealisierung der Schönheit der Natur. Der Europäer möchte ihn so verstehen wie den natürlichen Garten in Europa; dieser „Naturgarten" oder, wie er in neuerer Zeit genannt wurde, Englische Garten aber ist eigentlich nichts weiter, als die unveränderte natürliche Landschaft in einen festen Rahmen einzufügen. Indem er sich der lebendigen Natur bedient, ist er zwar dem künstlichen Garten überlegen, aber er zeigt nicht gerade viel an künstlerischer Kreativität. Den Englischen Garten in München können wir aus vollem Herzen schön nennen, aber seine Schönheit ist die der Felder, Bäume und Bäche, wie sie einem auch sonst in der süddeutschen Landschaft begegnet, und nicht das Werk eines Künstlers. Der japanische Garten hingegen ist nicht einfach unberührte Natur, denn während in Europa die sich selbst überlassene Natur nie zur Wildnis wird, verwildert sie in Japan, wenn sie nicht gepflegt wird. Um in Japan so saubere und ordentliche grüne Felder wie die europäischen Wiesen zu erhalten, müssen diese ununterbrochen durch Unkrautjäten, Bewässern und Aufhacken der Erdschollen gepflegt werden. Auch wenn man nur annähernd den Effekt erreichen will, den man in Europa durch die bloße Einfassung einer natürlichen Landschaft erhält, muß man in Japan die hundertfache Mühe aufwenden. Das Ausmaß an harter Arbeit, das nötig ist, um Ordnung und Geschlossenheit in die wilde, anarchische Natur zu bringen, hat die Japaner zur Entdeckung eines ganz anderen Prinzips in der Kunst des Gartenbaus gebracht: Will man die Natur mit künstlichen Mitteln ordnen, darf man das Natürliche nicht durch Künstliches überdecken, vielmehr muß das Künstliche sich der Natur unterordnen. Das Künstliche wiederum zähmt die Natur von innen her, *indem es sie hegt und pflegt*. Indem man zum Beispiel Unkraut jätet, also das Störende und Überflüssige entfernt, offenbart die Natur von sich aus ihre Geschlossenheit. So entdeckte man in der anarchischen und wilden Natur deren reine Gestalt und gab sie in Form des Gartens wieder. In diesem Sinne stellt der japanische Garten in der Tat eine Läuterung und Idealisierung der Schönheit der Natur dar. Die Bedeutung dieser Leistung darf man wohl mit derjenigen der griechischen Kunst vergleichen.

Was aber macht nun die Geschlossenheit des in dieser Absicht geschaffenen Gartens aus? Der einfachste Garten besteht womöglich nur aus einer Kiefer auf einer ebenen Moosfläche, die allenfalls von fünf oder sieben „Trittsteinen" unterbrochen ist (z. B. der Garten vor dem Eingang zum *Hōjō* [Zimmer des Abtes] des Shinjuan im Daikokuji-Tempel oder vor dem Hauseingang der Katsura-Villa). Da gibt es keine zu vereinheitlichende Vielfalt, hier kann von vornherein nur von einer einheitlichen Einfachheit die Rede sein. Von Natur aus aber breitet sich das Moos nicht so ebenmäßig aus, dies wird erst durch künstliche Pflege möglich. Anders als ein gemähter Rasen bildet das Moos keine ebene Fläche, sein sanftes Grün *stellt eine von unten her anschwellende Welle dar*. Dieses wellenförmige Wachstum ist zwar von Natur aus vorhanden; doch bringt der Mensch, der die subtile Schönheit dieser Wellenbewegung erkennt, sie durch sein pflegendes Eingreifen erst richtig zur Geltung. So widmet der Gärtner dem Verhältnis zwischen dem weichen Grün des Mooses und den harten „Trittsteinen" äußerste Aufmerksamkeit: Es kommt darauf an, wie die Steine behauen sind, welche Form sie haben, wie sie einander zugeordnet werden. Auch wenn die Steine ganz flach und eckig geformt werden, so nicht einer geometrischen oder symmetrischen Einheit wegen, sondern um den Kontrast zu der weichen, welligen Moosfläche hervorzuheben. Folglich sind Größe und Anordnung der Steine je nach den örtlichen Gegebenheiten verschieden: Wenn die Moosfläche lang und schmal ist, stehen die Steine in einer geraden Linie; handelt es sich um eine weiträumige Moosfläche, stehen sie verstreut, sind große und kleinere Steine gemischt. Hier wird Einheit nicht durch die geometrische Proportion erreicht, sondern durch eine Ausgewogenheit der Kräfte, die zum Herzen spricht, sozusagen in „Einstimmigkeit mit dem Atem". Wie es zwischen Mensch und Mensch zu einer Art „Einstimmigkeit" kommen kann, so auch zwischen Moos und Steinen oder zwischen Stein und Stein. Ja, der Gärtner versucht sogar, alles Regelmäßige zu vermeiden, um jenen „Einklang“ deutlicher werden zu lassen. Je vielfältiger und komplizierter die Elemente eines Gartens sind, desto augenfälliger tritt diese Eigenschaft hervor: verschiedenförmige, naturbelassene Steine, alle möglichen Arten großer und kleiner Pflanzen, Wasser – dies alles wird einander so zugeordnet, daß (äußere) Regelmäßigkeit möglichst vermieden und (innere) Entsprechung erreicht wird. Bei einem Teich zum Beispiel werden regelmäßige Formen, wie Rechteck, Kreuz oder Kreis soweit wie möglich vermieden, allerdings wird die unregelmäßige, unklare Form des natürlichen Teiches auch nicht ohne weiteres nachgeahmt. Vielmehr wird hier vom Gärtner das, was die Natur zwar selten oder nur teilweise an den Küsten, Flußufern oder Teichrändern zeigt, zum Vorbild genommen und zu einem schönen Ganzen zusammengefügt, ohne jedoch den Eindruck der Künstlichkeit zu erwecken. So läßt sich ein erstklassiger Garten nie auf einen Blick erfassen, denn er hat unendlich viele, komplexe Aspekte, so daß aus jedem Blickwinkel eine stets neue und in sich geschlossene Gestalt auftaucht. Hier ist es wichtig, Bäume mit verschiedenen Eigenschaften und Formen zusammenzustellen, damit durch alle Jahreszeiten hindurch abwechslungsreiche Farbkombinationen entstehen: Da sollten immergrüne Bäume, die kaum ihre Farbe verändern, mit farblich stärker variierenden Laubbäumen zusammenstehen, mit Bäumen, die sich in der Farbe des Frühlingsgrüns voneinander unterscheiden und deren Herbstfärbung vom hellen Gelb bis zum dunklen Rot reicht. Auch wenn sie „immergrün“ genannt werden, verhält es sich mit diesen Bäumen nicht anders: Es gibt solche mit mattgolden oder silbrig glänzenden Frühlingstrieben, die, wie die Kiefern, erst im Sommer ihr dunkles Grün zeigen. Erst wenn solch unterschiedliche Bäume an verschiedenen Stellen des Gartens ihrer Größe und Art entsprechend einen *harmonischen Zusammenhang* bilden und sich mit den Jahreszeiten *selber wandeln*, erst dann kann von einem erlesenen Garten die Rede sein. Hier nimmt der Mensch die Harmonie, die sich zufällig in der Natur zeigt, zum Vorbild und bildet danach ein nichtzufälliges Ganzes. Diese komplexe Komposition läßt sich nicht durch Befolgung geometischer Regeln erreichen. Auch wenn hier eine gewisse Ordnung herrschen mag, so ist es keine, die der Mensch rational begreifen könnte. Was also in der japanischen Gartenkunst als Regel oder Ordnung gelten kann, ist nicht eigentlich Regel, sondern lediglich die Ausbildung des Stils eines bereits angelegten Gartens.

Von der Betrachtung der Andersartigkeit der Kunst des Gartenbaus können wir uns nun leichter der Andersartigkeit in anderen Künsten zuwenden. Was die Geschlossenheit angeht, so mag die Malerei die dem Gartenbau verwandteste Kunst sein, von ihr dürften die Gärtner am meisten gelernt haben. Da sind vier oder fünf Bambusblätter verschiedener Schattierung in der linken oberen Ecke des eines viereckigen Blattes mit Tusche gemalt; darunter führt ein nur angedeuteter heller Bambusstamm nach links unten. Der größte Teil des Papiers ist leer, aber etwas unterhalb der Bambusblätter, genau in der Mitte, befindet sich ein kräftig getuschter Spatz. Bei dieser Komposition kann von Symmetrie überhaupt nicht die Rede sein, und doch empfinden wir das Bild als vollkommen *ausgewogen*. Als weiter, tiefer Raum bildet die unbemalte Leere ein Gleichgewicht zu dem dunkel gemalten Sperling; die Kraft des Sperlings entspricht derjenigen der auffallend dunkel unter den ansonsten hell gemalten Bambusblättern. In diesem Gleichgewicht, dieser „Einstimmigkeit", hat jeder Gegenstand seine unverrückbare Stellung. Wiewohl nur eine Ecke des Papiers ausgefüllt ist, läßt uns die Spannung zwischen den einzelnen Gegenständen die ganze Bildfläche als eine Komposition von größter Geschlossenheit erscheinen. Derartige Kompositionen findet man häufig bei kleineren, aus China importierten Gemälden der *Sun*- und *Juan*-Zeit sowie bei größeren Gemälden auf Schiebetüren *(fusuma-e)* und Schiebewänden *(byōbu-e)* der *Ashikaga*- und *Momoyama*- bis hin zur *Tokugawa*-Zeit: Ein kleines Bild mit einem Sperling, der auf einem Pflaumenzweig sitzt; ein Gemälde auf einer Schiebewand, wo eine Pflaumenblüte sich zum Wasser neigt; ein Bildchen, auf dem Menschen ein mit Ochsen bespanntes höfisches Gefährt umstehen – in all diesen Bildern begegnen wir jener vollkommenen Ausgewogenheit der Gegenstände untereinander und der entsprechenden Harmonie von Farben und Linien: Zwischen dem nach der Seite vorspringenden Pflaumenzweig und der Blüte darüber; zwischen der Pflaumenblüte und dem (auf dem Ast sitzenden) Spatzen; zwischen dem blühenden Pflaumenbaum und der gegenüberliegenden künstlichen Felseninsel im Teich; zwischen dem höfischen Ochsenwagen am Rand des Bildes und den Menschen, die sich um ihn versammeln und die in einer der Komposition *angemessenen* Bewegung nach dem leeren Teil des Bildes hin immer spärlicher werden. Diese *Angemessenheit* der Komposition erkennen wir zwar auf den ersten Blick, nur können wir die Regel, die ihr zugrunde liegt, nicht entdecken, denn sie beruht auf Intuition. Sie zeigt uns einen „Einklang", der sich bei der kleinsten Veränderung auflösen würde.

Der besondere Charakter dieser Art Komposition ist uns aus allerlei alltäglichen Mustern auf kunstgewerblichen Produkten vertraut. Europäische Teller oder Tassen haben regelmäßige Muster; die Muster der japanischen Teller oder Tassen hingegen wirken auf den ersten Blick, als seien sie aufs Geratewohl entstanden, aber sie haben auch bei langem Gebrauch keine abstumpfende Wirkung, sind also subtiler als die regelmäßigen europäischen. Wir empfinden sie unbewußt als etwas „Japanisches". In der Hand des Künstlers wird dann ein Tuschekasten *(suzuribako)* von *Kōetsu* (1558–1637) oder *Kōrin* (1658–1716) daraus. Es gibt etwas typisch Japanisches in dieser Kunst der Nuancen, die so fern aller Regelmäßigkeit und doch ganz und gar in sich geschlossen ist. Daneben wirken das europäische Tintenfaß oder der Federkasten, aus welch kostbaren Metallen sie auch gemacht sein mögen, als recht mechanische Gegenstände.

Die Geschlossenheit der Komposition in der Malerei ergibt sich aber nicht nur aus jenem „Einklang". Zusätzlich zu der räumlichen Gestaltung, welche die Stelle von Symmetrie und Proportion einnimmt und das Bild mit einem Blick überschaubar macht, gibt es noch eine andere wichtige Seite der japanischen Malerei, diejenige nämlich, die das zeitliche Moment in sich enthält. Wir finden sie in der Bildrolle *(emakimono)*. In der europäischen Malerei verhält es sich folgendermaßen: Wenn man eine Geschichte zum Motiv nimmt und sie in Fortsetzungen darstellt, dann ist es lediglich der Inhalt dieser Geschichte, der diese Fortsetzungen miteinander verbindet, denn jedes Gemälde hat eine jeweils selbständige Komposition, auch wenn man die einzelnen Bilder zu einem dekorativen Ganzen zusammenfügt. Bei der Bildrolle hingegen ent-wickelt sich die Komposition selbst mit der Zeit. Diese Entwicklung verläuft ähnlich wie bei einem Musikstück; sie beginnt mit einer ruhigen, einfachen Komposition, die immer dichter wird, bis sie eine Komplexität erreicht, in der alle Gegenstände miteinander verbunden sind, um schließlich wieder in die äußerste Einfachheit zu münden. Dieser Wechsel zwischen Sammlung und Zerstreuung ist oft von ergreifender Schönheit. Selbstverständlich kann jeder Abschnitt des Bildes eine je eigene Komposition haben; eigentlich aber sind alle Bilder als Teile des sich entfaltenden Ganzen gemalt, Sinn und Bedeutung des einzelnen zeigen sich erst in diesem Ganzen. Dies gilt vor allem für Bilder, die eine Geschichte erzählen, wie die Rolle von *Bandainagon* (11. Jh.). Aber auch bei der *chō-jū-giga* (Spielbild von Vogel und Tier) von *Toba-sōjō* (1053–1140) oder der *sansuichokan* von *Sesshu* (1420–1506), bei denen die Bildfolge nicht durch ein Motiv verbunden ist, ist das Moment der Entwicklung von Bedeutung. Mit einer Veränderung der Komposition geht auch eine Veränderung der Malweise einher, was zeigt, daß es dem Künstler um die Entfaltung eines Ganzen geht. Anders als im Verlauf eines Musikstückes finden wir in jener Art der Entfaltung aber nichts Regelmäßiges, denn hier wird nicht ein sich wiederholendes Motiv, vielmehr das ständig sich Wandelnde selbst entwickelt, das jedoch in sich ein Ganzes ist. Wollte man diese Weise der sich wandelnden Entfaltung mit irgend etwas vergleichen, (so könnte man sagen,) sie sei nichts anderes als die einheitliche Entfaltung des Lebens selbst, des Lebens, das voller irrationaler Momente ist.

Diese Eigenschaft der Bildrolle erinnert uns an eine Gedichtform, *ren-ku* (Ring- oder Kettenvers). Sie besteht aus einer längeren Einheit – drei Verse aus je 5, 7 und wieder 5 Silben – und einer kürzeren – zwei Verse zu je 7 Silben; jede dieser Einheiten wird von zwei oder mehreren Personen nacheinander gedichtet. Jede Einheit (die längere und die kürzere) stellt eine Welt für sich dar, und doch besteht zwischen den geschlossenen Einheiten eine eigenartige, feine Verbindung und jede dieser „Welten" entfaltet sich, verbunden mit den anderen, zu einem geschlossenen Ganzen. Da jede Einheit von einer anderen Person gedichtet wird, ist die Entfaltung des Ganzen nicht von der vereinheitlichenden Einbildungskraft eines einzigen Menschen bestimmt, diese wird vielmehr bewußt unterbrochen und die Entfaltung dem „Zufall" überlassen. So ist die erst am Ende entstehende Geschlossenheit des Ganzen ein „Zufallsergebnis", aber eben deswegen ist die Verskette als Ganze inhaltlich reicher und voller, als wenn ein einzelner sie verfaßt hätte. Wie aber kann der Zufall einen einheitlichen dichterischen Zusammenhang hervorbringen? Auch hier liegt die Antwort in jenem „Einklang", in der Einstimmigkeit des Herzens der beteiligten Dichter. Ohne eine solche Einstimmigkeit könnte ein gutes *ren-ku* nie zustande kommen. Bei aller Verschiedenheit der persönlichen Eigenschaften stimmen die Beteiligten sich aufeinander ein und bringen in Entsprechung zueinander und im Einklang miteinander ihr jeweiliges Erleben zum Ausdruck. Diese Form eines Gedichts mag für einen Europäer kaum nachvollziehbar sein.

Außer dem *ren-ku* kennt die japanische Literatur noch weitere Formen, welche dasselbe Charakteristikum aufweisen. Eine von ihnen ist die Schilderung durch *kakekotoba* (wörtlich: Lautassoziation), das heißt, durch Verwendung eines homonymen Wortes, das, ohne wiederholt zu werden, zwei verschiedene Bedeutungen anklingen läßt. Die Wörter, die inhaltlich in keiner Beziehung zueinander zu stehen scheinen, werden durch Lautassoziation aneinandergereiht. Verglichen mit einem gegebenen Bild, wo ein Inhalt den logischen Zusammenhang herstellt, ist dieses Vorgehen extrem unlogisch. Dieses gedanklich assoziierende Aneinanderreihen von Wörtern bringt jedoch ein Gefühl für die kompositorische Einheit des Ganzen hervor, denn die Wörter sind, auch wenn sie ihrem gedanklichen Gehalt nach in keinem Zusammenhang stehen, gefühlsmäßig aufs engste verbunden. Repräsentative Beispiele für diese Art der Schilderung finden wir in den *michiyuki* (wörtlich: „auf dem Weg", eine Art Reisebeschreibung) im ›Taiheki‹ (Kriegsroman aus dem 14. Jahrhundert) und in den Bühnenstücken von *Chikamatsu* (1653–1724), überzeugender noch in den Stücken *Saikakus* (1642–1724), die durch ihren Realismus und ihre Direktheit berühmt sind. *Saikaku* bedient sich in der Tat von Zeit zu Zeit des Kunstgriffes des *ren-ku*. Nicht selten rufen die Worte des ersten Verses, unabhängig von ihrem gedanklichen Inhalt, gefühlsmäßig den nächsten Vers hervor, und diese Wortkette drückt dann knapper und kompakter die Situation aus als eine sachliche Beschreibung. Man kann hier wohl von einer Art Pointillismus der Sprache reden, der nicht durch den gedanklichen Inhalt, sondern durch die „Einstimmung" des Gefühls den Sinnzusammenhang eines Wortes spürbar werden läßt.

Auch das *No*-Theater, die Teezeremonie und das *Kabuki*-Theater weisen dieses Charakteristikum auf. Selbst in der buddhistischen Kunst, die ihren Ursprung in der fernen Kunsttradition Griechenlands hat, lassen sich einige gute Beispiele dafür finden. Die Japaner sind seit langem als ein künstlerisch sehr begabtes Volk bekannt, sie haben in der Tat die Fähigkeit, das Innere nach außen hin anschaulich darzustellen. Während die Griechen jedoch im *Sehen* fühlten, sehen die Japaner im *Fühlen*. Diese Eigenschaft ist den Japanern mit den Chinesen und den Indern gemeinsam. Von den Letztgenannten unterscheiden die Japaner sich jedoch durch die Geschlossenheit des „Einklangs"; die indische Kunst ist in diesem Punkt grundverschieden. Die Reliefs von *Amaravati* mit ihren chaotisch angeordneten Gruppen nackter Figuren, die wirr neben- und aufeinander stehenden Türme eines Hindutempels – der hier sichtbar werdende Zusammenhang beruht weder auf einer innewohnenden logischen Ordnung noch auf der oben erläuterten „Einstimmigkeit" des Gefühls. Es fällt schwer, genau zu sagen, was den geschlossenen Zusammenhang dieser Kunst ausmacht, so viel können wir immerhin sagen, daß er vermittels einer Überwältigung der Rationalität durch die Überfülle der Gefühle oder durch ein Überströmen der Gefühle selbst erreicht wird.

Wir haben die Kunst in Ost und West unter dem Gesichtspunkt der Befolgung von „Regeln" verglichen, und dabei ist klargeworden, daß diese Eigenschaft für die Kunst des Westens wesentlich ist, nicht aber für die des Ostens. Wir könnten noch viele andere Gesichtspunkte, wie den „Anthropozentrismus", für einen Vergleich heranziehen, aber der Einfachheit halber wollen wir es bei dem oben genannten Vergleich belassen und uns nun der Frage zuwenden, in welchem Verhältnis diese Eigenschaften zu den jeweiligen Verschiedenheiten des „Ortes" stehen.

Bei dem Problem des Verhältnisses zwischen den Verschiedenheiten des „Ortes" und der jeweiligen Eigenart der Kunst zeigt sich, daß sich die Stilfragen in dem Maße differenzieren, in dem man den „Ort" eingrenzt, und daß die Einsicht in den Charakter einer Kunst um so größer wird, je weiter man den „Ort" faßt. So gesehen sollte der Zusammenhang zwischen der künstlerischen Verschiedenheit, die wir entdeckt haben, und der örtlichen Verschiedenheit im Sinne von Ost und West hier geradezu wie unter einem Vergrößerungsglas deutlich werden.

Am stärksten empfinden wir die Verschiedenheit von Ost und West angesichts der „Feuchtigkeit". In den Monsunländern Indien, China und Japan ist die heiße Jahreszeit auch stets die Regenperiode; sämtliche Pflanzen gedeihen hier unter dem Einfluß von Regen und Sonne aufs üppigste. Die Regenmenge beträgt das Drei- bis Vierfache oder gar Sechs- bis Siebenfache derjenigen Europas, auch die Luftfeuchtigkeit ist wesentlich höher. Demgegenüber ist der Nahe Osten – die Länder Arabiens, Ägypten etc. – ein extrem trockenes Gebiet; hier wird das Land, wenn nicht besondere Bedingungen dies verhindern, ausnahmslos zur Wüste; bar jeden pflanzlichen Lebens ist die Landschaft entblößt und starr wie ein Skelett. Von Europa aus gesehen verkörpert „Osten" also die zwei Extreme „Feuchtigkeit" und „Trockenheit". Da in Europa der Winter zugleich die feuchte Jahreszeit ist, sind Regenmenge und Luftfeuchtigkeit gering. An den Küsten des Mittelmeers ist der Sommer zwar so trocken, daß die Wiesen verdorren, dadurch aber gedeihen dort auch keine harten Unkräuter. Mit dem Oktoberregen beginnen die weichen, schwachen Wiesengräser dann wieder zu wachsen. In Mittel- und Nordeuropa, wo die Sonne wenig Kraft hat und es kaum Trockenheit gibt, gedeiht das weiche Wiesengras das ganze Jahr über.

Diese Wechselbeziehung zwischen Feuchtigkeit und Sonne gestaltet die Natur höchst verschieden. Im feuchten Osten wirken Sonne und Wasser sich segensreich für die Pflanzen aus, sind aber zugleich auch der Grund dafür, daß die Pflanzen durch Taifune, sintflutartige Regenfälle und Überschwemmungen Schaden leiden. Zwar sind die Pflanzen im feuchten Osten ausgesprochen üppig, aber sie wachsen wild, wahllos und unregelmäßig. Was die japanische Landschaft so anmutig erscheinen läßt, ist die bewegte, kleinräumige Hügeligkeit, leuchtende Farben, Licht und Schatten der Atmosphäre, nicht aber die milde, gefügig-regelmäßige Gestalt der Pflanzenwelt. Betrachtet man nur die Pflanzen, erscheint die Landschaft Japans eher wild und wirr. Europa hingegen kennt kein hartnäckiges Unkraut, folglich bedeckt weiches Gras die Erde und die Bäume, vom Wind nicht bedrängt, wachsen aufrecht und regelmäßig. Hier herrscht in der Tat Sanftheit; und so versteht es sich von selbst, daß im Menschen ein Sinn für Ordnung entsteht.

Die Feuchtigkeit führt auch zu völlig anderen Färbungen der Luft. Die wechselvollen Schattierungen, die wir in Japan in Gestalt des Morgennebels, der abendlichen Nebelschwaden oder des Frühlingsdunstes als etwas Alltägliches erfahren, spielen eine große Rolle, indem sie uns einerseits das Gefühl für die Jahres- oder Tageszeit und Stimmungen der Behaglichkeit oder Frische vermitteln, zum anderen mit ihrem Licht und ihrem Schatten der Landschaft selbst einen Zauber verleihen. Aber auch wenn die Luft in Europa mit ihrem geringen Feuchtigkeitsgehalt hin und wieder eintönige Dunst- oder Nebelbildungen hervorbringt, es fehlt der rasche Wechsel, der auf unsere Stimmung in feinen Abstufungen abfärben könnte. In Nordeuropa sind trübe und bewölkte Tage die Regel, für Südeuropa ist wolkenloser Himmel typisch; diese Monotonie, die fehlende Variation, ist wohl kennzeichnend für Europa. Sie hängt zusammen mit dem Temperaturwechsel. In Europa weist das Thermometer im Verlaufe eines Tages zwar Temperaturveränderungen auf, dies zeigt aber lediglich einen physikalischen Sachverhalt an, der nicht markant genug ist, die Stimmung zu beeinflussen. Die Vielfalt der Erscheinungen, die durch die Wechselwirkung von Feuchtigkeit und Wärme hervorgerufen werden und unsere Stimmung jeweils völlig verändern – die Kühle eines Sommerabends zum Beispiel, die morgendliche Frische, der jähe Temperaturwechsel zwischen Tageswärme und Abendkühle im Herbst, im Winter zwischen morgendlicher Kälte und spätherbstlicher Wärme am frühen Nachmittag –, erfahren wir in dieser Weise in Europa nicht. Die sommerliche Hitze in Europa ist so mäßig, daß man ohne weiteres mit Winterkleidung auskommt, aber dafür gibt es eben auch nicht die erfrischende Kühle nach Sonnenuntergang und kein jählings einsetzendes schönes Wetter nach einem abendlichen Sommergewitter. Wenn ein wenig Übertreibung gestattet ist, dann darf man wohl sagen, daß diese monotone Sommerstimmung sich monatelang hinschleppt. Selbst die Europäer, die ja an diese Eintönigkeit gewöhnt sind, versuchen, ihr durch einen Luftwechsel zu entkommen. Auch im Winter gibt es kaum Temperaturunterschiede zwischen Tag und Nacht, man könnte meinen, die Temperatur stagniere bei denselben Minusgraden. Ob es nun −3°C oder $-10°C$ kalt ist, gefühlsmäßig gibt es keinen Unterschied, der dem Leib Spannkraft verleihen würde. Selten einmal kommt ein schöner Tag, an dem man in die Sonne gehen kann; aber die Strahlen der Sonne sind nicht wärmer als die des Mondes, und so ist es unerheblich, ob man sich in der Sonne oder im Schatten aufhält. Dieser Winter ist leichter zu ertragen als der japanische, in dem man hinter dem Winterschutz auf der Nordseite (des Hauses) beinahe ins Schwitzen gerät, außerhalb davon jedoch einem schneidenden, kalten Wind ausgesetzt ist. Mehr noch, der europäische Winter reizt die menschliche Willenskraft, der Kälte Widerstand entgegenzusetzen. Daher setzt der Mensch hier alles daran, diese Monotonie durch allerlei künstliche Anreize innerhalb geheizter Räume zu überwinden.

Derartige klimatische Eigenschaften prägen unsere Erfahrung stärker, als uns bewußt ist. Selbst die Pflanzenwelt ist deutlich von ihnen beeinflußt. Das neue Grün in Japan wächst, gedeiht und ändert im Frühling die Farbe so rasch, daß das ungeduldig auf den nahenden Frühling wartende Herz kaum Zeit hat, sich der frischen Knospen zu erfreuen. Kaum hat man bemerkt, daß die Trauerweiden sich zart begrünen, da trägt der ganze Baum schon sattes Laub. In Europa hingegen macht das neue Grün so langsame und regelmäßige Fortschritte wie der große Zeiger einer Wanduhr; selbstverständlich entwickelt es sich, und nach einem Monat ungefähr bemerkt man die Veränderung auch, aber dieser mähliche Wandel reißt das Herz nicht mit sich fort. Dasselbe gilt für die Färbung des Herbstlaubs. Bereits im August fallen vergilbte Blätter raschelnd von den Bäumen, die noch grünen Blätter werden matt und fahl und unmerklich fast verblaßt das Grün zu einem schwächlichen Gelb. Da ist nichts, was das Herz überwältigt, bis Ende Oktober dann die Blätter gelb werden. Anders als in Japan, wo sich buchstäblich über Nacht nach dem ersten Frost die Farbe der Blätter dramatisch ändert, gibt es in Europa keinen jähen, einschneidenden Wandel. Das Verhältnis der Pflanzenwelt zum Klima läßt sich auf das Verhältnis von Menschenseele und Klima übertragen. Wenn ein Japaner sich in Europa aufhält, muß er mit Erstaunen feststellen, wie sehr er doch der feinen und raschen Stimmungsänderungen bedarf. Der Europäer hingegen, an die Eintönigkeit seines Klimas gewöhnt, verhält sich so gemächlich und ruhig wie die Knospen an den heimischen Bäumen. Selbst der Italiener, der erregbarste unter den Europäern, bedarf keineswegs in dem Maße feiner Stimmungsänderungen, wie seine Sprechweise und Gestik vermuten lassen. Aber die Ruhe der Europäer ist, anders als bei einem Zen-Meister zum Beispiel, keine tiefverwurzelte innere Ruhe; sie entspringt eher einer gewohnheitsmäßigen

Gleichförmigkeit der Gestimmtheit, ist ein dauerhafter Gemütszustand. Der Japaner dagegen braucht in seinem Alltag Veränderungen und Kontrastabstufungen in einem Maße, daß ihn ein Gefühl der Einsamkeit überkommt, wenn er an einem Sommertag keine Zikaden oder im Herbst das Zirpen der Grillen nicht hört. Trotz des vollständigen und getreulichen Übernehmens westlicher Zivilisation haben die Japaner hinsichtlich ihrer Kleidung, ihrer Essens- und Wohngewohnheiten die Europäisierung nicht vollzogen. Liegt der Grund dafür, daß sie wie eh und je an ihrem *kimono*, an gekochtem Reis und an den *tatami* hängen, darin, daß diese traditionellen Gegenstände am besten den jahres- und tageszeitlich bedingten Stimmungsänderungen Rechnung tragen?

Doch die klimatischen Gegebenheiten sind nicht nur für die Stimmung verantwortlich, auch in praktischer Hinsicht bestimmen sie das Leben des Menschen. Das eindrucksvollste Beispiel dafür ist die Landwirtschaft: Der Landwirt in Europa braucht nicht gegen Unkraut zu kämpfen, braucht kaum Angst vor Stürmen oder Überschwemmungen zu haben, wird nicht vom raschen Wechsel der Jahreszeiten gehetzt – kurzum, er kann sich Zeit lassen. Es gibt nicht so viel Nässe, daß man die Feldfrüchte auf einem Grat anbauen müßte; man kann das Korn nach allen Seiten hin aussäen, es gedeiht von selbst und bleibt, auch wenn es schon reif ist, ohne weiteres noch einen Monat lang auf dem Halm. Ohne Hast beginnt der Bauer Ende Juli mit der Ernte, die sich bis Anfang September hinzieht. Mit welcher Hast und Konzentration aber muß der japanische Bauer seine Arbeit verrichten! Im Juni muß er innerhalb von etwa zehn Tagen Weizen mähen, Reis pflanzen und unmittelbar darauf, wenn die Hitze einsetzt, sein Land vom Unkraut befreien. Und ohne Atempause brechen bereits Naturkatastrophen wie Taifune und sintflutartige Regenfälle herein, gegen die Menschenkraft nichts auszurichten vermag. Dieses Arbeitstempo läßt sich mit dem gemächlichen eines europäischen Bauern nicht vergleichen. Die Verschiedenheit der Bedingungen bringt natürlich auch eine jeweils verschiedene Einstellung zur Natur mit sich. Während der Europäer der gefügigen und eintönigen Natur mit der Haltung des Eroberers begegnet und das Land bis in den entferntesten Winkel zu beherrschen sucht und voller Begeisterung auch noch Maschinen einsetzt, um seine Herrschaft zu festigen, versucht der Asiate, sich den Überfluß an Sonnenschein und Feuchtigkeit für seine reichen Ernten zunutze zu machen. Sonnenschein und Feuchtigkeit sind indes nur die Kehrseite einer gewalttätigen Natur, an deren Eroberung nicht im entferntesten zu denken ist. Statt künstliche Mittel zur Unterstützung der Arbeit zu ersinnen, sucht sein erfinderischer Geist, die Kräfte der Natur selbst in Bewegung zu setzen und für seine Zwecke einzuspannen. Diese Verschiedenheit tritt in unterschiedlichen Techniken zutage: auf der einen Seite als technisch orientierter Rationalismus, auf der anderen als Anwendung gefühls- und erfahrungsmäßiger Kunstgriffe.

Niemand wird also leugnen, daß in der Beziehung zwischen Mensch und Natur die Eigenschaften der Natur zu Wesensmerkmalen des Menschen werden. Als der Mensch sich im Gegenüber zur Natur entdeckte, hatte er sich bereits die Eigenschaften der Natur zu eigen gemacht. Griechenlands heitere und aufgrund der Trockenheit nahezu schattenlose Klarheit des „ewigen Mittags" nahm Gestalt an in dem Gedanken, daß alle Erscheinungen sich restlos nach außen hin offenbaren. Die Sanftheit der Natur – die trockene, warme Luft, die weichen Wiesen, der glatte Kalkstein – schlug sich nieder im Stil der lockeren griechischen Kleidung, die nur in geringem Maße den Leib vor der Natur zu schützen hatte, in den nackt ausgetragenen Wettkämpfen, in der Liebe zur Darstellung des nackten Körpers in der Skulptur. Das soll nicht heißen, die Naturphänomene hätten so auf den menschlichen Geist eingewirkt, als wäre dieser je ein unbeschriebenes Blatt Papier gewesen, denn niemals hat der Mensch sich getrennt von der ihn umgebenden Natur vorgefunden. Griechenlands Klarheit des „ewigen Mittags" war von Anbeginn auch die Klarheit des Griechen. Die Regelmäßigkeit in der Natur ist beim Griechen immer schon die Neigung zur Rationalität. Von daher sind die Eigenschaften der Natur als Strukturen des menschlichen Geistes zu verstehen.

In diesem Sinne bedeutet die Verschiedenheit des „Ortes" zwischen Ost und West zugleich eine Verschiedenheit der geistigen Struktur. Dies betrifft nicht nur die künstlerischen Merkmale, sondern auch die Herstellungsweisen, die Formen der Weltanschauung und der Religion, kurz, alle Facetten kulturellen Lebens. Was wir zu Beginn dieser Ausführungen einfach mit dem Wort „Feuchtigkeit" bezeichnet haben, ist also nicht nur ein meteorologisches Phänomen, sondern vielmehr ein Prinzip, das die geistige Struktur des Menschen beherrscht und sie nach drei Lebensweisen unterteilt: die extrem willensgelenkte und praxisorientierte Weise des Lebens in der Wüste, das den Glauben an einen strengen persönlichen Gott entstehen ließ; die gefühlsbetonte, kontemplative Lebensweise in den feuchten und üppigen Monsunregionen, die zu dem Glauben führte, daß *alles Lebendige* eins sei; und zwischen ihnen die anthropozentrische, intellektuell-beschauliche Lebensweise. Freilich kann jede dieser Lebensweisen durch geschichtlich wirksame Kräfte an einen anderen „Ort" verpflanzt werden, denn das

Charakterisitikum des „Ortes“ ist keineswegs absolut, wie die Tatsache zeigt, daß das Alte Testament, die Frucht des Lebens in der Wüste, über tausend Jahre lang Europa in seinen Bann schlug oder auch daß der Koran, der ebenfalls der Wüste entstammt, im heutigen Indien so großen Einfluß hat. Trotzdem kann man beide Schriften nicht richtig verstehen, ohne die Besonderheiten des Lebens in der Wüste zu verstehen. Das fehlende Verständnis dafür mag dazu geführt haben, daß diesen Erzeugnissen der Wüste ein mystischer Glanz verliehen wurde, wodurch das Verständnis für das Besondere der örtlichen Gegebenheiten aber keineswegs überflüssig wird.

Unsere Fragestellung hier beschränkt sich auf die Besonderheiten in der Kunst. So wie die Besonderheiten des „Ortes“ die Besonderheiten der geistigen Struktur des Menschen bezeichnen, bezeichnen sie auch die besonderen Merkmale der Kunst und somit der Einbildungskraft des Künstlers. Künstlerische Kreativität, als etwas zum Wesen des Menschen Gehörendes, ist zweifellos nicht an einen „Ort“ gebunden, aber insofern sie sich konkret als die eines bestimmten Künstlers an einem bestimmten „Ort“ zeigt, muß sie sich die Besonderheit dieses „Ortes“ zu eigen machen. Als Polyklet die Skulptur eines vollkommen proportionierten Menschen schuf, gehorchte er damit einer inneren Erfahrung, die nach außen drängte. Mit der Kraft seiner Vorstellung formte er den menschlichen Leib, den er tagtäglich vor sich hatte, und überhöhte und typisierte ihn; auch wenn eine solche Gestalt in Wirklichkeit nicht existierte, lebte sie in seiner Erfahrung. Ebenso erging es zweifellos auch dem Künstler, der den *Suiko*-Buddha schuf (*Suiko*-Zeit). Er gab seiner Figur einen langen, schlanken Rumpf und Sehnen, wie sie beim Menschen nicht vorkommen. Was Polyklet aber aus seiner reichen Erfahrung des menschlichen Leibes heraus zur Erschaffung jener bedeutenden Gestalt drängte, waren die subtilen Zahlenverhältnisse, die innerhalb seiner Einbildungskraft den Umgestaltungsprozeß in Gang setzten. Wenn der menschliche Leib, den er täglich sah, nicht von so regelmäßigen Proportionen gewesen wäre, wenn die milde natürliche Umgebung dem Menschen nicht erlaubt hätte, sich nackt zu tummeln und sich dabei als Mittelpunkt der Natur zu fühlen, dann wäre es wohl nicht die Regelmäßigkeit gewesen, die seine Einbildungskraft beflügelte. (Wenn man behaupten wollte, dieser so regelmäßig gegliederte und proportionierte menschliche Körper sei durch ständige Leibesübungen in jener Ritterzeit zustande gekommen, die auch die Zeit Homers war, dann müßte man sich fragen, ob das ritterliche Leben, dessen Mittelpunkt Ehrgeiz und Abenteuerlust war, in dieser Form auch in einer anderen als der milden Natur der Ägäis – zum

Beispiel in der Wüste mit ihren bedrohlichen Naturgewalten – möglich gewesen wäre.) Wenn der Künstler aufgrund seiner Erfahrung zur Regelmäßigkeit findet, dann deshalb, weil seiner Erfahrung bereits die Regelmäßigkeit der Natur zugrunde liegt. Die Inder hingegen, die derselben Rasse angehörten und dieselbe Tradition hatten, halbnackt zu leben, waren weit von jener griechischen Regelmäßigkeit entfernt. Dies ist leicht einzusehen angesichts der Überfülle an Kraft und der wimmelnden Vielfalt der Gestalten in der indischen Natur.

Wir sehen also, daß der augenfällige Unterschied zwischen dem rationalen und dem irrationalen Charakter der Natur sich unmittelbar in augenfälligen Unterschieden in der Kunst offenbart. Zudem reflektiert die jeweilige künstlerische Verschiedenheit genau das, was der Mensch von der Natur verlangt. In Europa wurde die milde, geordnete Natur als etwas zu „Eroberndes" behandelt, als etwas, dem eine zu entdeckende Gesetzmäßigkeit innewohnt. Wir sind zum Beispiel überrascht, mit welch großem naturwissenschaftlichen Interesse Goethe, der europäische Dichter schlechthin, die Natur betrachtete. In Europa wendet man sich mit seinem Verlangen nach Unendlichkeit einzig und allein an Gott, nicht an die Natur. Und auch da, wo ihr Ehre erwiesen wird, sieht man sie bestenfalls als eine Schöpfung Gottes an, als etwas, in dem Gott oder die Vernunft sich offenbaren. Im Osten hingegen wurde die Natur wegen ihrer Irrationalität nie als etwas zu Eroberndes erachtet, sondern als etwas, dem eine unendliche Tiefe innewohnt. *Basho*, der für den Osten typische Dichter, hatte nicht nur eine ästhetische, sondern auch eine ethische, ja religiöse Beziehung zur Natur, jedoch nicht das geringste intellektuelle Interesse an ihr. Ihm ging es darum, *mit* der Natur zu *leben*; Naturbetrachtung war für ihn daher nichts anderes als der Weg zu religiöser Befreiung. Ohne jenen unbegrenzten Reichtum der Natur wäre (eine solche Haltung) nicht möglich gewesen. Indem er sich selbst im Spiegel der Natur sah, spürte der Mensch, daß sich ihm der Zugang zu dem unendlich tief in ihr wohnenden Metaphysischen auftat. Den großen Künstlern eröffnet ihre Erfahrung diesen Zugang, und dies ist es, was sie zum Ausdruck bringen wollen. Selbst in einem bescheidenen Landschaftsbild versuchen sie in ihrer Erfahrung nie die „Gesetzmäßigkeit", die „unveränderliche Struktur" zu erfassen. Wie der große Zen-Meister den Zustand der Befreiung in einem schlichten Landschaftsgedicht ausdrückt, versuchen die Künstler des Ostens mit dem Symbol der Landschaft dem unendlich Tiefen Ausdruck zu verleihen. Damit ist selbstverständlich nicht gesagt, daß im Osten jeder Künstler auch dazu in der Lage gewesen wäre. Dies soll lediglich ein Hinweis darauf sein, daß in dem „Sich-einstimmen" des Künstlers, der zu verstehen vermochte, was das Sinnvollste in der wilden, ungeordneten, zugleich aber unendlich üppigen und fruchtbaren Natur war, diese Intention deutlich wird – eine Intention, die von einem europäischen Künstler nicht zu erwarten ist.

All dies gehört jedoch der Vergangenheit an. Heute, da die ganze Welt eins geworden zu sein scheint, sieht es so aus, als überwältigten die Reize anderer Kulturen die bestimmenden Eigenschaften der Natur. Und doch verschwinden sie nie völlig. Ob bewußt oder unbewußt, ein jeder ist durch sie bedingt und wurzelt in ihnen. Auch die „russifizierten" Japaner, die des Glaubens sind, sich so tapfer von den Fesseln ihrer vergangenen Tradition befreit zu haben, können angesichts der zornigen Aufgeregtheit ihrer politischen Bewegung ihren japanischen Charakter nicht verleugnen. Die Überwindung des unbeständigen japanischen Klimas mag sich am Ende als schwieriger erweisen als die der Bourgeoisie. Die Japaner sollten den Sinn und die Bedeutung ihres Schicksals einsehen, des Schicksals, in ein solches Klima hineingeboren zu sein, und es liebevoll annehmen. Sofern es Schicksal ist, läßt sich weder eine Überlegenheit daraus herleiten noch ein „Über alles in der Welt"; indem sie aber zu diesem Schicksal stehen, können die Japaner einen Beitrag zur menschlichen Kultur leisten, den zu leisten andere Völker nicht in der Lage sind. Erst durch Beiträge solcher Art wird die Verschiedenheit der einzelnen Erdteile bedeutungsvoll.

1929 verfaßt.

V. EINE GESCHICHTLICHE BETRACHTUNG DER KLIMATOLOGIE

1. *Klimatologie bis Herder*

Das Klima *(fūdo)* ist ein Thema, das in der Anschauung der Historiker aller Zeiten, von der Antike bis zur Neuzeit, auftaucht und in allen historischen Betrachtungen eine Rolle spielt. Dies ändert sich erst mit der Geschichtsphilosophie der Neuzeit.

Johann Gottfried Herder (1744–1803) war es, der die Frage des Klimas in einer besonderen Weise aufgriff. Er war ein epochemachender Denker in den Geschichts- und Geisteswissenschaften der Neuzeit. Als das rationalistische Kulturverständnis der Aufklärung und eine Geschichtsschreibung, die sich an den teleologischen Begriffen des Verstandes ausrichtete, tonangebend waren, anerkannte er die Werte eines jeden Volkes zu seiner jeweiligen Zeit und betrachtete sie in bezug auf das Klima. Es ist bemerkenswert, daß dies in einer Zeit möglich war, in der die Naturwissenschaften einen gewaltigen Aufschwung nahmen und die Philosophie sich ausschließlich um deren erkenntnistheoretische Begründung bemühte. Vor Herder wurde die Frage nach dem Verhältnis zwischen natürlicher Umgebung und Geschichte (bzw. Schicksal) unreflektiert in einer Mischung von naturwissenschaftlicher und geisteswissenschaftlicher Sicht betrachtet. Herder überwand diese vermischte Betrachtungsweise und versuchte, das Problem rein geisteswissenschaftlich zu verstehen.

Indem wir zunächst einen Überblick über die Klimatologie seiner Zeit geben, wollen wir versuchen, die eigentliche Bedeutung seiner Leistung herauszustellen.

Es heißt, in der Antike habe es den Begriff „Entwicklung“, der in der neuzeitlichen Geschichtsauffassung zum Hauptproblem werden sollte, nicht gegeben. Die Antike hatte jedoch einen offenen Blick für die Eigenarten der verschiedenen Völker, die sie den Eigenarten des jeweiligen Klimas zuschrieb. Entsprechende Überlegungen finden sich bei Herodot (480–425) und auch bei Thukydides (460–400). Aber es war Hippokrates (460–377), der „Vater“ der wissenschaftlichen Heilkunde, der diesen Gedanken zu einer einheitlichen Theorie ausbildete. Allerdings ist es nicht richtig, daß er der Begründer der wissenschaftlichen Heilkunde war, denn Medizin und Physiologie gab es bereits vor seiner Zeit. Aber er behandelte diese Lehrstoffe nicht abstrakt, sondern versuchte, den Menschen so zu begreifen, *wie er sich der Erfahrung zeigt*, und induktiv vom Einzelfall auf die Gesetzmäßigkeiten von Gesundheit und Krankheit zu schließen. Zwar ging er vom konkreten Fall aus, bediente sich jedoch zugleich der naturphilosophischen Methode der Verallgemeinerung, denn ihm lag daran, das Allgemeine der Bedingungen des Einzelfalls deutlich werden zu lassen. Deshalb galt seine besondere Aufmerksamkeit dem *Klima* und dem *Ort*. Von den zahlreichen, angeblich von ihm stammenden Schriften sind nur einige authentisch; eine von ihnen, ›De aere, aquis, locis‹, beschäftigt sich mit dem Klima. Diese Schrift gilt als eine der interessantesten, weshalb Herder Hippokrates auch den „Hauptschriftsteller über das Klima" nennt.

Hippokrates sagt, das Klima beeinflusse den menschlichen Leib durch größere und kleinere Schwankungen von Hitze und Kälte. So habe die Trockenheit oder die Feuchtigkeit der Luft eine leichte oder schwere Atmung, einen langsameren oder schnelleren Kreislauf des Blutes, eine Erschlaffung oder Anspannung des Leibes zur Folge. Mithin bilde sich die Eigenart eines Volkes – viel oder wenig Ausdauer, Trägheit oder Fleiß, Aufgeregtheit oder Gelassenheit, Tapferkeit oder Feigheit und dergleichen – durch die Anpassung an das jeweilige Klima aus. So stünden auch die ästhetischen Eigenschaften eines Ortes und die regionale Beschaffenheit der Nahrung im Zusammenhang mit den Eigenschaften des menschlichen Gemütes und Leibes. Von daher verglich er die Asiaten mit den Europäern. Dieser Vergleich ist durch seine Wirkung auf die Lehre des Aristoteles bekannt (Politik, VII/7). Nach Aristoteles sind die Völker des kalten Nordens oder Europas von tapferem und energischem Charakter, stehen aber an Intelligenz und Kunstfertigkeit zurück. Die Völker Asiens hingegen seien intelligent und künstlerisch begabt, aber kraftlos. Das griechische Volk nehme sowohl in bezug auf seine geographische Lage wie auf seinen Charakter die Mitte zwischen diesen beiden ein und sei deshalb tapfer und intelligent. Ähnlich meint auch Hippokrates, daß die asiatischen Völker deswegen dem Kriege abgeneigt und gelassenen Herzens seien, weil ihr Klima wenig wechselhaft sei und es bei ihnen nur geringfügige jahreszeitliche Unterschiede zwischen Hitze und Kälte gebe.

Fast könnte man sagen, daß Hippokrates alles, was auch heute noch hinsichtlich der klimatischen Einflüsse auf den Menschen gilt, bereits bedacht habe. Der Gedanke, daß der Wetterwechsel Reize auf den Körper des Menschen ausübe, daß die Erregung des Körpers sich auf den Geist übertrage, daß die Erregtheit des Geistes die Urkraft der Geschichtsbildung sei, daß folglich Wetter und Klima den Charakter und das Schicksal eines Volkes bestimmen etc., dieser Gedanke setzt voraus, daß das Klima etwas außerhalb des Menschen Stehendes ist, und fragt nicht danach, was das Wesen des Phänomens Klima ausmacht. Diese Betrachtungsweise war in der Antike vorherrschend und selbstverständlich, so bei Polybios, einem berühmten Historiker des 2. Jahrhunderts v. Chr., bei Strabo, der im ersten Jahrhundert v. Chr. umfangreiche topographisch-geographische und historische Schriften verfaßte, wie auch bei anderen Autoren. Diese Ansicht mußte jedoch notwendig zu der Auffassung führen, daß es die natürliche Umgebung sei, die Geschichte und Schicksal des Menschen beherrsche. Sie steht in krassem Widerspruch zu der mittelalterlichen Weltanschauung, der zufolge alle Geschichte und die Beschaffenheit jedes Ortes dem Willen Gottes unterstellt seien.

Ende des 16. Jahrhunderts griff der Franzose Jean Bodin (›Les six livres de la République‹) das Problem des Klimas wieder auf; sein Grundgedanke unterscheidet sich jedoch nicht von dem voranstehenden, wenn er sagt, daß die Tätigkeit eines Individuums oder eines Volkes gemäß seinen „natürlichen Anlagen“ unterschiedlich sei. So habe jedes Land mit einem eigenen Klima auch einen je eigenen Volkscharakter. Besonders wichtig sei, daß jedes Klima *eine jeweils verschiedene Arbeitsweise* hervorrufe und diese wiederum einen starken Einfluß auf die natürlichen Anlagen ausübe. In einem fruchtbaren Land sei z. B. der Zwang zur Arbeit weniger stark, folglich entfalteten sich auch die Fähigkeiten des Leibes und des Geistes in geringerem Maße. Ein magerer Boden hingegen fordere Leib und Geist heraus und bringe die verschiedensten Fähigkeiten, Techniken und Wissenschaften hervor. Dies sei auch die Erklärung dafür, daß ein Volk, das ein unfruchtbares Land bewohne, einen industriell-kommerziellen Aufschwung nehme. Wenn durch unterschiedliche Arbeitsweisen auch unterschiedliche Fähigkeiten beim Menschen entwickelt würden, dann müßten sich auch besondere Begabungen und Neigungen herausbilden.

Der Gedanke Bodins, daß der Mensch vom Klima beeinflußt werde, unterscheidet sich nicht von dem der Antike, ist aber insofern neu, als er in bezug auf diese Einflüsse die „Arbeitsweise“ als Moment der Vermittlung einführt. Und in diesem Punkt war er fortschrittlicher als der 200 Jahre später lebende Montesquieu (›De l'esprit des lois‹ [1748]). Zwar wird häufig behauptet, Montesquieu habe als erster auf die Bedeutung geographischer Gegebenheiten aufmerksam gemacht; in erster Linie ging es ihm aber um *die physiologischen Einflüsse des Klimas auf die körperlichen Eigenschaften des Menschen* und nicht um die Bedeutung des Klimas für die menschliche Existenz. Ausgehend von den regionalen gesellschaftlichen Bedingungen der verschiedenen Länder versuchte er zwar, die Entwicklung ihrer Gesetzgebung und die Notwendigkeit unterschiedlicher Staatsformen zu erklären. Das „Klima" war für ihn jedoch lediglich ein Gegenstand naturwissenschaftlicher Betrachtung, und die klimatischen Einflüsse blieben auf die Physiologie beschränkt. Bodin war ihm tatsächlich einen Schritt voraus, indem er das Klima als ein die menschliche Arbeitsweise bestimmendes Element auffaßte.

In den Ausführungen deutscher Kulturhistoriker gegen Ende des 18. Jahrhunderts deutete sich eine Fortführung dieses Gedankens an: Für August Ludwig von Schlözer (›Weltgeschichte nach ihren Hauptteilen im Auszug und Zusammenhang‹ [1785]) ist Klima das, was ein Volk in seiner Arbeits- und Lebensweise präge und gestalte; es übe nicht nur durch „verschiedene Sorten Nahrung" Einflüsse auf den menschlichen Leib und Geist aus und bestimme auch nicht nur mit Luftfeuchtigkeit und -temperatur die Eigenschaften des Menschen, es sei vielmehr *das, was den Menschen dazu treibe, die Natur zu beherrschen und zu verändern*, das heißt, was die Menschen im Kampf mit der Natur verbinde und zur Ausbildung unterschiedlicher Gesellschaften führe. Bei Johann Christian Adelung (›Versuch einer Geschichte der Kultur des menschlichen Geschlechts‹ [1782]) tritt eine noch allgemeinere Betrachtung hinzu, daß nämlich die Dichte der Bevölkerung und die Ausdehnung eines Landes maßgebend für alle kulturellen Hervorbringungen seien. Ein Volk, das viel Land besitze und sich nach Belieben ausbreiten könne, bringe keine so starke Kultur hervor wie ein Insel-, Tal- oder Wüstenvolk, denn auf engem Raum werde das Leben durch ein Zunehmen der Bevölkerung beschwerlich und damit strebsam. Dies sei bei einem Volk, das sich beliebig ausbreiten könne, nicht der Fall. Diese Überlegungen sind Vorläufer der Anthropogeographie des 19. Jahrhunderts, welche die Charakteristika der Völker und die Stufen ihrer kulturellen Entwicklung auf topographische Ähnlichkeiten zurückführte. So lassen sich die unterschiedlichen Eigenschaften von Völkern mit ähnlichen topographischen Verhältnissen jedoch nicht richtig verstehen.

2. *Herders Klimatologie des Geistes*

Johann Gottfried Herder war ein Zeitgenosse der oben erwähnten Kulturhistoriker. Die beiden Schriften, in denen er Gedanken zum Klima entwickelte, sind: ›Auch eine Philosophie der Geschichte zur Bildung der Menschheit‹ (1774) und ›Ideen zur Geschichte der Menschheit‹ (1784). Sie erschienen ungefähr gleichzeitig mit den Schriften von Schlözer und Adelung. Was Herders Überlegungen zum Klima in bezug auf die Geschichte von denen anderer strikt unterscheidet, ist, daß er Klima nicht als Gegenstand naturwissenschaftlicher „Erkenntnis", sondern als ein *„Zeichen, in dem das Innere sich äußert"*, versteht. Er ist bestrebt, den Geist des Klimas zu erfassen, zu einer „Klimatologie aller menschlichen Denk- und Empfindungskräfte" zu gelangen. Und genau dies ist der Grund, weshalb seinen Gedanken innerhalb der Geschichte der Klimatologie so große Bedeutung zukommt.

Zunächst wollen wir seine Methode im allgemeinen betrachten. In den ›Ideen zur Geschichte der Menschheit‹ beginnt er, ausgehend von dem damaligen naturwissenschaftlichen Kenntnisstand, die Stellung der Erde in der Welt der Himmelskörper zu erläutern, dann das System der Pflanzen und Tiere auf der Erde, das diesem innewohnende des Menschen, das heißt die Bedeutung des menschlichen Daseins, und schließlich die unterschiedlichen Eigenschaften der verschiedenen Völker. Daß er sich naturwissenschaftlicher Kenntnisse bedient, besagt aber nicht, daß „Natur" für ihn die objektive Welt der „Erkenntnis" sei. In der Vorrede zu den ›Ideen zur Geschichte der Menschheit‹ schreibt er: „Die Natur ist kein selbständiges Wesen; sondern Gott ist alles in seinen Werken: ... Wem der Name ‚Natur' durch manche Schriften unseres Zeitalters sinnlos und niedrig geworden ist, der denke sich statt dessen jene allmächtige Kraft, Güte und Weisheit, und nenne in seiner Seele *das unsichtbare Wesen*, das keine Erdensprache zu nennen vermag" (Sämtliche Werke, Bernhard Suphan [Hrsg.], Bd. XIII, S. 9–10). Für Herder zeigt sich alles – Gravitation, physikalisch-chemische Gesetze etc. – als das „Wirken Gottes". Bei dem Versuch zur Darlegung der Philosophie der Menschheitsgeschichte kann er sich nichts anderes vorstellen, als daß Gott, der in der Natur eine solch regelrechte Ordnung geschaffen habe, auch hinsichtlich der Geschichte der Menschheit nicht planlos vorgegangen sei. Der Gott, den er meint, ist jedoch nicht in allem der Gott der Theologie. Sein Gott ist das unergründlich tiefe Geheimnis, das sich in der Natur und im Schicksal der Menschheit äußert. Deshalb nennt er „von Erfahrungen und Analogien abgetrennte" metaphysische Spekulationen eine „Luftfahrt, die selten zum Ziel führet" (ibid., S. 9). Herder zufolge sollte man den „Gang Gottes in der Natur" als Bibel nehmen und unmittelbar ablesen lernen. „Ueberall hat mich die große Analogie der Natur auf Wahrheiten der Religion geführt, die ich nur mit Mühe unterdrükken mußte, weil ich sie mir selbst nicht zum voraus rauben, und Schritt vor Schritt nur dem Licht treu bleiben wollte, das mir in der verborgenen Gegenwart des Urhebers in seinen Werken allenthalben zustralet" (ibid., S. 10). Er betrachtet also das Geheimnis in den Tiefen der Natur, ohne zu wagen, es Gott zu nennen. Das den Lebewesen innewohnende Geheimnis nennt er „eine lebendige, organische Kraft" (ibid., S. 10). Nach der Beschreibung, wie ein Tier im Mutterleib entsteht, sagt er: „Wie würde der, der dieses Wunder zum ersten Mal sähe, es nennen? Das ist, würde er sagen, eine *lebendige, organische Kraft*; ich weiß nicht, woher sie gekommen? noch was sie in ihrem Innern sei? aber daß sie da sei, daß sie lebe, daß sie organische Teile sich aus dem Chaos einer homogenen Materie zueigne, das sehe ich, das ist unläugbar" (ibid., S. 274). Solch eine Lebenskraft ist in uns allen da; auch wenn wir es nicht wissen, ist sie in unserem Leib lebendig. Die sogenannte Vernunft bedient sich zwar des Leibes als eines Werkzeuges, ist jedoch nicht einmal fähig, den Leib vollständig zu erkennen, geschweige denn ihn zu erschaffen. Da aber auch das Denken von der Organisation des Körpers und von der Gesundheit abhängt, sind die Begierden und Triebe unseres Herzens nicht zu trennen von der animalischen Wärme. Dies ist ein unbezweifelbares *Faktum der Natur.* Wie dessen Anerkennung die älteste Philosophie war, wird sie wohl auch die letzte bleiben. Nun ist „Lebenskraft" lediglich ein Name, der auf das Geheimnis hinweist. Es geht darum, auf welchem Wege wir uns ihm nähern. Denn es ist der Weg, der die wissenschaftliche Methode bestimmt. Herder war nicht der Ansicht, daß der Weg der „Erkenntnis" zu diesem Ziel führe. Die Wissenschaft, auf die er hinauswollte, sollte ein *„Auslegen jener lebendigen Natur sein, das Dolmetschen des sichtbar gewordenen Genius"* (ibid., S. 280). So ist die Gestalt des Menschen lediglich die äußere Hülle des inneren Triebwerks. Und doch ist diese Gestalt ein integriertes Ganzes, dessen Sinn auch durch noch so sorgfältige Zergliederung nicht zu erfassen ist. Es verhält sich damit wie mit der Sprache, die zwar aus einzelnen Buchstaben besteht, deren Sinn und Bedeutung aber im Wort, dem aus Buchstaben zusammengesetzten Ganzen, liegt. Die wissenschaftliche Methode besteht hier also darin, durch die nach außen sich zeigende Gestalt das Innere zu deuten, aus der Verbindung der Buchstaben die Bedeutung zu ersehen. Herder nennt diese Methode methaporisch „Physiognomik" oder „Pathognomik". Gemeint ist die Wissenschaft, die im Gegensatz zu „Physiologie" und „Pathologie" den eigentlichen Sinn von *physis* und *pathos* begreift. Sie erhöht gegen den Standpunkt des Erkennens den des Verstehens, und zwar nicht ohne Grund. Denn bereits im Alltag bedienen wir uns einer solchen „Physiognomik": Der erfahrene Arzt erkennt an Haltung und Gesichtszügen eines Patienten intuitiv dessen Krankheit; Kinder können von den Gesichtszügen und Gesten eines Erwachsenen ablesen, ob dieser kinderlieb ist oder nicht. Allgemeiner gesagt verrät der Blick ins Antlitz eines Menschen die Bewegung seiner Gefühle, das heißt, normalerweise nehmen wir mit dem *physiognomischen Blick* den in der Gestalt sich äußernden Geist wahr. Herders Methodik ist eine solche wissenschaftlich geläuterte Physiognomik und Pathognomik des Alltagslebens.

Die von ihm entworfene „Klimatologie des menschlichen Geistes" versucht anhand der oben genannten *Methode des Auslegens*, die Ausbildung jener geheimnisvollen Lebenskraft aus der Alltagsgestalt des Menschen herauszulesen. Damit ist noch nicht gesagt, daß ihm dieses Vorgehen *methodologisch* voll bewußt gewesen sei. Er bedient sich dieser Methode eher künstlerisch, so daß er zuweilen, durch die Fülle des Stoffs überwältigt, in die Irre geht und bei rein naturwissenschaftlich-völkerkundlichen Beschreibungen endet. Die Konsequenz, mit der er Klima, Lebensweise und dergleichen nicht als bloße Objekte des Erkennens, sondern als Ausdruck des *subjektiven* Daseins des Menschen betrachtet, macht seine „Klimatologie des Geistes" dennoch interessant.

Wie legt Herder nun die Bedeutung des Klimas aus?

Nachdem er eingesehen hat, daß die Menschheit, obwohl sie in recht verschiedener Gestalt auf der Erde erschienen ist, doch *ein und dieselbe Menschheit* bleibt, laufen seine Ausführungen darauf hinaus, daß diese Menschheit an allen „Orten" der Erde *sich selbst zum Klima mache*. So versucht er zunächst, die Mongolen in der asiatischen Steppe, die Araber in der Wüste und dann die Ureinwohner Kaliforniens, dem entlegensten Winkel der Welt (Kalifornien, das heute allerdings dabei ist, zum Zentrum der Welt zu werden), *in ihrer lebendigen Lebensgestalt* zu beschreiben und damit zu zeigen, daß alle Völker durch ihr Land und ihre Lebensweise charakterisiert, daß sie klimatisch sind. Damit wird „zuerst erhellet, warum alle ihrem Lande zugebildete Völker dem Boden desselben so treu sind und sich von ihm unabtrennlich fühlen. Die Beschaffenheit ihres Körpers und ihre Lebensweise, alle Freuden und Geschäfte, an die sie von Kindheit auf gewöhnt wurden, der ganze Gesichtskreis ihrer Seele ist klimatisch.

Raubet man ihnen ihr Land: so hat man ihnen alles geraubet“ (ibid., S. 261–262).

Daß die Menschheit in dieser Weise sich selbst zum Klima macht, daß Seele und Beschaffenheit eines Volkes klimatisch sind, ist eine vorgegebene Tatsache, denn der Mensch tritt jeweils in einer vom jeweiligen Klima geprägten Gestalt auf. So geht es darum, *das Verhältnis zwischen Klima und Mensch* zu erhellen. Dazu gibt es zwei mögliche Methoden: die eine, Mensch und Klima voneinander zu trennen und jeweils gesondert zu betrachten und erst danach einen kausalen Zusammenhang zwischen beiden ausfindig zu machen; die andere, den konkreten Sachverhalt, daß der Mensch immer schon klimatisch ist, ernst zu nehmen und den abstrakten Sachverhalt einer Trennung von Mensch und Klima gar nicht erst in Erwägung zu ziehen, sondern das Klima als ein nicht zu ersetzendes Strukturmoment des menschlichen Lebens zu betrachten. Im erstgenannten Fall wird das Klima zu einem vom menschlichen Leben abstrahierten, lediglich objektiven Naturphänomen, das dann auf den ebenso abstrahierten, zum Naturphänomen gewordenen Menschenkörper im physiologischen Sinn physikalisch-physiologisch-psychologische Einflüsse ausübt; so tritt dann ein angeblich konkreter, klimatisch geprägter Mensch in Erscheinung. Herder weist ständig auf den Mangel dieser Methode hin, wiewohl er sich dieses Mangels nicht in ausreichendem Maße bewußt ist, und beschreitet den zweiten Weg. Er behandelt dieses Problem ausführlich in dem Kapitel ›Was ist Klima? und welche Wirkung hats auf die Bildung des Menschen an Körper und Seele?‹ (ibid., S. 265 ff.). Darin weist er zunächst darauf hin, wie ungenügend die vorliegenden naturwissenschaftlichen Kenntnisse zur Erklärung des Klimas seien; es genüge nicht, die Grundlage aller Klimata in der Beschaffenheit der Erde, in den Gesetzen ihrer Umdrehung um sich selbst und um die Sonne usf. zu suchen. Orte mit den gleichen Sonnenverhältnissen könnten nicht immer dasselbe Klima haben, gar nicht zu zählende andere Gegebenheiten wie die Nähe des Meeres, der Wind, benachbarte Berge, die Höhe oder Tiefe des Landes usw. führten zu lokal begrenzten Klimaverhältnissen, so daß mitunter in der unmittelbaren Nachbarschaft ein genau entgegengesetztes Klima entstehe. Ein *allgemeines Gesetz* hierfür sei nicht zu entdecken. Klima sei – extrem formuliert – *das jedem Land der Erde je einzigartige*. Es lasse sich anhand genauer Beobachtung zwar beschreiben, aber solche Beschreibungen seien nicht zu verallgemeinern. Auch der menschliche Leib, der immer schon unter klimatischem Einfluß stehe, folge nicht den allgemeinen Gesetzen der Physiologie allein. Die Art und Weise, Wärme aufzunehmen oder abzugeben, sei bereits bei den verschiedenen Tierarten unterschiedlich, so auch bei den Menschen, je nach der Gegend, aus der sie stammten. Der physiologische Satz, daß der Mensch nicht in einem Klima leben könne, das die Hitze des Blutes übersteige, gelte nur für Menschen der gemäßigten Zonen, das heiße, für einen durch ein bestimmtes Klima geprägten menschlichen Körper, und was jenen angehe, so sei der Physiologie weit mehr unbekannt als bekannt. Deshalb sei es in der Tat höchst gefährlich, die Einflüsse des Klimas auf den solchermaßen unbekannten Leib des Menschen so zu betrachten, als handele es sich hier um ein einfaches Kausalverhältnis wie bei einem physikalischen Experiment. Wenn diese Schwierigkeit nun schon hinsichtlich der physiologischen Struktur des Menschen auftrete, um wieviel mehr in bezug auf seine geistige Struktur. Daß Hitze den Leib des Menschen erschlaffen und Kälte ihn erstarren lasse, sei zwar eine wohlbekannte Erfahrung, aber dies gestatte noch keineswegs, daraus einzelne physiologische Phänomene zu erklären oder allgemeine Schlüsse auf ganze Völker oder Weltgegenden oder gar auf die feinsten Verrichtungen des menschlichen Geistes zu ziehen. Um mit dieser Methode zu einer Klimatologie des menschlichen Geistes zu gelangen, *seien noch zu wenig Kenntnisse vorhanden*. Deshalb beschreitet der Geschichtsphilosoph nun einen anderen Weg, schlägt eine andere Richtung ein, um das Chaos der naturwissenschaftlich gar nicht zu bewältigenden Kausalverhältnisse in seiner lebendigen und konkreten Gestalt aufzufassen und die Bedeutung des Klimas als Strukturmoment dieser Verhältnisse zu begreifen: *als Auslegung der lebendigen Natur.*

Seine Absicht ist wohl richtig, doch wird der Unterschied zwischen geisteswissenschaftlicher und naturwissenschaftlicher Methode nicht deutlich genug. So vermag er nicht den von ihm betonten Unterschied zwischen seinem Naturbegriff und dem der Naturwissenschaft, die Natur als Objekt versteht, folgerichtig durchzuhalten. Prinzipiell, sagt er, lasse sich das lebendige Geheimnis der Natur kraft naturwissenschaftlicher Erkenntnis erhellen, der gegenwärtige Kenntnisstand gestatte dies allerdings noch nicht, und so müsse man das, was zukünftig erkannt werden könne, vorerst auf intuitivem Wege erschließen. Damit verfällt er letzten Endes doch dem Fehler, auf die Natur als Objekt der Naturwissenschaft die Methode der Auslegung anzuwenden. Er schreibt z. B., die „Luft" wirke auf uns nicht nur als Hitze und Kälte, sie sei darüber hinaus „ein großes Vorratshaus" uns unbekannter Kräfte, in ihr wirke der „elektrische Feuerstrom", nur wüßten wir noch nicht, wie unser Leib sich dazu verhalte; wir lebten zwar von der Luft, nur wüßten wir noch nicht, welche Lebensspeisen in ihr seien;

die Luft einer bestimmten Gegend enthalte verschiedene Gifte, die einer anderen Gesundheit bringende Kräfte, nur wüßten wir noch nicht, welcher Art sie seien, etc. All diese unbekannten Kräfte gebe es wirklich in der Luft, sie *lebten* darin und dies *mache das Geheimnis der Luft aus*. Die Luft als *das Lebendige, dessen Geheimnis uns noch nicht bekannt ist*, wird bei Herder als etwas Lebendiges behandelt. Und doch versteht er folgendes nicht: Auch wenn das von ihm so genannte Geheimnis allmählich entschlüsselt würde, auch wenn z. B. inzwischen geklärt worden ist, daß die „Lebensspeise in der Luft" der Sauerstoff und das „Gift" das von den Mücken übertragene Malariaplasmodium ist, so trägt diese naturwissenschaftliche Erkenntnis zur Ausbildung einer Klimatologie des menschlichen Geistes überhaupt nicht bei, folglich auch nicht zu seinem eigentlichen Ziel, Luft als etwas Lebendiges zu behandeln. Allein, die Art und Weise, wie er – wenn auch, ohne vollkommen zu verstehen – mit der Luft umgeht, zeigt, daß Luft nicht bloß ein Objekt ist, sondern das, woraus der Mensch sein eigentliches Leben schöpft. Luft ist etwas Lebendiges, weil der Mensch sein Leben in ihr findet. Das Geheimnis der Luft ist in Wahrheit das Geheimnis des menschlichen Lebens selbst.

Was für die Luft gilt, gilt auch für alles andere: für Wasser und Sonne, für Form und Beschaffenheit des Bodens und die auf ihm lebenden Tiere und Pflanzen, für die Früchte des Bodens, Speisen und Getränke, für die Lebensweise des Menschen, seine Arbeit, Kleidung, Vergnügen, Künste und alle anderen Kulturerzeugnisse. Dies alles, als Erscheinungen des menschlichen Lebens, gehört zum „Gemälde des Klimas". Das Klima soll aus dem alles enthaltenden Alltagsleben als Ganzem herausgegriffen werden. „Das Klima ... giebt die unmerkliche Disposition, die man bei eingewurzelten Völkern im ganzen Gemälde der Sitten und Lebensweise zwar bemerken, aber sehr schwer, insonderheit abgetrennt zeichnen kann" (ibid., S. 273).

Dies ist der Ausgangspunkt, von dem aus Herder versucht, die klimatische Struktur des menschlichen Geistes zu erhellen. Er geht in fünf Schritten vor:

(1) *Die Sinnlichkeit des Menschen ist klimatisch*: Die Eigenschaft dessen, was im Alltag begegnet, ist zugleich die Eigenschaft der sinnlichen Empfindung. In bezug auf den „Geschmack" führt das Volk einer wasser- und pflanzenarmen Gegend z. B. ein sehr entbehrungsreiches Leben, das darauf beschränkt ist, sich Nahrung zu verschaffen und diese lediglich zur Stillung des Hungers zu sich zu nehmen. Eine Möglichkeit, die Nahrung oder deren Geschmack auszuwählen, besteht nicht. Der Geschmackssinn entwickelt sich also nur schwach. In üppi-

gen Landstrichen hingegen findet sich mühelos so viel zu essen, wie das Herz begehrt, und Hungersnot ist unbekannt; man ißt nicht viel, ist aber wählerisch, denn es gibt gutes Öl und duftende, dem Auge wohlgefällige Speisen. So entwickelt sich ein feiner Geschmackssinn, der zu scharf gewürzten Speisen neigt und sogar die Geschmacksunterschiede beim Wasser registriert. Auch hinsichtlich des „Hautgefühls" gibt es vom nahezu empfindungslosen bis hin zum hochempfindlichen Volk mannigfaltige klimabedingte Unterschiede. Dasselbe gilt für „Gesicht" und „Gehör". Ein Volk, das in der Steppe oder in der Wüste lebt, „sieht Rauch, wo ihn kein europäisches Auge gewahr wird" und „horcht weit umher". In einem sonnigen Land wird das Auge, in einem dunklen, düsteren Land das Gehör schärfer entwickelt. So schreibt Herder: „Je mehr ich ... der ganzen Sinnlichkeit des Menschen in seinen mancherlei Gegenden und Lebensarten nachspüre; desto mehr finde ich daß die Natur sich allenthalben als eine gütig Mutter bewiesen habe. Wo ein Organ weniger befriedigt werden konnte, reizt sie es auch minder und läßt Jahrtausende hindurch es milde schlummern. Wo sie die Werkzeuge verfeinte und öffnete, hat sie auch Mittel umhergelegt, sie bis zur Befriedigung zu vergnügen" (ibid., S. 298).

(2) *Die Einbildungskraft des Menschen ist klimatisch*: Kein sinnliches Volk kann sich einen Begriff oder eine Vorstellung von etwas machen, das es in seinem eigenen Land nicht empfindet. Es ist also bei seiner Begriffs- und Vorstellungsbildung in hohem Maße klimatisch bestimmt und damit ist auch seine Einbildungskraft festgelegt. Diese wiederum ist stark von den Kräften der Überlieferung geprägt. Kinder hören die überlieferten Sagen und merken, daß in der Sage just das erklärt wird, was sie in der Gegenwart erfahren. Man braucht nicht eigens zu erwähnen, daß damit die Lebensweise und der Geist eines Volkes in die Seelen der Kinder eingehen. Ein Schäfer sieht die Natur mit anderen Augen als ein Fischer, und seine Einbildungskraft schafft sich eine andere Welt. So können Menschen, die in einer heißen Gegend leben, sich z. B. den Nikolaus nicht vorstellen.

(3) *Der praktische Verstand des Menschen ist klimatisch*: Der praktische Verstand entsteht aus den Bedürfnissen der Lebensweise, er spiegelt Geist und Sitten, Gebräuche und Gewohnheiten eines Volkes wider. Was Früchtesammeln, Jagd, Fischfang, Viehzucht und Ackerbau angeht, so versteht er erst durch den Umgang mit den Dingen diese selbst – sonst müßte er verhungern. Dieses Verständnis ist je nach dem Gegenstand verschieden, und ebenfalls klimatisch bestimmt ist, mit welchem der Gegenstände der Mensch umgeht. Nomaden z. B. leben

mit ihrem Vieh; sie entwickeln aus dem Umgang mit Tieren ihren praktischen Verstand, ja, durch ihre Lebensart werden sie sich ihrer eigenen Freiheit bewußt. Anders das Leben des seßhaften Bauern: Es läßt den Menschen „Mein" und „Dein" entdecken und fesselt ihn damit an den Boden. Der Mensch wird sich der Freiheit nicht mehr bewußt, und deshalb konnten hier jener fürchterliche Despotismus und die Sklaverei entstehen.

(4) *Die Empfindungen und Triebe des Menschen sind klimatisch*: Die Empfindungen und die Triebe des Menschen sind durch die jeweilige Verfassung und Organisation des Lebens bestimmt. Eine besonders wichtige Rolle spielt die Liebe, die dazu führt, daß Menschen sich miteinander verbinden. Das Klima ist entscheidend für den Zeitpunkt der Mannbarkeit, was wiederum die Liebe zwischen Mann und Frau prägt. So ist meist auch klimatisch bedingt, wie der Mann die Frau behandelt: ob sie ihm lediglich zum Genuß dient oder ob er sie auch als Person achtet. Als Beispiel werden die alten Germanen genannt, die der Frau edle Eigenschaften wie Klugheit, Treue, Mut und Keuschheit zusprachen. Auch Freundschaft zeigt sich je nach den Klimaverhältnissen verschieden.

(5) Schließlich ist auch *die Glückseligkeit des Menschen klimatisch*: Glückseligkeit ist für Herder ein besonders wichtiger Begriff, denn Zivilisation und Kultur sind ihm zufolge noch längst nicht gleichbedeutend mit Glückseligkeit. Wahre Glückseligkeit ist die Freude am einfachen, gesunden Leben: „Gesundheit des Leibes", „der wachende, gesunde Gebrauch der Sinne, thätiger Verstand in wirkenden Fällen des Lebens, muntere Aufmerksamkeit mit reger Erinnerung, mit schnellem Entschluß und glücklicher Wirkung", „ein stilles Gefühl, (. . . das) uns mit Liebe und Freude am Leben lohnt, jedes Lebendige freut sich (damit) seines Lebens; es fragt und grübelt nicht, wozu es dasei? Sein Daseyn ist ihm Zweck und sein Zweck das Daseyn" (ibid., S. 335–337). Dies ist die Herdersche Idee der „Humanität": daß der Mensch einen anderen nicht beherrsche und umgekehrt von diesem auch nicht beherrscht werde, daß er sich und dem anderen Glück wünsche. Von einem solchen Standpunkt aus tragen die rastlosen Bemühungen um verschiedene, komplizierte wissenschaftliche Kenntnisse und fast seiltänzerische Künste oder die Bewußtwerdung der künstlichen Willensbestimmung nichts zur Humanität bei. Dies können nur das oben erwähnte Verständnis für ein gesundes und einfaches Leben und das Gefühl der stillen Liebe leisten. „Der Wilde, der sich, sein Weib und Kind mit ruhiger Freude liebt und für seinen Stamm, wie für sein Leben, mit beschränkter Wirksamkeit glühet, ist, wie mich dünkt, ein wahreres

Wesen als jener gebildete Schatte, der für den Schatten seines ganzen Geschlechts, d. h. für einen Namen, in Liebe entzückt ist" (ibid., S. 339). So gesehen ist auch der Staat nicht von Bedeutung. Es entspräche eher der Humanität, wenn die Menschen sich ohne Staat, in kleineren Gruppen, des stillen Lebens erfreuen würden, statt in einem großen Staat zu leben, wo nur ein „gekrönter Thor" gedeiht, dafür aber die große Mehrheit der Menschen unterdrückt oder in den Tod getrieben wird. „Vater und Mutter, Kind und Bruder, Freund und Mensch – das sind die Verhältnisse der Natur, durch die wir glücklich werden; was der Staat uns geben kann, sind Kunstwerkzeuge, leider aber kann er uns etwas weit Wesentliches, Uns selbst, rauben" (ibid., S. 341). So warnt er *den Europäer, der alle Weltteile in Unruhe versetzt und beraubt*, davor, mit der Idee der „europäischen Glückseligkeit" diejenige anderer Völker in anderen Erdteilen zu beurteilen. In bezug auf die Glückseligkeit seien die Europäer nicht am fortschrittlichsten, sie zeigten lediglich die ihnen eigene Art der Glückseligkeit. Vom Standpunkt der Humanität aus gebe es in anderen Teilen der Welt andere Formen der Glückseligkeit, die keineswegs schlechter seien als die europäische. Das heißt, *auch die Glückseligkeit ist klimatisch*.

Dies ist in großen Zügen der Inhalt der Herderschen „Klimatologie des Geistes". Im folgenden betrachtet er dann Sprache, Kunst und Wissenschaft, die er allerdings nicht unter klimatischen Aspekten abhandelt.

Wie wir oben gesehen haben, hat Herder in seiner „Klimatologie des Geistes" aufgrund des Begriffs „Natur" – wobei er allerdings keinen Unterschied macht zwischen Natur und Geist – Wert und Eigenart jedes einzelnen Volkes in extremer Weise hervorgehoben. Angesichts der Geschichtsphilosophie des deutschen Idealismus ist folgendes von besonderer Bedeutung: Zum einen Herders Methode der „Auslegung", deren er sich weniger mit methodischer Bewußtheit als mit der Begabung des Dichterphilosophen bedient. Was er intuitiv in der Geschichte zu finden trachtet, ist der unmittelbare Ausdruck des verschiedenartigen Lebens der Menschheit: Das Charakteristische, welches das Besondere zum lebendigen Einzelnen ausbildet, die ganz und gar besondere Bildung desselben – dies alles als ein lebendiges Ganzes zu erfassen, ist sein Ziel. Zum anderen ist von Bedeutung, daß er die Besonderheit jedes Volkes hoch achtet. Für ihn kommt jedem Volk *in seiner je eigenen Besonderheit* eine je eigene Bedeutung zu, und diese kann durchaus eine *vollkommene Verwirklichung der Humanität* sein. So weit wie möglich entkräftet er die Ansicht, welche die Wirklichkeit eines Volkes lediglich für eine Phase des Entwicklungsprozesses auf das endgültige Ziel der Menschheit hin hält, sie in der *Ordnung einer Nacheinanderfolge* sieht; vielmehr möchte er sie *in der Ordnung eines Nebeneinander* verstanden wissen. So versucht er, (1) die schöne, stille „Seinsordnung" des Lebens zu entdecken, die im Gegensatz zu einer dialektischen Bewegung steht, für die nicht das Sein, sondern das Ereignis leitend ist. (2) Weiter versucht er im Gegensatz zu dem Standpunkt, der das Wesen eines Volkes in dessen dramatischer Tätigkeit sieht, von allen Seiten her das beständige Sein eines Volkes in seiner statischen Struktur zu begreifen. (3) Schließlich zollt er der Besonderheit jedes Volkes die gleiche Achtung, während der Standpunkt des „Unterwegs-auf-ein-endgültiges-Ziel-hin" zwischen überlegenen und minderwertigen unterscheidet oder gar *ein bestimmtes Volk* für das Werkzeug des Willens des Weltgeistes (d. h. für das erkorene Volk) hält. So werde ein Volk nicht seiner geschichtlichen Leistung wegen, sondern um des Wertes der in einmaliger Weise verwirklichten besonderen Lebensart, um der Verwirklichung des Volkscharakters willen, zum Gegenstand weltgeschichtlicher Betrachtung.

Es ist Kant, der sofort auf die Schwächen der Herderschen Geschichtsphilosophie aufmerksam macht (›Rezension von Herders Ideen zur Philosophie der Geschichte der Menschheit‹ [1785]). Dies erfolgte zum Teil auch deswegen so prompt, weil Herder in diesem Buch seinem Unmut Kant gegenüber Ausdruck verleiht. Kant wandte sich nach der Arbeit an der Erkenntniskritik – auf dem Wege zur Ethik – damals gerade der Geschichtsphilosophie zu, und als strenger Methodiker verlangte er von seinem ehemaligen Hörer, die von diesem angewandte Methode zu überdenken. Besonderer in bezug auf das oben erwähnte erste Merkmal der Herderschen Geschichtsphilosophie weist Kant darauf hin, daß Herders Methode *nicht wissenschaftlich genug* sei: „Daher möchte wohl, was ihm Philosophie der Geschichte der Menschheit heißt, etwas ganz anderes sein, als was man gewöhnlich unter diesem Namen versteht: nicht etwa eine logische Pünktlichkeit in der Bestimmung der Begriffe, oder sorgfältige Unterscheidung und Bewährung der Grundsätze, sondern ein sich nicht lange verweilender viel umfassender Blick, eine in Auffindung von Analogien fertige Sagazität, im Gebrauche derselben aber kühne Einbildungskraft, verbunden mit der Geschicklichkeit, für seinen immer in dunkeler Ferne gehaltenen Gegenstand durch Gefühle und Empfindungen einzunehmen" (Immanuel Kant, Werke in zehn Bänden, Wilhelm Weischedel [Hrsg.], Bd. 10, S. 781), oder: „... ob nicht der poetische Geist, der den Ausdruck belebt, auch zuweilen in die Philosophie des Vf. eingedrungen; ob nicht hier und da Synonymen für Erklärungen, und Allegorien für Wahrheiten gelten; ob nicht, statt nachbarlicher Übergänge aus dem Gebiete der philosophischen in den Bezirk der poetischen Sprache, zuweilen die Grenzen und Besitzungen von beiden völlig verrückt sein ..." (ibid., S. 799). Aus der Sicht Kants, des kritischen Philosophen, ist dies eine durchaus gerechtfertigte Kritik, aber es gilt zu bedenken, daß die Welt, die Herders Philosophie zu betrachten sucht, die objektive, d. h. die geschichtliche Welt ist, die Kant bislang übersehen hatte. Wie auch Cassirer bemerkt, ist im geschichtsphilosophischen Denken Herders – *ungeachtet der Begriffsschwäche* – eine Anschauung des Ganzen wirksam. In seinem Denken, das von der Anschauung unmittelbar zum Begriff und, umgekehrt, vom Begriff unmittelbar zur Anschauung übergeht, begegnen wir einem Verständnis des Konkreten, das Kant fehlt. Philosophiegeschichtlich ist nach Kant in der Tat die Frage aufgeworfen worden, wie das Problem der Wirklichkeit in ihrer Konkretheit zu lösen sei, und damit ist zugleich die Methode des Verständnisses der geschichtlichen Welt zum Problem geworden. Der Keim dieser Fragestellung zeichnet sich bereits bei Herder ab. In dem zweiten Merkmal der Herderschen Geschichtsphilosophie erblickt Kant geradezu einen krassen Gegensatz zu seinem eigenen Standpunkt. Seine Geschichtsphilosophie ist Teil seines teleologischen Systems; in der zweiten und dritten Kritik ist sie ausführlich begründet. In der oben erwähnten Rezension und in einigen kurz zuvor verfaßten kleineren Abhandlungen über die Geschichtsphilosophie (›Ideen zu einer allgemeinen Geschichte in weltbürgerlicher Absicht‹ [1784]; ›Beantwortung der Frage: Was ist Aufklärung?‹ [1784]) zeigt sich, daß Kant vom „Sein" zum „Sollen" übergegangen ist. Kant zufolge kann „Geschichte" erst dann Geschichte im strengen Sinne des Wortes werden, wenn sie nicht nur als zeitliche Folge oder als Kausalverhältnis einer Reihe von Ereignissen aufgefaßt, sondern in *die ideale Einheit des immanenten Zwecks* mit einbezogen wird. Die Gültigkeit des Naturgesetzes lasse sich nur mit der Einsicht begründen, daß nicht die gegebene Natur dieses Gesetz beinhalte, sondern vielmehr der Begriff Gesetz die Natur erst konstruiere. Ebenso könne „Geschichte" erst durch die Einsicht Geschichte sein, daß die gegebenen Tatsachen und Ereignisse nicht erst nachträglich Sinn und Ziel als Geschichte enthielten, sondern daß die Voraussetzung von Sinn und Ziel der Geschichte Tatsachen und Ereignisse als solche überhaupt erst ermögliche. Geschichte sei jedoch nicht nur eine bloße Reihenfolge von Ereignissen, sie besteht vielmehr in der Reihenfolge der menschlichen „Handlungen". Die menschlichen Handlungen wiederum beruhten auf „Freiheit". *Das Prinzip der Geschichtsphilosophie müsse also im Bereich der Ethik gesucht werden.* Erst von diesem Standpunkt aus findet Kant die „Geschichte". „Die geistig-geschichtliche Entwicklung der Menschheit ist nichts anderes als die Vertiefung und Entfaltung des Freiheitsgedankens." Der eigentliche Sinn der Ereignisse liegt im Prozeß des Sich-Befreiens, in dem Fortgang von der natürlichen Beschränkung zum autonomen Bewußtsein. Indem diese Geschichtsauffassung in ihm Gestalt annimmt, betont Kant – im Gegensatz zu Herder mit seiner „Ordnung des Nebeneinander" – mit Nachdruck eine „Ordnung der Nacheinanderfolge". Damit behauptet er den Wert des durch das endgültige Ziel bestimmten Seins selbst und folglich auch einen ständigen Fortschritt der Menschheit. Dies ist eine durchaus gerechtfertigte Behauptung. Hinter diesen gegensätzlichen Geschichtsauffassungen der beiden Philosophen verbirgt sich vor allem ein Gegensatz ihrer ethischen Prinzipien, nämlich der zwischen der umfassenden Bestimmung des Menschen bei Kant und der der menschlichen Glückseligkeit bei Herder. Es braucht kein Wort darüber verloren zu werden, daß das Prinzip der Glückseligkeit bei Herder den Überlegungen Kants nicht standhalten kann, denn was Herder für die humanitärste Glückseligkeit hält, ist ohne das Prinzip „Menschheit" bei Kant erst gar nicht möglich. Aber auch wenn Kant mit seiner Behauptung im Recht ist, heißt dies nicht, daß die „Ordnung des Nebeneinander" von vornherein ausgeschlossen werden sollte. Aufgrund seiner Anschauung vom Menschsein, daß er nämlich im Menschen einzig das Vernunftwesen sieht und Individualität, die besonderen Eigenschaften, die Naturanlage des konkreten Menschen als etwas bloß Zufälliges leugnet, muß Kant die „Ordnung des Nebeneinander" ausschließen. Bei ihm bedeutet „Charakter der Menschheit" lediglich die allgemeine Bestimmung des Menschen als eines Vernunftwesens und nicht die besonderen Eigenschaften der einzelnen Menschen. Und genau an diesem Punkt nehmen die Denker der Deutschen Romantik Abschied von Kant. Indem er aber die Besonderheiten des Menschen ausschließt, verfällt Kant innerhalb seines eigenen Denksystems einer gewissen Inkonsequenz, denn er schreibt in den ›Ideen zu einer allgemeinen Geschichte in weltbürgerlicher Absicht‹: „Alle Naturanlagen eines Geschöpfes sind bestimmt, sich einmal vollständig und zweckmäßig auszuwickeln" (ibid., S. 35), und dies sei als die Vollziehung „eines verborgenen Plans der Natur" (ibid., S. 45) anzusehen. Falls es sich so verhält, ergibt sich dann nicht doch notwendig, daß das Problem der Besonderheit, wie etwa die unterschiedlichen Naturanlagen nebeneinander existierender Völker, in irgendeinem natürlichen Zweck begründet ist? Häufig wird behauptet, der in dieser Abhandlung öfter vorkommende Ausdruck „natürlicher Zweck" werde anstelle von „Vorsehung" oder „Schöpfung der Welt" verwendet. Wenn dies richtig ist, dann drängt sich die Frage auf, weshalb Gott verschiedene Gegenden, verschiedene Klimata, verschiedene, eigentümliche Völker geschaffen hat. Später hat Kant den „natürlichen Zweck" von dem Begriff „Vorsehung" getrennt und ihn als die vom Menschen, als moralischem Subjekt, der Natur als Ganzer verliehene „Zweckmäßigkeit" definiert. In der oben genannten Abhandlung ist „Natur" jedoch noch das, was dem Menschen „Vernunft und darauf sich gegründete Freiheit des Willens" *gab* und damit *wollte*, daß er jede Tätigkeit, durch die er sein tierisches Dasein überwinden könne, „aus sich herausbringe". Wenn mit „Natur" etwas gemeint ist, das in dieser Weise *gibt* und *will*, dann kann es nicht bloßer Zufall sein, daß sie einem Volk eine Umgebung gibt, die das moralische Streben des Menschen herausfordert, einem anderen Volk eine, in der Pflicht und Neigung leicht in Einklang zu bringen sind. Die Natur *wollte* die klimatischen Unterschiede, folglich *wollte* sie auch die Unterschiede der daraus erwachsenden Eigentümlichkeiten. Mit anderen Worten: Die Natur wollte, daß der Weg der menschlichen Verwirklichung unter verschiedener Gestalt durchlaufen wird. Dann muß allerdings auch Herders „Ordnung des Nebeneinander" als eines der Ziele der Natur anerkannt werden. Die jeweiligen klimatischen Eigenarten und die Aufgabe, zu einer Geschichte der Menschheit zu gelangen, können nicht getrennt voneinander aufgefaßt werden.

3. Hegels Philosophie des Klimas

Die moralische Geschichtsauffassung Kants hat, indem sie die Bedeutung des „Ereignisses" aufwies, einen starken Einfluß auf den deutschen Idealismus ausgeübt. Doch auch Herders „Ordnung des Nebeneinander" hat in verschiedenen Formen weitergelebt und ist nicht ganz verlorengegangen: in der Betonung der *Individualität der Nation* bei Fichte, in der Behauptung der *lebendigen Natur* und der *Vollkommenheit des Wertes* bei Schelling sowie in der Anerkennung Hegels, daß die Besonderheit der Natur, als einem Sich-Offenbaren des Geistes, zur Bildung der Kultur beitragen. All dies steht in einem besonderen Bezug zum Problem des „Nebeneinander" bei Herder.

Hinsichtlich der Grundlagen seiner Geschichtsauffassung steht Fichte allerdings in der Nachfolge Kants. Auch bei ihm ist das Endziel der Geschichte die Freiheit der Vernunft. Während für Kant jedoch ausschließlich die Allgemeinheit des Wertes galt und er in der Einmaligkeit lediglich dessen Exemplifikation sah, betonte Fichte die „Wertindividualität“, die freilich theoretisch nicht zu begründen, sondern nur kraft der „unmittelbaren Anschauung“ zu erkennen sei. Das Ganze der „Werttotalität“ zeigt sich ihm nur in der und durch die einzelne „Wertindividualität“. Die Nation ist als eben diese Wertindividualität einerseits ein Ganzes, das aus einzelnen Menschen besteht, andererseits jedoch ihrerseits Bestandteil eines Ganzen, nämlich des Menschheitsganzen. Während für Kant der einzelne dem Abstrakt-Allgemeinen gegenübersteht, stellt Fichte über das Einzelindividuum eine „wirklich reale Gesamtindividualität, ein wahrhaft Konkret-Allgemeines“ (E. Lask, Gesamtschriften, Bd. I, S. 264). Und genau um eine solche Individualität der Nation geht es Fichte mit allem Nachdruck in seinen ›Reden an die Nation‹. „*Die geistige Natur* vermochte das Wesen der Menschheit nur in höchst mannigfaltigen Abstufungen an Einzelnen, und an der Einzelheit im Großen und Ganzen, an Völkern darzustellen ... Nur in den unsichtbaren und den eigenen Augen verborgenen Eigentümlichkeiten der Nationen, als demjenigen, wodurch sie mit der Quelle ursprünglichen Lebens zusammenhängen, liegt die Bürgschaft ihrer gegenwärtigen und zukünftigen Würde, Tugend, Verdienstes; werden diese durch Vermischung und Verreibung abgestumpft, so entsteht Abtrennung von der *geistigen Natur* aus dieser Flachheit, aus dieser Verschmelzung aller zu dem gleichmäßigen und aneinanderhängenden Verderben“ (Fichtes Werke, Bd. VII, S. 467). Dies besagt, daß das Leben einer Nation ihre Eigentümlichkeit ist, daß die Nation als „die besondere geistige Natur der menschlichen Umgebung ... *unter einem gewissen besonderen Gesetz* der Entwicklung des Göttlichen“ steht. Und die „Gemeinsamkeit dieses besonderen Gesetzes ist es, was in der ewigen Welt, und eben darum auch in der zeitlichen, diese Menge zu einem *natürlichen* und von sich selbst durchdrungenen Ganzen verbindet.“ Das Gesetz der Entwicklung dieses ursprünglichen Lebens nun bestimmt von Grund auf den sogenannten „Nationalcharakter“ eines Volkes. Dieses Gesetz jedoch „kann *niemals* von irgend einem, der ja selbst immerfort unter desselben ihm unbewußten Einflusses bleibt, *ganz mit dem Begriff durchdrungen werden*, obwohl im allgemeinen klar eingesehen werden kann, daß es ein solches Gesetz gebe“ (ibid., S. 381 ff.). „Die gemeinsame Geschichte“ ist es, durch die eine Nation oder ein Volk „sich selbst als eins begreift“. Durch „gemeinschaftliches Tun und Leiden“, das heißt, „durch die Gemeinschaft des Herrschers, des Bodens, der Kriege und Siege und Niederlagen und dergleichen“ begreift eine Menge sich selbst als Nation oder Volk. Aber auch ohne eine solche Gemeinschaftlichkeit habe ein Volk wie das deutsche „kraft des Metaphysischen" „den Einheitsbegriff aufrechtzuerhalten" vermocht. Dies sei der „merkwürdige Zug" des deutschen Nationalcharakters. In diesem Fall erhält die Eigentümlichkeit eines Volkes *überhistorische Bedeutung.* Sie entwickelt sich zwar historisch, hat ihren Grund jedoch in der *metaphysischen geistigen Natur.* Fichte selbst hat diese geistige Natur freilich nicht als Klima (*fūdo*) verstanden wissen wollen, während in unserer Fragestellung das Problem des Klimas gerade in dieser metaphysischen geistigen Natur und damit auch im „besonderen Gesetz des Göttlichen" bei Fichte besteht.

Bei Schelling ist es nicht die Wertindividualität, sondern die „Natur", die ihn weg von der Transzendentalphilosophie und hin zur unmittelbaren Anschauung führt. Er geht von der Einheit von Natur und Freiheit in der dritten Kritik Kants aus, gelangt aber nicht zur „natura naturata", sondern zur „natura naturans". Und in diese lebendige Natur wird nun das Fichtesche Ich, das die Natur als Objekt schafft, hineinversetzt und wird zur *Natur als Subjekt (shutai).* Somit ist die Natur nichts anderes als Geist. Im Zweckmäßigen verschmelzen Form und Inhalt, Begriff und Anschauung und werden eins, denn es ist die Eigenschaft des Geistes, daß sich das Ideale und das Reale absolut in ihm vereinigen. Alles Organische trägt in sich etwas Symbolisches; jede Pflanze ist sozusagen eine beseelte Gestalt. Was täglich vor unseren Augen geschieht, zeigt uns, daß die Natur mit ihrer Schaffenskraft sich zweckmäßig bildet. „Leben" ist diese „Autonomie in der Erscheinung". Die gewöhnliche Auffassung von der Natur meint, daß die einzelnen dinglichen Elemente verbunden würden zu einem System. Dies wäre jedoch eine sehr *künstliche*, keine reale Natur. Wahrhaft wirklich sind „Leben" und „Produktivität", welche durch die unmittelbare Anschauung, das heißt, durch die innere Einheit des Lebens selbst zu erkennen sind. Nicht „wir" erkennen die Natur, denn die „Natur" ist früher als wir. Die einzelnen innerhalb der Natur sind *bereits von vornherein* durch das Ganze, das heißt, durch die *Idee* der allgemeinen Natur bestimmt. Diese Idee ist nicht etwa eine Aufgabe oder eine Aufforderung, sondern *die schaffende Kraft, das bildende Prinzip, das sich im Leben selbst zeigt.* Ehe er die Dinge durch Reflexion erkennt, versteht der Mensch bereits seine eigene Natur, weil er identisch ist mit der Natur. Dieses Verstehen zeigt sich deutlich in der *symbolischen Sprache*, welche die reine Anschauung oder produktive Einbildungskraft immer schon geschaffen hat. *Je weniger wir die Natur reflektieren, desto verständlicher spricht sie zu uns.* So dürfen wir wohl sagen, daß Schellings Begriff der „Lebendigen Natur" dem Herderschen

Naturbegriff sehr nahe steht. Zwar geht es Schelling vor allem darum, die stufenweise Ordnung in der Natur als eine nach und nach der Freiheit sich annähernde Ordnung des Nacheinander zu sehen. Es zeigen sich aber auch Bezüge zur Ordnung des Nebeneinander, indem er, wie Herder, in der Bildung des Lebens die „künstlerische Vollkommenheit“ erkennt, d. h., er sieht in allem Seienden nicht nur ein Provisorium, einen Übergang, der dem Fortschritt der Freiheit dient, vielmehr erkennt er an, daß das Vollkommene jederzeit erscheinen kann. Könnte man diese Naturphilosophie Schellings mit dem oben erwähnten Wertproblem in Beziehung setzen, würde ein neuer Weg eröffnet, auf dem die Herdersche Klimatologie des Geistes von neuem an Stoßkraft gewönne.

Bis zu einem gewissen Grade stellt Hegel diese Verbindung dar.

Das Hauptinteresse des jungen Hegel galt der „Geschichte“. Seine frühen Abhandlungen über die Volksreligion etwa sind zweifellos ganz im Geiste Herders verfaßt. Doch bald schon beginnt an seiner Seite der jüngere Schelling mit seiner brillanten Arbeit. Schelling behauptet das Recht der Anschauung gegen die Kategorie des Verstandes und erklärt auch die physische Welt als ein Sich-Offenbaren des Geistes. Unter dem Einfluß Schellings bildet sich bei Hegel jener Grundgedanke, den Dilthey als „mystischen Pantheismus“ bezeichnet. In der Periode ihrer Systembildung gewann die Beziehung zwischen den beiden eine noch größere Bedeutung: Schelling, der von der „Natur“, und Hegel, der von der „Geschichte“ ausging, trafen sich in dem Punkt, daß sie beide das Weltganze zu erkennen suchten und so, einander stützend, das System der intellektuellen Anschauung ausbildeten. Vor diesem geschichtlichen Hintergrund wird verständlich, weshalb die Geschichtsphilosophie Hegels, die von dem Gedanken der „Entwicklung“ geleitet wird, die natürliche Bestimmtheit nicht außer acht läßt.

Hegels philosophisches System ist ein Spiegel seines Forschens nach der Wahrheit. Sein Ausgangspunkt ist die geschichtliche Wirklichkeit; es drängt ihn jedoch nach der Idee, die dieser Wirklichkeit zugrunde liegt. Diese Idee bildet er zu einer abstrakt-allgemeinen Logik aus. Weiter geht es ihm darum, die Stufen zu verfolgen, in denen diese Logik sich nach und nach durch die Natur und die Geschichte verwirklicht. Dies ist das System, wie es sich in der ›Enzyklopädie der philosophischen Wissenschaften‹ darstellt. So gehen wir wohl nicht fehl, wenn wir behaupten, daß seine Logik sowohl die „Grundformen des Denkens“ als auch die „Struktur der Wirklichkeit“ aufzeigt, das heißt, die Bestimmungen, in denen der absolute Geist sich im Endlichen realisiert. Die Logik, die *sich als geschichtliche Wirklichkeit entwickelt*, ist das, was als Idee der Wirklichkeit *immer schon vorgefunden wird.* Ignoriert man diesen Systemzusammenhang in der Meinung, daß die Logik lediglich die Form des Denkens – d. h. das System der Gedanken, welches der absoluten Idee untersteht – sei, die ihrer Bestimmung gemäß zuerst zur Natur, als dem anderen, dann wieder zu sich kommt, zu Geist wird, dann müssen die logischen Zusammenhänge selbst den Übergang zur Individuation der Natur und des Geistes in sich enthalten. Das Hegel zugeschriebene Mißverständnis, daß das Denken die Wirklichkeit erzeuge, leitet sich wohl aus einer solchen Interpretation her. Wir glauben allerdings nicht, daß Hegel so gedacht hat. Bei Hegel ist „Geist" *das Subjektive (shutaitekinarumono)*, das, indem es sich seiner selbst als Idee bewußt wird, sich selbst objektiviert, und indem es in der Natur sich selbst verwirklicht, die Kultur ausbildet. So gesehen sind Denken und Idee zwar auch nichts anderes als Geist, aber darüber hinaus ist dann auch Materie Geist. Logik ist die Tätigkeit des Geistes, nicht bloße Denkform. Die Logik zeigt die Struktur der Wirklichkeit als Tätigkeit des Geistes.

Die Geschichtsphilosophie hat in Hegels System einen besonderen Stellenwert. Sie stellt die dritte Stufe der Sittlichkeit dar, die ihrerseits die dritte Stufe des „objektiven Geistes" ist. Dieser wiederum ist die zweite Stufe in dem dreifältigen Stufengang der „Philosophie des Geistes". Geschichte ist zwar auch bei Hegel „Entwicklung zur Freiheit", ist aber zugleich „Selbstbewußtsein des Geistes". Für das Selbstbewußtsein des Geistes ist das Moment der *Verwirklichung im Äußerlichen* unentbehrlich. Die Geschichte enthält in sich also immer schon eine vielfältige Entäußerung sowie deren Überwindung. Nachdem der Begriff, der in der absoluten Idee gipfelt, „in der Natur seine vollkommene äußerliche Objektivität" erreicht hat, hebt er „seine Entäußerung" auf und wird „mit sich identisch" und wird dann „Geist" genannt. „Die Natur des Geistes" jedoch ist das Sich-Zeigen, das Sich-Offenbaren. Und dieses Offenbaren ist nichts anderes als „das Setzen seiner (des Geistes) Objektivität, d. h. *das Setzen der Natur als seiner Welt*". So zeigt die Seele, die erste Stufe des „subjektiven Geistes", welcher seinerseits die erste Stufe des Geistes ist, sich zuerst als die „unmittelbare Naturbestimmtheit". Das heißt, der Naturgeist drückt „im Ganzen die Natur der geographischen Weltteile" aus. Er „zerfällt daher in *die besonderen Naturgeister*", welche die Rassenverschiedenheit ausmachen. Und dieser Unterschied geht „in die Zufälligkeit der Natur und in Partikularitäten hinaus, die man Lokalgeister nennen kann, und sich in der äußerlichen Lebensart, Beschäftigung, körperlichen Bildung und Disposition, aber noch mehr in innerer Tendenz und

Befähigung des intelligenten und sittlichen Charakters zeigen" (Enzyklopädie, Glockner-Ausgabe, Bd. VI, S. 299–313). Aus diesen unmittelbaren Lokalgeistern erklärt Hegel die logische Entwicklung des „subjektiven Geistes".

Ebenso verhält es sich mit dem sittlichen Geist als der dritten Stufe des „objektiven Geistes". Der sittliche Geist selbst hat „in einem *besonders bestimmten Volke* seine Wirklichkeit". „Die Totalität" des einzelnen Volkes zeigt „die unmittelbare Natürlichkeit", und diese ist *„die geographische und klimatische Bestimmtheit"*. Das solchermaßen bestimmte Volk befindet sich „in einer besonderen Entwicklungsstufe seines geistigen Lebens", und nur in dieser „begreift, erfaßt und verfaßt sich" der sittliche Geist. Demzufolge heißt „Volk" das, was der sittliche Geist unter einer gewissen Bestimmung in der Ordnung des „Nebeneinander" wie des „Nacheinander" „als einzelnes Individuum" offenbart. Mit anderen Worten: Es handelt sich hier um den „besonderen Volksgeist". Der so „bestimmte Volksgeist" hat eine durch ein besonderes Prinzip bestimmte Entwicklung seiner Wirklichkeit, nämlich seine „Geschichte". Diese aber geht „als beschränkter Geist in die allgemeine Weltgeschichte" ein. Die einzelnen Völker werden „einzelne Momente und Stufen" der Bewegung der Weltgeschichte, jener Bewegung, in der Geist zum Weltgeist wird, in der also die „sittliche Substanz von der Besonderheit als einzelne Völker sich selbst befreit" (ibid., S. 442–449).

In dieser Weise ist der Geist gerade in seiner Besonderheit als einzelnes Volk wirklich und kann sich entwickeln, weil er den wirklichen Volksgeist als ein Moment seiner Entwicklung in sich enthält. Dann muß diese *Besonderheit* etwas sein, das durch die Entwicklung des Geistes zu überwinden ist und zugleich diese Entwicklung erst ermöglicht. So gesehen ist diese Besonderheit notwendig und unentbehrlich. Und insofern diese Besonderheit die geographisch-klimatische Bestimmtheit ist, ist auch jene notwendig und unentbehrlich. Dann ist auch der „Lokalgeist", der ein im Volksgeist aufgehobenes Moment ist, keine „Zufälligkeit", sondern eine „Notwendigkeit". Und wenn weiter angenommen werden darf, daß die klimatische Bestimmtheit der „Seele" eine Notwendigkeit sei, dann muß die Phänomenologie des Geistes in der ›Enzyklopädie‹ notwendig auch klimatisch gefärbt sein.

In dem Kapitel ›Geographische Grundlage der Weltgeschichte‹ in der Einleitung zur ›Philosophie der Geschichte‹ äußert sich Hegel in dem oben erwähnten Sinn: „Gegen die Allgemeinheit des sittlichen Ganzen und seine einzelne handelnde Individualität gehalten ist der

Naturzusammenhang des Volksgeistes ein Äußerliches, aber insofern wir ihn als Boden, auf welchem sich der Geist bewegt, betrachten müssen, ist er *wesentlich und notwendig eine Grundlage.* Wir gingen von der Behauptung aus, daß in der Weltgeschichte die Idee des Geistes *in der Wirklichkeit* als eine Reihe äußerlicher Gestalten erscheint, deren jede sich als wirklich existierendes Volk kundgibt. Die Seite dieser Existenz *fällt aber sowohl in die Zeit als in den Raum*, in der Weise natürlichen Seins, und das besondere Prinzip, das jedes welthistorische Volk an sich trägt, hat es zugleich als *Naturbestimmtheit* in sich. Der Geist, der sich in diese Weise der Natürlichkeit kleidet, läßt seine besonderen Gestaltungen *auseinanderfallen*, denn das Auseinander ist die Form der Natürlichkeit. *Diese Naturunterschiede müssen* nun zuvörderst auch *als besondere Möglichkeiten angesehen werden, aus welchen sich der Geist hervortreibt*, und geben so die geographische Grundlage. Es ist uns nicht darum zu tun, den Boden als äußeres Lokal kennenzulernen, sondern den *Naturtypus der Lokalität*, welcher genau zusammenhängt mit dem Typus und Charakter des Volkes, das der Sohn solchen Bodens ist. Dieser Charakter ist eben die Art und Weise, wie die Völker in der Weltgeschichte auftreten und Stellung und Platz in derselben einnehmen" (Hegel, Werke in zwanzig Bänden, Bd. XII, S. 105 ff.). Wird hier nicht ein großartiges Programm für eine „Klimatologie des Geistes" vorgelegt? Die „Naturunterschiede" als „besondere Möglichkeiten . . ., aus welchen sich der Geist hervortreibt", sind dann keine „Zufälligkeit" mehr. Wenn der Volkscharakter, der im Zusammenhang mit dem Naturtypus der Lokalität steht, zugleich *die Art und Weise der Bewegung* eines Volkes in der Weltgeschichte bestimmt, dann ist dieser Naturtypus eben wesentlich und notwendig. Freilich hat, wie Hegel gleich danach fortfährt, „der milde ionische Himmel sicherlich viel zur Anmut der Homerischen Gedichte beigetragen, doch kann er allein keine Homere erzeugen". Und doch ist es gerade der Naturtypus, welcher der Kunst, die der Geist hervorgebracht hat, ihre besondere Gestalt verliehen hat. Auch Hegel erkennt dies ohne jeden Zweifel an. Die Natur ist „der erste Standpunkt, aus dem der Mensch eine Freiheit in sich gewinnen kann" (ibid., S. 105), und sie *bestimmt die Besonderheit der Kulturerzeugnisse.* Ist die Natur aber allzu mächtig, dann ist es sogar möglich, daß sie den Geist, der sich als solche Natur seiner selbst entäußert, nicht mehr zu sich selbst zurückkehren läßt.

Von diesem Gesichtspunkt aus unterteilt Hegel den *Naturtypus* in dreifacher Weise und legt diese Dreiteilung seiner Betrachtung der Weltgeschichte stets zugrunde: (1) Das wasserlose Hochland mit seinen großen Steppen und Ebenen; (2) die Talebenen (das Land des Übergangs), welche von großen Strömen durchschnitten und bewässert werden; (3) das Uferland, das in unmittelbarem Verhältnis zum Meer steht. (1) Im Hochland sind Nomadenleben und patriarchalisches System vorherrschend. Diese geben den Kulturländern zwar mancherlei große Anregungen, bringen aber von sich aus keine Entwicklung hervor. (2) Die Talebenen entwickeln den Ackerbau und große Reiche und bilden Zentren der Kultur. Auffällig sind hier das Grundeigentum und das Verhältnis zwischen Herren und Sklaven. (3) Im Uferland zeigt sich das ganze Weltverhältnis: Nichts vereinigt und verbindet so sehr wie Wasser und Meer. Hier entsteht der Handel. Zugleich aber gibt uns das Meer die „Vorstellung des Unbestimmten, Unbeschränkten und Unendlichen". „Indem der Mensch sich in diesem Unendlichen fühlt, so ermutigt dies ihn zum Hinaus über das Beschränkte." Eroberungs- und Abenteuerlust entstehen und der Bürger wird sich der Freiheit bewußt.

Hegel zufolge beginnt Geschichte im Hochland; in der Ebene erwacht die Reflexion des Allgemeinen. In Asien sind Hochland und Ebene miteinander verbunden, in Europa sind alle drei Typen miteinander verschmolzen, hier begegnen wir einer langsam sich wandelnden Natur. Die Mittelmeerländer wie Italien oder Griechenland gehören zum Uferland; Mittel- und Nordeuropa bilden die Mittelzone, die keine krassen Gegensätze zwischen Hochland und Talebene aufweist. Es war im Osten, wo Geschichte und Reflexion ihren Anfang genommen haben; der Westen entwickelte sie lediglich weiter. „Die Weltgeschichte geht", wie die Bewegung der Sonne, „von Osten nach Westen". Im Osten „geht die äußerliche physische Sonne auf, im Westen geht sie unter; dafür steigt aber hier die innere Sonne des Selbstbewußtseins auf". „... die Orientalen (haben) nur gewußt, daß *Einer* frei sei, die griechische und römische Welt aber, daß *einige* frei sind, ... wir aber wissen, daß *alle* Menschen an sich frei, der *Mensch als Mensch* frei ist ..." (ibid., S. 32). Dies ist der Gedanke, der Hegels Betrachtungen über die Weltgeschichte zugrunde liegt.

Niemand wird bezweifeln können, daß Hegels Geschichtsschreibung auch inhaltlich nicht mehr taugt. Das Studium der Weltgeschichte hat sich in dem Jahrhundert nach seinem Tod sehr rasch weiterentwickelt. Zu seiner Zeit waren die Europäer hinsichtlich des Ostens recht unwissend, was aus Hegels Beschreibung von Indien und China sehr deutlich hervorgeht. Weltgeschichte, wie Hegel sie auffaßte, ergibt heutzutage keinerlei Sinn mehr. Freilich ist von Bedeutung, daß Hegel, wiewohl er eindeutig die Meinung vertritt, daß die

„Weltgeschichte“ nichts anderes als die Geschichte der abendländisch-europäischen Kultur sei, sein Augenmerk doch über Europa hinaus richtete und nicht umhin konnte, die Verschiedenheiten des Naturtypus zu bedenken. Hätte er zu einer Zeit gelebt, in der man die große Bedeutung der chinesischen oder indischen Kultur hätte erkennen können, so hätte er gewiß die geographischen Grundlagen dieser Kulturen und folglich auch die Bedeutung des Naturtypus zwangsläufig tiefer reflektiert. Was Hegels Begriff des Naturtypus weniger wirksam gemacht hat, war die Enge seiner Sicht, und nicht, daß der Begriff selbst bedeutungslos gewesen wäre. Theoretisch hat er die Bedeutung der geographischen Grundlage in ausreichendem Maße erkannt, nur konnte er seinen Begriff nicht mit Kenntnissen der Wirklichkeit füllen. Selbstverständlich können wir eine Weltgeschichte à la Hegel, der zufolge der Europäer der „Auserwählte“ ist, nicht akzeptieren. Schließlich kann nicht von der Verwirklichung der Freiheit *aller Menschen* die Rede sein, wenn außer den europäischen alle anderen als Sklavenvölker angesehen werden. Die Weltgeschichte sollte allen Nationen und Völkern der verschiedenen Klimazonen ihren je eigenen Platz zugestehen.

4. *Klimatologie nach Hegel*

Was die Klimatologie nach Hegel angeht, so ist hier zunächst Karl Marx zu beachten. Es heißt, Marx habe alle metaphysisch-theologischen Momente der Hegelschen Philosophie über Bord geworfen und nur die logisch-rationalen beibehalten. Anders gesagt: Er habe von Hegel lediglich die Methode, die Dialektik, übernommen. Damit gehöre die Hegelsche Philosophie des Geistes, vor allem aber die in ihr enthaltene Geschichtsphilosophie zu dem, wovon Marx sich befreit habe. Die Stelle, die bei Hegel der „Geist“ innehatte, werde bei ihm vom ökonomischen Prozeß – dem „materiellen Produktionsprozeß“ oder dem „sozialen Lebensprozeß“ – eingenommen. Die „Natur“ – bei Hegel das Sich-Entäußern des Geistes – werde nun vom Geist getrennt und werde zu Natur als Objekt naturwissenschaftlicher Betrachtung. Und doch geht der Zauber, den die Hegelsche Dialektik aufgrund ihres metaphysischen Charakters besitzt, bei Marx keineswegs verloren. Hegel sieht in ihr die Idee der geschichtlichen Wirklichkeit. Bei Marx wiederum ist die Materie eine auf dieser Idee beruhende Materie und nicht etwa Materie im bloß naturwissenschaftlichen Sinn. So wohnt ihr, wiewohl losgelöst vom Geist, doch noch die lebendige Kraft des Geistes inne. Mit anderen Worten: Die Materie bei Marx ist die „lebendige

Natur", die lediglich das romantische mit dem naturwissenschaftlichen Gewand vertauscht hat. Von daher wird verständlich, weshalb Marx den Hegelschen Begriff der „bürgerlichen Gesellschaft" ohne weiteres verwenden kann.

Was Marx zum Klima zu sagen hat, finden wir in seinen Artikeln über die „Nation" (Neue Rheinische Zeitung, 1848–49). Dort definiert er die Nation als Massengebilde, das durch bestimmte Naturgrundlagen wie Boden, Klima, Rasse etc. zusammen mit geschichtlicher Überlieferung, Sprache, gemeinsamen Charakterzügen und dergleichen im Laufe des geschichtlich-gesellschaftlichen Prozesses entstanden ist. Er erkennt also eindeutig zwei Elemente an: die *Naturgrundlage* und die *geschichtlich-gesellschaftliche Entwicklung*; ferner die Tatsache, daß der materielle Produktionsprozeß – das Zusammenwirken von Mensch und Natur – durch die Natur bestimmt ist, weshalb auch die Produktionsweisen von den natürlichen Gegebenheiten des geographischen Raumes abhängig sind. Getrennt vom menschlichen Dasein hat die Natur allerdings keinerlei Anteil an der geschichtlichen Entwicklung; an ihr nimmt sie nur dann teil, wenn sie in Verbindung mit der Arbeitskraft und der Technik des Menschen zu einem Element des ökonomischen Prozesses wird. So ernährt z. B. ein fruchtbares Klima durch seinen Reichtum an Naturerzeugnissen mehr Menschen als ein karges Klima. Die Entwicklung zur Landwirtschaft ist jedoch nicht durch solche natürlichen Bedingungen verursacht; sie setzt erst dann ein, wenn der Mensch die Technik der Landwirtschaft erfunden und erlernt hat. So kann ein fruchtbares Klima erst in Verbindung mit den technischen Fähigkeiten des Menschen Einfluß auf die Geschichte ausüben. Somit ist klar, daß das, was hier Naturgrundlage genannt wird, lediglich Teil des ökonomischen Daseins des Menschen ist. Nur in diesem Sinne bestimmt Klima den materiellen Produktionsprozeß.

Marx ist jedoch der Auffassung, daß die Produktonsweisen sich nach und nach von den klimatischen Bestimmungen freigemacht und überall in der kapitalistischen Industrie dieselbe Form angenommen haben, deren lokale Prägung kaum mehr feststellbar ist, so daß in moderner Zeit nur noch ihre geschichtlich-gesellschaftliche Entwicklung von Belang ist. Diese Auffassung wird häufig kritiklos hingenommen. Der Gedanke, daß sich die Industrien überall auf der Welt gleichen, entspricht dem, daß Maschine und Handwerkszeug als Werkzeuge gleichzusetzen seien. Zwar sind beide Gedanken nicht falsch, aber sie tragen nicht zum Verständnis der konkreten Sachlage bei. Weshalb erlebte denn im Zuge der Industrialisierung die Weberei vor allem in

England einen so großen Aufschwung? Weil für die Weberei ein bestimmter Grad an Feuchtigkeit nötig ist, wie er gerade in England zu finden ist. Weshalb hat sich nach der *Meiji*-Restauration, als man alle nur erdenklichen Weisen moderner industrieller Fertigung von Europa zu erlernen begann, die Weberei in Japan so rasch entwickelt? Weil die Feuchtigkeitsbedingungen Japans dazu besonders geeignet waren. Weshalb entwickelte sie sich dann aber nicht in Indien, das so viel Baumwolle produziert, und wo ebenfalls viel Feuchtigkeit vorhanden ist? Weil dort die Verbindung von Feuchtigkeit und Hitze für den Menschen kaum erträglich ist. Aber welche klimatisch bedingten Unterschiede weisen die Weberei in England und die Japans auf? Ist die Feuchtigkeit in Japan höher als in England? Das ist womöglich der Fall. Eine größere Rolle als die klimatisch bedingten Eigenschaften der japanischen Gesellschaft spielt aber wohl die besondere Form des Familienlebens. Die Arbeitskräfte in den japanischen Webereien sind junge Mädchen, die die Familie für einige Jahre verlassen, um in der Fabrik zu arbeiten und danach wieder nach Hause zurückzukehren. Bremst man diese Fluktuation der Arbeitskräfte etwas, dann kann man nach Wunsch die Zahl der Arbeitskräfte um einige Prozent verringern. Durch die ständige Fluktuation der Arbeitskräfte steigen die Löhne nicht allzu sehr. Ganz anders verhält es sich mit den Webern in England. Hier handelt es sich um erwachsene Männer, die mehrere Familienangehörige zu ernähren haben. Als langjährig erfahrene Arbeiter erhalten sie hohe Löhne und können auch nicht ohne weiteres entlassen werden. Dem Unternehmer stehen sie als starke Widersacher gegenüber und wollen keineswegs ihre Leistung steigern, die kaum höher ist als die der jungen Japanerinnen. Wollte man diese Unterschiedlichkeit der Arbeitsverhältnisse außer acht lassen und behaupten, bei der japanischen und der englischen Weberei handele es sich um ein und dasselbe, würde man einen großen Irrtum begehen.

Die Aufzählung, welche der modernen industriellen Ausformungen in besonderem Maße klimabedingt sind, ließe sich fortsetzen. Die klimatische Bestimmung innerhalb des materiellen Produktionsprozesses nimmt nie ab, mehr noch, sie ist über den materiellen Produktionsprozeß hinaus wirksam. Als eine der Grundstrukturen des menschlichen Daseins beeinflußt sie alle Lebensbereiche. So hebt sie auch die krassen Gegensätze zwischen den Gesellschaftsklassen nicht auf. Die einfache Tatsache, daß Japan eine besondere geographische Lage einnimmt, ist prägend für die beiden gegensätzlichen Klassen. So kritiklos die japanische Bourgeoisie Amerika in sich aufnimmt, so kritiklos orientiert sich das japanische Proletariat an Rußland. Beiden gemeinsam ist, daß sie das Fernliegende mit verklärendem Blick betrachten, was bei den europäischen Völkern nicht der Fall ist. Die für den Japaner charakteristischen Züge – übermäßige Empfindlichkeit, jäher Gefühlswechsel, rasches Ermüden, was leicht für Trübsinn gehalten werden kann, etc. – sind nicht klassenspezifisch. Vom materiellen Produktionsprozeß her sind sie jedenfalls nicht zu erklären.

Marx selbst hat anscheinend die tieferen Wurzeln des durch die Naturgrundlage bestimmten Daseins einer Nation erkannt: Denn er sagt, daß das Proletariat, sobald es die politische Macht ergriffen habe, sich zur *nationalen Klasse* erheben und *eine Nation bilden* solle. Eine solche Äußerung wäre sinnlos, wenn die nämliche ökonomische Situation das Proletariat um seine nationale Eigenheit bringen würde. Die beiden Postulate, daß das, was heute als „Nation" bezeichnet wird, einerseits Alleinbesitz der Bourgeoisie sein und das Proletariat ausschließen sollte, daß andererseits selbst das Proletariat seine jeweilige nationale Eigenheit behalte, sind nicht miteinander gleichzusetzen. Zwar hat Marx aus strategischen Gründen ersteres behauptet, inhaltlich aber letzteres anerkannt. Deshalb konnte er sagen, *die Nation werde erst dann Nation*, wenn das gesamte Proletariat sich zur Nation bilde. Weshalb aber sollte das Proletariat überhaupt nationbildend sein? Seine Antwort ist wohl in der anfangs gegebenen Definition der Nation zu finden: weil Nation aus zwei Elementen, nämlich der Naturgrundlage und der gesellschaftlich-geschichtlichen Entwicklung bestehe.

Nach Marx ist ferner Friedrich Ratzel zu beachten, von dem es heißt, er habe den Grundgedanken Herders vervollkommnet und die Anthropogeographie ausgebildet. Seine Hauptschriften sind: ›Anthropogeographie‹ (1882–1892, 2 Bde.,; Bd. I in 2. Aufl. 1899), ›Völkerkunde‹ (1886–1888, 3 Bde.; 2. Aufl. 1894, 2 Bde.), ›Politische Geographie‹ (1897; 2. Aufl. 1903), ›Die Erde und das Leben. Eine vergleichende Erdkunde‹ (1901–1902). Charakteristisch für sein Werk ist der Versuch, die Verbindung zwischen Geographie und menschlichem Leben herzustellen. Er versuchte, die Beziehung zwischen einem Staat und seinem Territorium zu klären und stellte fest, daß diese viel tiefer sei als bisher angenommen. Der Staat solle deshalb in all seinen Entwicklungsstufen als ein natürlicher Organismus betrachtet werden. Als bloßer Organismus befinde er sich zwar noch in einem unvollkommenen Zustand, wenn er aber einen höheren Zustand erreiche, dann sei er bereits zu einem geistig-sittlichen Organismus geworden. Wichtig sei, daß der Staat *zuerst das Territorium und die dem Territorium zugehörige Organisation des Volkes* sei. „Der Staat ist ein Stück

Menschheit und zugleich ein Stück organisierten Bodens" (Politische Geographie, S. 4). Die Schrift ›Lebensraum‹ (1901) bildet die Grundtheorie zu diesen Überlegungen. Er behandelt darin das Verhältnis von physiologischem „Leben" und Erdraum und erklärt, daß der Raum nicht nur gleichförmige Ausdehnung, sondern vor allem Raum für das Leben sei. Zwar bemerke man den Wechsel des Lebens, vergesse dabei aber die Veränderung der Erde, von der das Leben abhängig sei. Die Erdoberfläche – die Klimazonen z. B. oder das Verhältnis von Land und Meer – änderten sich ständig. Diese Änderungen seien keineswegs bloß räumlicher Art und ohne Einfluß auf das Leben, es handele sich dabei vielmehr um Änderungen des Grundes und der Bedingungen des Lebens, das heißt um Änderungen des *Lebensraumes*. Auch wenn der Raum in seiner gleichförmigen Ausdehnung sich nicht ändere, die *innere Eigenschaft des Raumes* sei stetem Wandel unterworfen. Und mit diesen Veränderungen entstehe eine neue Form des Lebens. Die wichtigste dieser inneren Veränderungen sei *das Verhältnis von Land und Meer*, der Wechsel von Feuchtigkeit und Trockenheit. Aus Feuchtigkeit entstehe Leben, Trockenheit töte. Überdies gebe es, soweit man die Vergangenheit überblicken könne, keinen Grund anzunehmen, daß die Erde jemals gleichmäßig mit Wasser bedeckt gewesen sei. Stets habe es Land und Wasser gegeben, und das Verhältnis der beiden sei ständig in Bewegung. So sei Bewegung das Merkmal des „Lebens" schlechthin, und Bewegung sei *Raumeroberung*. Wenn eine Eichel keime, dann heiße dies nichts anderes, als daß sie sich räumlich ausdehne. Der Keim wachse dann zu einem großen Baum heran; auch das sei Raumeroberung. Das Leben aller Lebewesen entwickele sich in dieser Weise. Der Säugling bewege sich in Richtung auf die Milch seiner Mutter, man könne auch sagen, er eigne sich den unmittelbaren Raum der Mutter an. Jede Tätigkeit im Alltag wie Essen, sich Kleiden und Wohnen sei nichts anderes als Raumeroberung. Der Lebensraum setze sich zusammen aus unendlich vielen kleinen und großen Lebensräumen, die ihrerseits die Form des Lebens bestimmten. Der Gedanke des „Lebensraumes" stellt wohl die zwingendste Einsicht Ratzels dar. Wie wir oben gesehen haben, ist das Leben, von dem er spricht, allerdings nur das physische und nicht das *subjektive*. Es wäre von einem Geographen wohl auch zuviel verlangt, nach dem *subjektiven* Leben zu fragen. Herder, dessen Bedeutung Ratzel erkannt hat, geht es jedoch um das *subjektive* Leben. Wie, wenn man vom Standpunkt des *subjektiven* Lebens aus an das Problem des „Lebensraumes" heranginge? Dann würde der Lebensraum zum *subjektiven* Raum. Und genau dies ist es, wonach wir suchen. Der Gedanke Ratzels führt uns vor das eigentliche Problem.

Gibt es jemanden, der nach Ratzel diesen Weg weitergegangen ist? Wir denken hier an den schwedischen Staatswissenschaftler Rudolf Kjellén, der in seinem Buch ›Der Staat als Lebensform‹ (1924) Ratzels Überlegungen aufgreift. Er sieht den Staat wie das Individuum als etwas „*Sinnlich*-Vernünftiges". Der Staat ist kein bloßes Rechtssubjekt, sondern ein lebendiger Organismus, ein überindividuelles Lebewesen, das Kjellén als „Reich und Volk" versteht. Was den Staat als Reich behandelt, ist Geopolitik; was ihn als Volk behandelt, Ethnopolitik. Geopolitik versteht den Staat als geographischen Organismus. Das Reich ist der Leib des Staates; somit hat jeder Staat geographische Eigenschaften. Zwar vermag der Staat auf das Reich einzuwirken, aber einen Staat ohne Reich kann es nicht geben. Wie die Verletzung des Leibes eines Individuums nicht die Verletzung seines Besitzes, sondern die seines Selbst, seiner Person ist, so bedeutet die Verletzung des Territoriums eines Staates die Verletzung des Staates selbst. *Das Reich gehört der Person des Staates*. Ein solcher Gedanke scheint noch einen Schritt über die *Subjektivität* des Staates hinauszugehen, ist in Wahrheit aber gar nicht weit vom Standpunkt Ratzels entfernt, was sich darin zeigt, daß er den Staat für einen physiologischen Organismus hält. Auch hier sollten wir klären, welches das *Subjekt* des der Staatsperson zugehörigen Reiches ist.

Das Hauptanliegen Kjelléns war jedoch die Bewegung der Geopolitik. Er nennt sie die Wissenschaft von den politischen Prozessen in ihrer Erdgebundenheit, die auf dem breiten Grunde der Geographie, der politischen Geographie vor allem, fuße, der Wissenschaft des politisch-räumlichen Organismus und seiner Struktur. Die Geopolitik stelle der politischen Aktion die Waffen; sie strebe danach, zur treibenden Kraft des staatlichen Lebens zu werden. Deshalb werde sie diejenige Technik, die konkret die Realpolitik zu leiten imstande sei. Die Geopolitik wolle und müsse das geographische Gewissen eines Staates werden.*

Daraus wird ersichtlich, daß es Kjellén weniger um Geopolitik im eigentlichen Sinne geht, sondern eher um Territorial- oder vielmehr

* Anmerkung der Übersetzer: Im japanischen Originaltext meint der Verfasser aus einem Artikel Kjelléns anläßlich der Neugründung der Zeitschrift ›Geopolitik‹ (1928) zitiert zu haben. Diese Zeitschrift wurde allerdings schon 1924 ins Leben gerufen; Kjellén war damals bereits zwei Jahre tot. Weder in den Nummern des ersten Jahrgangs noch in denen der folgenden Jahrgänge ließ sich das genannte Zitat aufspüren. Deshalb konnte es lediglich sinngemäß wiedergegeben werden.

Kolonialpolitik. Von einer solchen Haltung hat unsere Klimatologie nicht viel zu erwarten.

Erwähnenswert sind noch einige andere Wissenschaftler, die dieselbe Richtung vertreten: die Geologen Karl Haushofer, Erich Obst, Otto Maull, Richard Hennig und Hermann Lautensach; der Historiker Walter Vogel; der Politologe Arthur Dix (Deutschland); in Frankreich Vidal de la Blanche, Pinon, Brunhés, Vallaux; in England Makkinder, James Fairgrieve u. a. Schließlich ist noch Willy Hellpach aus dem Bereich der psychologischen Klimaforschung mit seinem Buch ›Die geographischen Erscheinungen, Wetter, Klima, Boden und Landschaft in ihrem Einfluß auf das Seelenleben‹ (1923) zu nennen. Vom Standpunkt der naturwissenschaftlichen Psychologie versucht er in diesem Buch, die Bedeutung von „Naturerscheinungen" wie Wetter, Klima, Boden, Landschaft etc. in ihrer Beeinflussung des Seelenlebens des Menschen zu erklären. Diese Arbeit ist sehr interessant, aber sie vertritt lediglich den anfangs erwähnten Standpunkt des Hippokrates. Im allgemeinen verhalten sich derartige Arbeiten zu den konkreten Klimaerscheinungen wie die naturwissenschaftliche Psychologie zum konkreten Leib des Menschen.

Verfaßt Dezember 1928 – Januar 1929.

Ich habe nur geringe Kenntnisse von der Geographie, und bei der Niederschrift des vorstehenden Kapitels hatte ich kaum eine Ahnung, wie rasant sich die Anthropogeographie in Frankreich entwickelt hat. Den Namen Vidal de la Blanche hatte ich lediglich bei Richard Hennig (›Geopolitik‹ [1928]) erwähnt gefunden. Aber bereits sechs Jahre vorher war sein Buch ›Principes de la Géographie Humaine‹ erschienen. Im selben Jahr ist auch ›La Terre et l'Evolution Humaine‹ von Lucien Fèbvre erschienen, in dem die Methode Ratzels scharf kritisiert und der richtige Weg zu einer Anthropogeographie aufgezeigt wird. Wenn ich diese Forschungsergebnisse damals schon gekannt hätte, dann wären meine geschichtlichen Betrachtungen zur Klimatologie sicher anders ausgefallen. Beide Bücher sind inzwischen ins Japanische übersetzt worden (Iwanami-Bücherei). Falls sie einem größeren Kreis der japanischen Leserschaft bereits bekannt sind, dann sind meine geschichtlichen Betrachtungen zur Klimatologie aufgrund meines geringen Kenntnisstandes wohl überflüssig geworden. Wie ich jedoch bereits im 1. Kapitel schrieb, ist die Absicht meiner Klimatologie nicht unbedingt die der Anthropogeographie, und so habe ich das vorstehende Kapitel als Dokument meines Umhertastens im Dunklen so belassen, wie ich es niedergeschrieben habe. Im ersten Kapitel des zweiten Bandes meines demnächst erscheinenden Buches ›Ethik als Wissenschaft vom Menschen‹ kann der Leser weiterführende Überlegungen zur Klimatologie finden. Dort habe ich meinen Plan weiterentwickelt.

Dezember 1948

WICHTIGE NAMEN UND BEGRIFFE

amaterasu-ōmikami (天照大神) Urgottheit Japans
anumāna (sanskr.), japan. *hi-ryō* (比量) Folgerung
ātman (sanskr.), japan. *ga* (我) Seele, Selbst

Ban-Dainagon (伴大納言 809–868); es gibt eine berühmte Bildrolle, die sein ereignisvolles Leben darstellt
bonnō soku bodai (煩悩即菩提) irdische Leidenschaft gleich überirdische Wahrheit
brahman (sanskr.), japan. *bon* (梵) Weltseele
bushi-dō (武士道) Weg des Kriegers, japanisches Rittertum
byōbu-e (屏風絵) Gemälde auf der Schiebewand

cha-no-ma (茶の間) Teezimmer, gemeinsames Wohnzimmer
Chikamatsu (近松門左衛門 1653–1724), Jōruri-Dramatiker
chisuikafū (地水火風) Erde – Wasser – Feuer – Wind
chō-jū-giga (鳥獣戯画), Spielbild von Vögeln und Tieren, gemalt von Toba-sōjō (1053–1140)
chū (忠) Loyalität

dharma (sanskr.), japan. *hō* (法) Gesetz
dokushin (独身) ledig
doyō (土用) die heißeste Sommerzeit

e-maki-mono (絵巻物) Bildrolle

fūdo (風土), siehe die Einleitung S. XIX
fusuma (襖) Stellwand, Schiebetür
fusuma-e (襖絵) Gemälde auf den Schiebetüren

gekijō (激情) Leidenschaft
genkan (玄関) Hauseingang mit Flur

haiku (俳句) 5–7–5-silbiges Kurzgedicht
heike-monogatari nagatobon (平家物語長門本) Kriegsgeschichte aus dem 14. Jahrhundert, *nagato*-Fassung

hetu vidyā (sanskr.), japan. *in-myō* (因明) altindische Logik
hikaeme (控え目) Zurückhaltung
hinoki (檜) japanische Zypresse (chamaecyparis obtusa)
hōjō (方丈) Zimmer des Abtes im Zen-Tempel

ikki (一揆) Aufstand
i-ma (居間) Wohnzimmer
islam (arab.) Hingebung, Gehorsam
itawari (労わり) erbarmendes Mitgefühl

kake-kotoba (懸詞) Lautassoziation
kami (神、上) Gottheit, das Oben
kan (勘) intuitives Erkennen
ka-nai (家内) Inneres des Hauses, die Hausfrau
karakkaze (からっ風) trockner, kalter, starker Wind
ki-ai (気合い) Einheit der Stimmung
ki-go (季語) Wörter, die in Haiku (Kurzgedichten) zur Bezeichnung der Jahreszeit verwendet werden
ki-mono (着物) ursprünglich „Kleidungsstück", heute japanische Volkstracht vor allem der Damen
kō (孝) Kindesliebe den Eltern gegenüber
Kōetsu (本阿弥光悦 1558–1637) repräsentativer Maler und Lackkünstler der Edo-Zeit
Kojiki (古事記) eine der ältesten Geschichtsschreibungen in Japan
Kōrin (尾形光琳 1658–1716) Maler in der Mitte der Edo-Zeit
kotan (枯淡) elegante Einfachheit
kuni-umi (国生み) Schöpfung des Landes
kusa-hara (草原) Grasland oder -feld
kusa-tori (草取り) Unkrautbeseitigen

maki (牧) Viehkoppel
maki-ba (牧場) Wiese
matsurigoto (祭り事) ein Fest veranstalten, Verwaltung oder Politik
mei fa zu (chines. 没法子) „nichts zu machen"
mezurashii (珍しい) merkwürdig, seltsam, außergewöhnlich
mezurashisa (珍しさ), Substantivform von *mezurashii*
mezuru (愛ずる) Verbform von *mezurashii*, bedeutet aber zugleich „gern haben, liebhaben, lieben" (nach Watsuji)
michi-yuki (道行き) „auf dem Weg", eine Art Reisebeschreibung
miyake (三宅、屯家、屯倉、宮家) Stützpunkt oder Zweigstelle der Verwaltung der Zentralregierung

mono no aware (物の哀れ) das wesenhaft Anrührende
mu (無) Nicht-sein, nichts

niḥsvabhāva (sanskr.), japan. *mujishō* (無自性) Substanzlosigkeit
ningen (人間) Mensch
ningen no michi (人間の道) Weg des Menschen
no-waki (野分) starker Wind im Spätsommer oder Frühherbst

omoi-yari (思いやり) teilnahmsvolles Mitgefühl
ōrai (往来) Gehen und Kommen, Straße

pañca-skandhāh (sanskr.), japan. *go-un* (五蘊) fünf Gruppen
pratyakṣam (sanskr.), japan. *gen-ryō* (現量) Anschauung

ren-ku (連句) Ring- od. Kettenvers, an dem mehrere Dichter beteiligt sind

sa (沙) eine sich bewegende Sandmasse
sa-baku (砂漠) Wüste
ṣaḍ-āyatana (sanskr.), japan. *roku-nyū* (六入) sechs Sphären
ṣaḍ-dhātavah (sanskr.,) japan. *roku-kai* (六界) sechs Elemente
Saikaku (井原西鶴 1642–1693) Dichter
sakamogi (逆茂木) Barrikaden aus Holz
samurai (武士) = *bushi*, japanischer Ritter
sansui-chōkan (山水長巻) Landschaftsbild an einer Bildrolle im Längsformat
sashimi (刺身) rohes, in Stücke geschnittenes Fischfleisch
sattva (sanskr.), japan. *shujō* (衆生) Lebewesen
sengoku-jidai (戦国時代) Zeitalter des Krieges (ca. 1467–1568)
Sesshū (雪舟 1420–1506) Priestermaler
shibumi (渋み) Raffinement
shimeyaka (しめやか) siehe Anmerkung 1, S. 121
shōen (荘園) Gutsbezirk
shōgun (将軍) Feudalherrscher im japanischen Mittelalter
shōji (障子) dünne Schiebetür aus Holzrahmen mit Papier bespannt
shoki (書紀, genauer 日本書紀) eine der ältesten Geschichtsschreibungen Japans
shukan (主観) siehe Anmerkung S. 3 f.
shukansei (主観性) siehe Anmerkung S. 3 f.
shukanteki (主観的) siehe Anmerkung S. 3 f.
shutai (主体) siehe Anmerkung S. 3 f.

shutaisei (主体性) siehe Anmerkung S. 3 f.
shutaiteki (主体的) siehe Anmerkung S. 3 f.
sugi (杉) japanische Zeder (crypto meria japanica)
suido (水土) Wasser und Erde
suna-hara (砂原) Sandfläche, -feld
suzuri-bako (硯箱) Tuschkasten

Tai-hei-ki (太平記) ein Kriegsroman aus dem 14. Jahrhundert
ta-no-kusa-tori (田の草取り) Unkrautbeseitigen im Reisfeld
tatami (畳) Strohmatte
Toba-sōjō (鳥羽僧上 1053–1140) künstlerisch sehr begabter Hoherpriester der Heian-Zeit
tōfu (豆腐) Sojakäse
tri-vākyamsa (sanskr.), japan. *sanshisahō* (三支作法) dreifachgegliedertes Verfahren in der altindischen Logik

u (有) Sein
uchi-no-mono (うちの者) die Menschen drinnen, Familienmitglieder
uchi – soto (内－外) innen – außen

yake (自暴自棄) Entschlossenheit aus Verzweiflung
yamaoroshi (山おろし) von den Bergen herabblasender kalter Wind
yō-kyoku (謡曲) Nō-gesang
yo-no-naka (世の中) Welt
yoso-no-mono (他所のもの) etwas Fremdes, etwas, das dem Fremden gehört
yukashisa (床しさ) Bescheidenheit, Vornehmheit